西政文库·博士篇

商标权注册取得制度研究

曹世海 著

商务印书馆
2019年·北京

图书在版编目(CIP)数据

商标权注册取得制度研究 / 曹世海著. — 北京：商务印书馆，2019
（西政文库）
ISBN 978-7-100-17867-9

Ⅰ.①商… Ⅱ.①曹… Ⅲ.①商标权－研究－中国 Ⅳ.①D923.434

中国版本图书馆CIP数据核字（2019）第209062号

权利保留，侵权必究。

西政文库
商标权注册取得制度研究
曹世海 著

商务印书馆出版
（北京王府井大街36号 邮政编码100710）
商务印书馆发行
三河市尚艺印装有限公司印刷
ISBN 978-7-100-17867-9

2019年11月第1版　　开本 680×960　1/16
2019年11月第1次印刷　印张 18

定价：68.00元

西政文库编委会

主　任：付子堂
副主任：唐　力　周尚君
委　员：（按姓氏笔画排序）
　　　　龙大轩　卢代富　付子堂　孙长永　李　珮
　　　　李雨峰　余劲松　邹东升　张永和　张晓君
　　　　陈　亮　岳彩申　周尚君　周祖成　周振超
　　　　胡尔贵　唐　力　黄胜忠　梅传强　盛学军
　　　　谭宗泽

总　序

"群山逶迤，两江回环；巍巍学府，屹立西南……"

2020年9月，西南政法大学将迎来建校七十周年华诞。孕育于烟雨山城的西政一路爬坡过坎，拾阶而上，演绎出而今的枝繁叶茂、欣欣向荣。

西政文库以集中出版的方式体现了我校学术的传承与创新。它既展示了西政从原来的法学单科性院校转型为"以法学为主，多学科协调发展"的大学后所积累的多元化学科成果，又反映了学有所成的西政校友心系天下、回馈母校的拳拳之心，还表达了承前启后、学以成人的年轻西政人对国家发展、社会进步、人民福祉的关切与探寻。

我们衷心地希望，西政文库的出版能够获得学术界对于西政学术研究的检视与指引，能够获得教育界对于西政人才培养的考评与建言，能够获得社会各界对于西政长期发展的关注与支持。

六十九年前，在重庆红岩村的一个大操场，西南人民革命大学的开学典礼隆重举行。西南人民革命大学是西政的前身，1950年在重庆红岩村八路军办事处旧址挂牌并开始招生，出生于重庆开州的西南军政委员会主席刘伯承兼任校长。1953年，以西南人民革命大学政法系为基础，在合并当时的四川大学法学院、贵州大学法律系、云南大学法律系、重庆大学法学院和重庆财经学院法律系的基础上，西南政法学院正式成立。中央任命抗日民族英雄，东北抗日联军第二路军总指挥、西南军政委员会政法委员会主任周保中将军为西南政法学院首任院长。1958年，中央公安学院重庆分院并入西南政法学院，使西政既会聚了法学名流，又吸纳了实务精英；既秉承了法学传统，又融入了公安特色。由此，学校获誉为新中国法学教育的"西南联大"。

20世纪60年代后期至70年代，西南政法学院于"文革"期间一度停办，老一辈西政人奔走呼号，反对撤校，为保留西政家园不屈斗争并终获胜利，为后来的"西政现象"奠定了基础。

20世纪70年代末，面对"文革"等带来的种种冲击与波折，西南政法学院全体师生和衷共济，逆境奋发。1977年，经中央批准，西南政法学院率先恢复招生。1978年，经国务院批准，西南政法学院成为全国重点大学，是司法部部属政法院校中唯一的重点大学。也是在70年代末，刚从"牛棚"返归讲坛不久的老师们，怀着对国家命运的忧患意识和对学术事业的执着虔诚，将只争朝夕的激情转化为传道授业的热心，学生们则为了弥补失去的青春，与时间赛跑，共同创造了"西政现象"。

20世纪80年代，中国的法制建设速度明显加快。在此背景下，满怀着憧憬和理想的西政师生励精图治，奋力推进第二次创业。学成于80年代的西政毕业生们，成为今日我国法治建设的重要力量。

20世纪90年代，西南政法学院于1995年更名为西南政法大学，这标志着西政开始由单科性的政法院校逐步转型为"以法学为主，多学科协调发展"的大学。

21世纪的第一个十年，西政师生以渝北校区建设的第三次创业为契机，克服各种困难和不利因素，凝心聚力，与时俱进。2003年，西政获得全国首批法学一级学科博士学位授予权；同年，我校法学以外的所有学科全部获得硕士学位授予权。2004年，我校在西部地区首先设立法学博士后科研流动站。2005年，我校获得国家社科基金重大项目（A级）"改革发展成果分享法律机制研究"，成为重庆市第一所承担此类项目的高校。2007年，我校在教育部本科教学工作水平评估中获得"优秀"的成绩，办学成就和办学特色受到教育部专家的高度评价。2008年，学校成为教育部和重庆市重点建设高校。2010年，学校在"转型升格"中喜迎六十周年校庆，全面开启创建研究型高水平大学的新征程。

21世纪的第二个十年，西政人恪守"博学、笃行、厚德、重法"的西政校训，弘扬"心系天下，自强不息，和衷共济，严谨求实"的西政精神，坚持"教学立校，人才兴校，科研强校，依法治校"的办学理念，推进学校发展取得新成绩：学校成为重庆市第一所教育部和重庆市共建高校，入选首批卓越法律人才教育培养基地（2012年）；获批与英国考文垂大学合作举办法学专业本科教育项目，6门课程获评"国家级精品资源共享课"，两门课程获评"国家级精品视频公开课"（2014年）；入选国家"中西部高校基础能力建设工程"院校，与美国凯斯西储大学合作举办法律硕士研究生教育项目（2016年）；法学学科在全国第四轮学科评估中获评A级，新闻传播学一级学科喜获博士学位授权点，法律专业硕士学位授权点在全国首次专业学位水平评估中获评A级，经济法教师团队入选教育部"全国高校黄大年式教师团队"（2018年）；喜获第九届世界华语辩论锦标赛总冠军（2019年）……

不断变迁的西政发展历程，既是一部披荆斩棘、攻坚克难的拓荒史，也是一部百折不回、逆境崛起的励志片。历代西政人薪火相传，以昂扬的浩然正气和强烈的家国情怀，共同书写着中国高等教育史上的传奇篇章。

如果对西政发展至今的历史加以挖掘和梳理，不难发现，学校在教学、科研上的成绩源自西政精神。"心系天下，自强不息，和衷共济，严谨求实"的西政精神，是西政的文化内核，是西政的镇校之宝，是西政的核心竞争力；是西政人特有的文化品格，是西政人共同的价值选择，也是西政人分享的心灵密码！

西政精神，首重"心系天下"。所谓"天下"者，不仅是八荒六合、四海九州，更是一种情怀、一种气质、一种境界、一种使命、一种梦想。"心系天下"的西政人始终以有大担当、大眼界、大格局作为自己的人生坐标。在西南人民革命大学的开学典礼上，刘伯承校长曾对学子们寄予厚望，他说："我们打破旧世界之目的，就是要建设一个人民的新世界……"而后，从化龙桥披荆斩棘，到歌乐山破土开荒，再到渝北校区新建校园，几代西政人为推进国家的民主法治进程矢志前行。正是在不断的成长和发展过程中，西政见证了新中国法学教育的涅槃，有人因此称西政为"法学黄埔军校"。其实，这并非仅仅是一个称号，西政人之于共和国的法治建设，好比黄埔军人之于那场轰轰烈烈的北伐革命，这个美称更在于它恰如其分地描绘了西政为共和国的法治建设贡献了自己应尽的力量。岁月经年，西政人无论是位居"庙堂"，还是远遁"江湖"，无论是身在海外华都，还是立足塞外边关，都在用自己的豪气、勇气、锐气，立心修德，奋进争先。及至当下，正有愈来愈多的西政人，凭借家国情怀和全球视野，在国外高校的讲堂上，在外交事务的斡旋中，在国际经贸的商场上，在海外维和的军营里，实现着西政人胸怀世界的美好愿景，在各自的人生舞台上诠释着"心系天下"的西政精神。

西政精神，秉持"自强不息"。"自强不息"乃是西政精神的核心。西政师生从来不缺乏自强传统。在20世纪七八十年代，面对"文革"等带来的发展阻碍，西政人同心协力，战胜各种艰难困苦，玉汝于成，打造了响当当的"西政品牌"，这正是自强精神的展现。随着时代的变迁，西政精神中"自强不息"的内涵不断丰富：修身乃自强之本——

尽管地处西南，偏于一隅，西政人仍然脚踏实地，以埋头苦读、静心治学来消解地域因素对学校人才培养和科学研究带来的限制。西政人相信，"自强不息"会涵养我们的品性，锻造我们的风骨，是西政人安身立命、修身养德之本。坚持乃自强之基——在西政，常常可以遇见在校园里晨读的同学，也常常可以在学术报告厅里看到因没有座位而坐在地上或站在过道中专心听讲的学子，他们的身影折射出西政学子内心的坚守。西政人相信，"自强不息"是坚持的力量，任凭时光的冲刷，依然能聚合成巨大动能，所向披靡。担当乃自强之道——当今中国正处于一个深刻变革和快速转型的大时代，无论是在校期间的志愿扶贫，还是步入社会的承担重任，西政人都以强烈的责任感和实际的行动力一次次证明自身无愧于时代的期盼。西政人相信，"自强不息"是坚韧的种子，即使在坚硬贫瘠的岩石上，依然能生根发芽，绽放出倔强的花朵。

西政精神，倡导"和衷共济"。中国司法史上第一人，"上古四圣"之一的皋陶，最早提倡"和衷"，即有才者团结如钢；春秋时期以正直和才识见称于世的晋国大夫叔向，倾心砥砺"共济"，即有德者不离不弃。"和衷共济"的西政精神，指引我们与家人美美与共：西政人深知，大事业从小家起步，修身齐家，方可治国平天下。"和衷共济"的西政精神指引我们与团队甘苦与共：在身处困境时，西政举师生、校友之力，攻坚克难。"和衷共济"的西政精神指引我们与母校荣辱与共：沙坪坝校区历史厚重的壮志路、继业岛、东山大楼、七十二家，渝北校区郁郁葱葱的"七九香樟""八零花园""八一桂苑"，竞相争艳的"岭红樱""齐鲁丹若""豫园"月季，无不见证着西政的人和、心齐。"和衷共济"的西政精神指引我们与天下忧乐与共：西政人为实现中华民族伟大复兴的"中国梦"而万众一心；西政人身在大国，胸有大爱，遵循大道；西政人心系天下，志存高远，对国家、对社会、对民族始终怀着强烈的责任感和使命感。西政人将始终牢记：以"和衷共济"的人生态度，以人类命运共同体的思维高度，为民族复兴，为人类进步贡献西政人的智慧和力量。这是西政人应有的大格局。

西政精神，着力"严谨求实"。一切伟大的理想和高远的志向，都需要务实严谨、艰苦奋斗才能最终实现。东汉王符在《潜夫论》中写道："大人不华，君子务实。"就是说，卓越的人不追求虚有其表，有修养、有名望的人致力于实际。所谓"务实"，简而言之就是讲究实际，实事求是。它排斥虚妄，鄙视浮华。西政人历来保持着精思睿智、严谨求实的优良学风、教风。"严谨求实"的西政精神激励着西政人穷学术之浩瀚，致力于对知识掌握的弄通弄懂，致力于诚实、扎实的学术训练，致力于对学习、对生活的精益求精。"严谨求实"的西政精神提醒西政人在任何岗位上都秉持认真负责的耐劳态度，一丝不苟的耐烦性格，把每一件事都做精做细，在处理各种小事中练就干大事的本领，于精细之处见高水平，见大境界。"严谨求实"的西政精神，要求西政人厚爱、厚道、厚德、厚善，以严谨求实的生活态度助推严谨求实的生活实践。"严谨求实"的西政人以学业上的刻苦勤奋、学问中的厚积薄发、工作中的恪尽职守赢得了教育界、学术界和实务界的广泛好评。正是"严谨求实"的西政精神，感召着一代又一代西政人举大体不忘积微，务实效不图虚名，博学笃行，厚德重法，历经创业之艰辛，终成西政之美誉！

"心系天下，自强不息，和衷共济，严谨求实"的西政精神，乃是西政人文历史的积淀和凝练，见证着西政的春华秋实。西政精神，在西政人的血液里流淌，在西政人的骨子里生长，激励着一代代西政学子无问西东，勇敢前行。

西政文库的推出，寓意着对既往办学印记的总结，寓意着对可贵西政精神的阐释，而即将到来的下一个十年更蕴含着新的机遇、挑战和希望。当前，学校正处在改革发展的关键时期，学校将坚定不移地以教学为中心，以学科建设为龙头，以师资队伍建设为抓手，以"双一流"建设为契机，全面深化改革，促进学校内涵式发展。

　　世纪之交，中国法律法学界产生了一个特别的溢美之词——"西政现象"。应当讲，随着"西政精神"不断深入人心，这一现象的内涵正在不断得到丰富和完善；一代代西政校友，不断弘扬西政精神，传承西政文化，为经济社会发展，为法治中国建设，贡献出西政智慧。

　　是为序。

西南政法大学校长，教授、博士生导师
教育部高等学校法学类专业教学指导委员会副主任委员
2019年7月1日

目　录

引　言 1

第一章　商标权取得制度的历史演进 9
　一、近代商标观念的形成 9
　二、使用取得商标权的历史演进 17
　　（一）英国 17
　　（二）美国 21
　三、注册取得商标权的历史演进 25
　　（一）域外考察 25
　　（二）我国注册取得商标权制度的考察 44

第二章　商标权注册取得制度的基础 60
　一、商标权的属性 60
　　（一）保护对象：符号与商誉 60
　　（二）权利内涵：私益与公益 63
　　（三）权利立场：权利人中心主义与消费者中心主义 67

二、注册取得制度的法哲学基础 70
　（一）财产权劳动学说之检讨 70
　（二）功利主义财产理论之证成 80
三、注册取得制度的法经济学基础 87
　（一）商标的经济功能 87
　（二）使用取得制度的经济学弊端 95
　（三）注册取得制度的经济学优势 100

第三章　商标权注册取得制度的功能与属性 105
一、注册取得制度的功能 105
　（一）权利推定 105
　（二）权利公示 108
　（三）秩序维持 111
　（四）信息检索 113
二、注册取得制度的属性 114
　（一）实体性权利与程序性权利之辨 114
　（二）"授权"与"确权"之辨 119

第四章　商标权注册取得制度的运行机理 127
一、注册取得的要件 127
　（一）商标构成要素 127
　（二）显著性 131
　（三）非功能性 137
　（四）合法性 143
　（五）在先性 151

二、注册取得的运行机制 154
  （一）商标审查 154
  （二）商标异议 158
  （三）商标无效 163

第五章 我国商标权注册取得制度的完善 171

一、注册取得制度的弊端 171
  （一）恶意抢注 171
  （二）商标圈占 174
  （三）未注册商标保护的失衡 176

二、我国商标权取得制度的完善思路 178

三、我国注册取得制度的完善路径 183
  （一）强制注册之取消 183
  （二）使用要求的再强调 186
  （三）完善不使用撤销制度 193
  （四）构建商标共存制度 217
  （五）加强未注册商标保护 229

结　语 246
参考文献 248
后　记 269

引　言

一、问题及其意义

德国著名法学家安德烈·冯·图尔（V. Tuhr）曾说："权利系私法的中心概念，且为多样性法律生活的最终抽象化。"[①] 商标法作为私法，必然围绕权利来建构。商标权产生的机理，即商标权的取得制度问题，也就成为商标法建构中的核心问题。该问题是一个古老而常新的话题。说其古老，是因为它在商标法律制度产生之初即已存在；言其常新，是因为它随着人们对商标权的性质、商标法的功能定位认识的不断深入而不断发展。

商标权作为一种私权，从产生之日起就显示出不同于物权等权利的独特属性：一方面，它具有和其他私权一样的自然属性；另一方面，从产生的过程来看，它又并非是一种单纯的自然权利，而是"典型的制度产品"，展现着公共政策的属性。商标权保护的对象表面上体现的是商标符号，而本质上却是符号所表彰的商誉。商标法一方面要站在权利人中心主义的立场上保护商标所有人的利益，维护好竞争秩序；另一方面又要站在消费者中心主义的立场上保护消费者的利益，维护

[①] 王泽鉴：《民法总则》，北京大学出版社 2009 年版，第 67 页。

好认购秩序。[①] 各种矛盾的交织决定了商标权取得的正当性基础不再"单纯",其证成不能仅靠洛克的财产权劳动学说,还应当考虑功利主义等因素;其构建必须协调"使用"与"注册"的关系,兼顾公平与效率的价值追求,在商标权人、竞争性经营者、消费者以及公共利益之间寻求利益的平衡。

现代意义上的商标法律制度,如果以 1584 年英国的一起商标判例为肇始,已有 430 余年的历史;如果以 1857 年法国制定的《关于以使用原则和不审查原则为内容的制造标记和商标的法律》为起点,也有 160 余年的发展。在这一历程中,商标权的取得制度为什么从最初的使用取得,发展为除美国、菲律宾等之外的大多数国家和地区所采纳的注册取得? 是注册取得制度"浪得虚名",还是它有独到的安身立命的"法宝"?

正如有学者所说,法是第二性的,以第一性的社会现实为调整对象;法既不能从根本上与社会现实相冲突,又不能仅是对社会现实的简单描摹,而是根据人的需要来建构的。[②] 同样,作为第二性的商标法,在构建商标权利取得制度时,既不能无视社会现实,也不能完全予以照搬,而需要在调整技术上选择更能突显商标权具体形态与权利行使的方式。注册取得制度体现的正是这种方式。它在立法实践中的大获全胜,与其说是它反映了社会现实,不如说是出于商品经济条件下对公平与效率两个价值目标进行利益平衡后的"技术设计"。[③]

不可否认,注册取得制度并非一项完美无瑕的设计,由于它人为拉大了商标符号与价值来源间的距离,从而呈现出先天性缺陷,客观

---

① 张玉敏、黄汇:《注册与使用之间》,载张玉敏主编:《知识产权理论与实务》,法律出版社 2003 年版,第 3 页。
② 李琛:《法的第二性原理与知识产权概念》,《中国人民大学学报》2004 年第 1 期。
③ 曹世海:《注册商标不使用撤销制度及其再完善——兼评〈关于修改《中华人民共和国商标法》的决定〉》,《法律适用》2013 年第 10 期。

上容易造成"符号崇拜",进而助长"恶意抢注""商标圈占"等不良现象的发生。由此也引发了人们对商标权注册取得制度的再思考。有学者甚至建议回归到使用取得的老路上去。如何正确认识商标权注册取得制度?其正当性基础在现代社会是否还存在?我国商标法应当采取什么样的立场?如果坚持注册取得制度,又应采取何种具体的模式以化解其自身确实存在的不足?诸如此类问题,都是理论研究应当解答的问题。

本书以注册取得制度为研究对象,旨在通过考察商标权取得制度的历史演进,阐释注册取得制度的正当性基础,研讨注册取得制度的运行机理,对上述问题予以系统回应,并在此基础上对我国商标法中商标权注册取得制度的进一步完善提出建议。

二、已有的研究成果

虽然人类使用标记的历史可以追溯数千年,但标记成为财产并受到法律保护的历史相对较短。商标最初是通过使用获得权利的,但为什么会出现登记制度,进而出现了注册取得权利的规则,还需要从商标权取得制度的历史演进中探寻蛛丝马迹。我国使用标记的历史悠久,著名商标学者格林伯格(Greenberg)甚至认为,人类最早的商标就是黄帝时期陶器上的标记[①],但囿于商品经济起步较晚、商标权利意识不强、民商事法律制度不发达,因而没能内生出有代表性的商标权利取得制度,相反,我国整个现代商标法律制度都学自于西方。现代商标法律制度发轫于欧洲大陆,西方学者有关商标历史的研究为我们提供

[①] Abraham S. Greenberg, "The Ancient Lineage of Trade-Marks," *Journal of the Patent Office Society* 33, 1951, p. 876.

了探索权利取得制度变迁的线索。其中，戴蒙德（Sidney A. Diamond）的《商标的历史发展》、鲁斯顿（Gerald Ruston）的《商标的起源》、丹尼尔斯（L. E. Daniels）的《商标的历史》、弗兰克·谢克特（Frank I. Schechter）的《商标法的历史基础》等论著对商标的早期历史进行了整理，对人类商标观念的发展轨迹进行了勾勒，对现代商标法律制度的产生过程进行了展示，从中我们可以探究出商标权利取得之所以从"使用"发展为"注册"的深层原因。

发端于英国的工业革命在改变人类工商业史的同时，也深刻地影响了商标法律制度的变革。英国历史上的第一部商标法《1875年商标注册法》颁行前后所发生的大争论为研究注册取得制度提供了最好的标本，中西方学者对此也多有着墨。例如：道森（Ndawson）在《18世纪的英国商标法》一文中研究了英国以衡平法保护商标权的历史及问题。布拉德·谢尔曼（Brad Sherman）和莱昂内尔·本特利（Lionel Bently）在《现代知识产权法的演进：英国的历程（1760—1911年）》一书中，对商标作为科层制财产的性质、注册制度的产生过程、商标注册的功能等均进行了深刻的揭示。我国学者黄海峰在《知识产权的话语与现实：版权、专利与商标史论》一书中，也探讨了英国商标法的产生过程，以及有关商标的权利性质之争。余俊博士在《商标法律进化论》一书中更为全面地研究了英国商标注册制度的发展历程，并认为，商标法的发展史，其实就是商标注册法的发展史，而商标注册制度本身的功能即是该制度的安身立命之本。①

然而，对于注册能否取得实体权利，从注册取得制度诞生之日起就不断受到质疑，时至今日依然如此。日本学者田村善之在《日本知识产权法》一书中就认为，商标的注册保护并不是创设权利，而

---

① 余俊：《商标法律进化论》，华中科技大学出版社2011年版，前言第2页。

是对商标识别功能的支援，商标权是一种支援型权利。美国学者史蒂芬·卡特（Stephen L. Carter）在《商标之烦恼》一文中也认为，通过注册就在全国享有有效的所有权，确实存在着问题。在我国，刘春田、李明德等教授对注册取得实体权利也基本上持否定的态度，理论界还产生了"授权说"与"确权说"的争论。因而，探讨注册取得制度的正当性就成为支持该制度的必需。其中，商标权是一种什么样的权利是首先需要回答的问题。对此，麦卡锡（J. Thomas McCarthy）教授在《麦卡锡论商标与不正当竞争》中对商标与商誉关系等有关商标法原理的论述，巴顿·毕比（Barton Beebe）教授在《商标法的符号学分析》中有关商标功能等的论述，我国台湾学者曾陈明汝在《商标法原理》中有关商标权特性等的论述，均表明商标权不同于物权等其他财产权，而具有其自身的特性。正是缘于这种特性，理论界试图以不同的理论来证成商标权的正当性。例如彼得·德霍斯（Peter Drahos）教授在《知识财产法哲学》中主张"工具论"，反对"独占论"。冯晓青教授在《知识产权法哲学》中论证了劳动理论、人格理论和激励理论，并认为三种理论之间具有一定的契合性。威廉·M. 兰德斯（William M. Landes）和理查德·A. 波斯纳（Richard A. Posner）教授在《知识产权法的经济结构》中则从经济学的角度予以论证，分析了注册与先占（使用）两种权利取得方式的利弊，并认为美国采用的是注册与先占混合式的取得方式。商标权的正当性论证中实际上也蕴含着权利取得制度正当性的论证，因为权利取得是基础，而权利性质的不同也就意味着在法律制度层面上可能会做出不同的安排。学者们围绕着商标权取得制度的法哲学基础、法经济学基础也取得了较为丰富的研究成果。例如和育东的《从权利到功利：知识产权扩张的逻辑转换》、彭学龙的《知识产权：自然权利抑或法定权利》、冯术杰的《论注册商标的权利产生机制》、黄汇的《商标权正当性自然法维度的解读——兼对中国〈商标法〉传统理论的澄清与反思》、孙敏洁的《商标授权的经济学分析》，等等。

对注册取得制度的认识分歧也带来了有关我国商标法应当采用何种权利取得模式的争论，并形成了不同的观点。例如：邓宏光教授在《我们凭什么取得商标权——商标权取得模式的中间道路》一文中提出，在商标权的取得中，使用是实质要件，注册是形式要件，主张我国商标权取得模式的最佳选择是"使用+注册"。杜颖教授在《社会进步与商标观念：商标法律制度的过去、现在和未来》一书中也提出了类似的观点。王莲峰教授在《我国商标权利取得制度的不足与完善》一文中主张，在坚持注册原则的前提下，通过使用原则的适当引入，达到改进我国商标权利取得制度之目的。张玉敏教授在《论使用在商标制度构建中的作用》一文中则主张，注册取得原则应当予以坚持，但是还要配以相应的制度措施来克服或限制其消极作用。

随着我国商标法律实践与理论研究的逐步深入，尤其是在《中华人民共和国商标法》（以下简称《商标法》）第三次修改的催动下，理论界对商标权取得制度的关注进一步加强，认识也进一步深化。学者们的研究已不限于权利取得模式本身，更将视角投射到商标权体系的完善。例如，付继存博士在《商标法的价值构造研究：以商标权的价值与形式为中心》一书中，对注册制度在不同的权利取得模式下的不同地位、价值进行了探讨，并对我国商标权体系提出了二元结构的构想。谢冬伟博士在《中国商标法的效率与公平》一书中主张，把效率和公平的统一作为完善我国商标注册保护制度追求的基本目标，并以此原则来改造商标审查制度、商标异议制度。另外，还有学者对未注册商标的保护、商标法与竞争法之间的关系等问题予以了深入探讨。

综上，虽然从国内外商标理论研究中没有发现直接论及商标权注册取得制度的专著，但涉及该命题的文章和著述并不鲜见。这些文章和著述对相关问题的研究和论述尽管较为零散，但却极具启发意义，同时也为本书的研究留下了较大的空间。

三、研究方法

1. 历史分析法。对制度的考察和分析，必须从历史的角度出发来分析制度的演进及成因。本书在论及商标观念与权利取得制度的变迁、我国商标权注册取得制度的确立等内容时，将涉及较多的历史研究。

2. 比较分析法。比较分析的对象既涉及各国的商标立法，又针对各国专家学者探讨相关问题时不同的视角和观点，也要解读各国典型司法判例所适用的具体规则。

3. 案例分析法。商标权取得制度既体现在法律文本中，也展示在具体判例中。因而，案例研究是不可或缺的研究方式。本书将通过评介英、美、欧盟、澳、日及我国商标法实践中的典型案件，挖掘其对商标法律制度成长的贡献。

4. 经济分析法。商标功能的发挥置身于经济领域，商标权取得制度更是要涉及公平与效率的协调，经济分析法对本书的研究具有良好的适用性。本书将从研究商标的经济功能入手，探讨不同的取得制度所带来的效率及外部性问题，进而论证注册取得制度正当性的经济学基础。

另外，本书还将涉及文献分析、制度分析等研究方法。在具体处理某个问题时，多种研究方法也可能会交叉使用。

四、主要创新点

第一，本书通过探究商标权取得制度的历史演进，论证注册取得制度的正当性，以及制度功能、属性、运行机理等问题，系统化地研究了商标权注册取得制度，试图改善有关该命题的碎片化研究现状，在一定程度上填补理论研究的空白。

第二，本书将法哲学、法经济学的方法运用于注册取得制度基础理论分析中，对使用取得制度与注册取得制度各自的利弊进行了论证，揭示了注册取得制度为多数国家所选择的深层原因，试图为注册取得制度正当性的研究提供新的视角。

第三，本书强调从内、外两个方面来优化注册取得制度，以正确处理注册与使用、注册商标与未注册商标之间的关系，避免落入单纯强调注册而无法解决实践难题的窠臼，试图为我国注册取得制度的完善提供新的思路。

第四，本书立足于商标权的多元属性，在注册取得制度的运行、使用要求的强调、在先使用权的完善、共存制度的构建等方面提出了一些具体的建议，试图为注册取得制度的理论研究提供新的观点。

第一章　商标权取得制度的历史演进

近有无耻之徒，假冒本堂牌记，或换字同音，混似射利，粘呈牌记，叩求示禁。

——清·道光九年《元和县示禁保护沈丹桂堂碑》

历史研究之一页当抵逻辑分析之一卷。[①]

——奥利弗·温德尔·霍姆斯

一、近代商标观念的形成

马克思认为："观念的东西不外是移入人的头脑并在人的头脑中改造过的物质的东西而已。"[②] 观念系意识形态之表达，受物质条件的制约，是客观物质的反映，但观念具有相对独立性会反作用于物质。就人类社会的制度而言，其虽然受到客观规律的制约，但却是社会主体价值选择的结果，被不同程度地打上了观念。同样，就商标而言，无论从商标的功用、价值，还是保护方法等各方面变化来看，也都深受商标观念的影响。

[①] New York Trust Co. v. Eisner, 256 U. S. 345, 349 (1921).
[②] 《马克思恩格斯选集》第 2 卷，人民出版社 1972 年版，第 217 页。

人是符号的动物。① 人能够创造并使用符号,是其与动物相区别的一个重要标志。然而,这些符号大多只是人类之间进行信息交流,表达思想、情感的工具。追根溯源,人类对商标的使用也是从将其作为工具开始的。"人类使用标记相传是从欧洲游牧部落在牲口的角或蹄上烙印或刻画符号,以辨识所有人的做法开始。"② 在早期的观念中,一些标记发挥着"史前的属人标记"或者"所有权标记"的功能③,也有的用来指明制造者或者生产者。"所有权标记"是指,牲畜、货物、工具等,只要它们被印上某种特殊标记,其所有权就属于该标记使用人,他人不得占有。如有遗失或者被盗,该标记使用人可以凭借标记请求返还。④ 几乎可以肯定的是,最早的标记就是在牛和其他动物身上打下的烙印(branding)。⑤ 制造者标记在社会生活中更为普遍,人们发现,这种标记广泛地出现在古代埃及、希腊、罗马、西亚等地所出产的石器、建筑石块、砖瓦、陶器、瓷器等器具上。⑥

中世纪时期,随着经济的发展、贸易的兴盛,以及封建制度的崩溃、自由城市的兴起,标记在各行各业的使用更为普遍,且种类与功能也更趋多样化。除了人们可以自由使用的、证明所有权归属的所有权标记外,政府和行会(guild)为了加强对市场交易秩序的监管又将标记纳入了公权力的视野,很多标记被赋予了"责任标记"(liability mark)的意义。最为典型的莫过于"检验标记"(assay mark)。如英国爱德华一世于 1300 年通过法令规定,金饰行业只准许金匠公会的会

---

① 〔德〕恩斯特·卡西尔:《人论》,甘阳译,上海译文出版社 1985 年版,第 34 页。
② 郑中人:《商标法的历史》,《智慧财产权月刊》2001 年第 25 期。
③ 杜颖:《社会进步与商标观念:商标法律制度的过去、现在和未来》,北京大学出版社 2012 年版,第 15 页。
④ Sidney A. Diamond, "The Historical Development of Trademarks," *Trademark Rep* 73, 1983, pp. 222-227.
⑤ Leon. E. Daniels, "The History of the Trade-Mark," *TM Bulletin* 7, 1911, pp. 239-241.
⑥ Gerald Ruston, "On the Origin of Trademark," *Trademark Rep* 45, 1955, pp. 130-134.

员从事，而且其所生产的金饰制品于销售之前必须经过公会地方机构（the local Hall）的检验、加印。检验标记并不限于金、银等贵金属行业，布衣业、皮毯业也有政府的检验标记。① 中世纪还出现了原产地名称（the appellation of geographical origin）标记。例如产自于欧洲大陆的挂毯都标明了原产地，尤为特别的是，有些还会带有官方的印章以证明其质量，一些挂毯上还能找到织工的个人标记。② 与此同时，一些行会也要求其成员必须在所生产与销售的产品上使用某种标记，目的在于方便消费者"按图索骥"——依据标记找寻到应当对产品质量承担责任的人，从而防止那些质量低劣的产品行销于市。例如英格兰于1266年颁布的第一部面包强制标记法就规定："面包商必须在所制作和销售的每块面包上加印自己的标记，以保证面包出现斤两不足时查找到责任人。"③ 由于这一规定有利于维护行业的集体形象，因而受到面包业行会的欢迎和支持。在伦敦，由于面包业行会对面包业的垄断地位非常牢固，有关面包标记的法律得到严格执行。当地行会还制订了如下规章：（1）各面包商均应在所制作的面包上加印自己的标记，以便使人知晓面包的制作者；（2）市政官员应检视所辖区域内面包商的标记；（3）对面包的重量和质量每月至少要检测一次，或视需要检测多次；（4）各面包商应将自己的标记公示于每一个"Wardmote"（坊民会议），以便使人知晓。④ 尽管这一时期标记的种类得以丰富、标记的功能得以拓展，但正如美国学者谢克特所指出的那样，从法律意义说，中世纪时期标记的功能不是为了用来区分或表彰商品的来源，而

---

① Gerald Ruston, "On the Origin of Trademark," *Trademark Rep* 45, 1955, pp. 141-143.
② Sidney A. Diamond, "The Historical Development of Trademarks," *Trademark Rep* 73, 1983, p. 230.
③ Sidney A. Diamond, "The Historical Development of Trademarks," *Trademark Rep* 73, 1983, p. 234.
④ Frank I. Schechter, *The Historical Foundations of the Law Relating to Trade-Mark*, Columbia: Columbia University Press, 1925, p. 52.

主要还是作为证据以证明所有权的归属。[①] 即使是纳入官方视野的责任标记，它的功能也主要在于追究责任人的责任。事实上，在人们的观念中，这些标记或者是用以证明物品所有权的工具，或者是政府、行会用于市场管理的工具。因为那一时期商品生产还是以手工业为主，产品规模较小，种类相对单一，加之交通不便，销售范围主要限于本地，商业竞争并不激烈，个体生产者也没有通过宣传展示自身商品优势的动力，更没有通过标记来累积商誉的意图。即使是责任标记，虽然其确实起到了通过遏制欺诈、假冒等非道德性商业行为来营造良好商业秩序的作用，但这些标记对商品质量的保障不是着眼于发挥标记应有的区分功能，而是强调通过行会的管理实现责任人的查明。因此，那时的标记还算不上后来意义上的商标。尽管如此，这些标记也在无意中发挥过表彰或者识别商品来源的功能。因为即使是所有权标记，一旦该物品被出售，该标记就可以向购买者传递原所有者的信息，识别功能自然也就显现了。

14、15世纪的地理大发现（Age of Discovery），给世界带来了商业革命。随着新航路的开辟，原本相互隔绝的地域通过船只被沟通起来：美洲种植的棉花、烟草、砂糖及咖啡，销到了欧洲；美洲所需的布匹、粮食等日用品可以从欧洲进口；亚洲的丝绸、瓷器、茶叶和香料等出现在了世界各地。这场革命在使世界市场开始形成、流通商品种类增多的同时，对欧洲的社会经济结构也产生了巨大的影响；商业资产阶级得以壮大，旧式封建贵族日渐衰落，从而有力地推动了资本主义的发展。随着市场需求的增大，工场手工业已经不能适应商品经济发展的需要，迫切需要通过技术改革提高劳动生产率。1764年，詹姆士·哈格里夫斯发明的珍妮纺纱机（Spinning Jenny）应时而生，标

---

① Frank I. Schechter, *The Historical Foundations of the Law Relating to Trade-Marks*, Columbia: Columbia University Press, 1925, pp. 20-21.

志着工业革命的开端。这场从英国发起的工业技术大变革不仅是一次技术革命，更是一场深刻的社会革命。工业革命在继续改变着人类商业史的同时，也深刻地影响着人们的商标观念。工业革命的直接后果是行会制度日渐式微，贸易进一步扩张。原来由行会控制的手工作坊产品被"物美价廉"的工厂商品所替代，原来限于本地的销售市场扩张到全国甚至全球领域。市场的拓展、可替代商品的增多，必然不断拉大生产者和消费者之间的距离。消费者对商品生产者究竟姓甚名谁的关注逐渐不再成为重点，新的重点是"确保来自未知来源或许多不同的已知来源的商品或服务质量的划一性"[①]。当商标的识别功能被加以强调时，近代意义上的商标也就产生了。

广告对近代商标观念的形成发挥了重要的助推作用。15至16世纪，从中国引入的印刷术在欧洲得到广泛运用，该项技术在促进出版业发展的同时，也催生了现代广告业。1480年前后，世界上第一个纸质印刷广告在英国出现。[②] 1612年，"近代广告的先驱"泰奥弗拉斯托·雷诺德在法国国王的特许下，创设了"广告局"。1675年，英国人尼德姆在伦敦开办了公众广告事务中心。[③] 进入19世纪，随着美国的崛起，世界广告的中心也转移到那里，并最终形成了一个独立的行业。1841年，世界上首家广告公司由沃尔尼·帕尔默在美国的费城开

---

① 〔美〕查尔斯·R. 麦克马尼斯：《不公平贸易行为概论》，陈宗胜等译，中国社会科学出版社1997年版，第62页。

② 对于世界上第一个纸质印刷广告出现的时间和出现在哪个国家，理论界存在不同的认识。据报道，1985年10月，考古人员在湖南省沅陵县发掘出一座元代夫妇合葬墓。在女棺的随葬品中发现了两张商品包装纸（包装油漆颜料）。该包装纸上说明了店铺的详细地址、所售商品的品种、质量和特性，文字中还有"买者请将油漆试验，便见颜色与众不同""请认红字门首高牌为记"这样唤起消费者注意力的典型广告用语，甚至商标。而据对墓文的考证，这座元墓的主人死于1305年。有学者据此认为，这是世界上迄今发现最早的纸质包装广告。参见付淑峦：《论广告传播中的印刷媒介演进》，《新闻界》2012年第22期；新华网：http://news.xinhuanet.com/st/2002-01/18/content_243954.htm，2014年12月2日最后访问。

③ 杨海军、杨栋杰：《试论世界广告的历史演进与历史坐标》，《广告大观》（理论版）2010年第2期。

办，主要为报纸代理出售版面，这也宣告了广告代理业的诞生。[①] 广告业随后逐渐进入到专业化运作阶段，由此也带动了消费市场的空前繁荣，商人们更是直接品尝到了广告的益处，对广告的热情和投入也在惊人地增加。1867 年，美国的广告经费总计在 5000 万美元左右，到了 1900 年，增长到 5 亿美元。[②] 商标因其简明、扼要的特点，完美地契合了商人对广告的要求，成为与消费者沟通商品信息的重要纽带。商人通过广告强化着商标的识别功能，并积极通过商标来凝结商誉，培育消费者对其品牌的"忠诚"。消费者在不知不觉中突然发现，通过广告接收商品信息、通过商标选购商品已成为其社会生活中不可缺少的一部分。正如有的学者所言："至于真正商标法的发展过程，则以工业革命为分界岭。在工业革命之前，由于物品的制造者皆为手工自制自卖，买卖交易亦是面对面，由买者直接向制造者购买，消费者只要辨识老板或店面就可以很容易找到所要的商品，不需要依赖标记，所以商标在工业革命前并不受重视；但在工业革命造成产业巨大的变化后，生产技术、交通方式、营销策略都使得商品销售型态发生转变，制造者为扩大销售范围（腹地），惟有使用广告与标记，才能越过经销商的肩膀，直接与消费者接触。"[③]

"没有任何事情能像财产权一样，如此频繁地牵动人们的心，让人们热衷于追求。"[④] 英国著名法学家威廉·布莱克斯通（William Blackstone）于 1765 年所说的话，正是商人们将商标作为财产权予以追求的写照。工业革命后，商人的地位继续提升，在交易中他们

---

① 陈培爱：《中外广告史》，中国物价出版社 2001 年版，第 220 页。
② 〔美〕乔纳森·休斯、路易斯·凯恩：《美国经济史》，杨宇光等译，格致出版社、上海人民出版社 2013 年版，第 555 页。
③ 刘崇生：《智慧财产法院制度之国际比较研究》，台湾世新大学硕士论文，2006 年 7 月，第 17 页。
④ 〔美〕肯尼斯·万德威尔德：《十九世纪的新财产：现代财产概念的发展》，王战强译，《经济社会体制比较》1995 年第 1 期。

越来越认识到商标的重要作用，越来越希望加强对商标的保护。然而，之前的"假冒之诉"必须证明被告存在欺诈的主观意图，这给商人们寻求商标保护带来了极大的困难，他们迫切希望法律对其商标能够提供像普通财产一样的保护，也即谋求商标的财产权地位。这种观念产生后，商人们就要试图通过各种方式影响立法机关寻求法律上的突破。

在法国，1804年颁行的《法国民法典》被认为第一次肯定了商标权应与其他财产权放在同样保护的地位。[1]

在美国，虽然其第一部适用于全国的联邦商标法制定于1870年，但商人利益团体在此前的数十年间，已不辞辛劳地多次向国会进行游说。如1791年，波士顿帆布商人团体就曾以塞缪尔·布雷克（Samuel Breck）为首致函当时的美国国务卿托马斯·杰斐逊，请求政府立法允许他们的产品使用一种专有标记，以与外地产品区分。同年9月，杰斐逊回函称："在我看来，为了保证每个生产厂家都能尽职尽责，赋予他们一种对其产品标记的排他性权利是合适的。因此，对于中央政府而言，针对这种情况通过法律仅对与外国、州际，以及印第安部落之间的贸易进行规范，是合理的。"[2] 杰斐逊还向国会建议制订商标法，但遗憾的是未被国会所采纳。

在英国，商人们在19世纪50年代末要求认可商标的财产地位，并要求加强立法打击假冒。[3] 他们通过商会的力量积极游说英国政府和国会。1862年，谢菲尔德商会向英国下议院提交了一份商标法议案（《谢菲尔德法案》），其中第9条明确提出："将姓名等商标注册

---

[1] 郑成思：《知识产权法》，法律出版社1997年版，第168页。
[2] Hamilton, Report on Manufactures, 5 Dec., 1791.
[3] Lionel Bently, "From Communication to Thing: Historical Aspects of the Conceptualisation of Trade Marks as Property," in Graeme B. Dinwoodie and Mark D. Janis (eds.), *Trademark Law and Theory: A Handbook of Contemporary Research*, Cheltenham: Edward Elgar Publishing Ltd., 2008, p. 16.

的人应当被认定为所有人。所有人有权起诉前述的违法行为，并且上述商标应当被认定为属于所有人的个人财产，应当允许根据个人财产法律的一般规定予以转让。"[1]英国政府认为，该法案涉及的商标保护问题重大，于是成立特别委员会进一步调查。由于当时的主流观点仍然认为商标只是商人和消费者之间传达商品信息的沟通工具（communication），而且"欺诈"是构成侵权的基础，特别委员会最终还是否决了该法案。但其支持政府提出的采取新的刑事措施打击商业欺诈，特别是滥用商标行为的议案，最终通过了1862年《商品标记法》（Merchandize Marks Bill）。[2]如此看来，商人们有关加强商标保护的期望，还是部分得以实现。《谢菲尔德法案》虽然没有最终通过，但法案所涉及的商标属于财产的观念却影响深远，导致英国社会对"商标性质"的讨论日渐深入。例如，约翰·罗米利（John Romilly）法官在"Cartier v. Carlile"案[3]中明确将商标视为私有财产（private property）；韦斯特伯里勋爵（Lord Westbury）在"Hall v. Barrows"案[4]中指出，商标的本质是将标记适用于特定商品的排他性权利，这种排他权是财产，可以转让。正如马克思所说："每当工业和商业的发展创造出新的交往形式……法便不得不承认它们是获得财产的新方式。"[5]随着商标财产观念的确立，商标法律保护方式的调整也就只是时间问题了。

---

[1] Bill No. 17 (18 February, 1862), *Parliamentary Papers*, Bills (Public) vol. 5.

[2] Lionel Bently, "From Communication to Thing: Historical Aspects of the Conceptualisation of Trade Marks as Property," in Graeme B. Dinwoodie and Mark D. Janis (eds.), *Trademark Law and Theory: A Handbook of Contemporary Research*, Cheltenham: Edward Elgar Publishing Ltd., 2008, p. 18.

[3] Cartier v. Carlile (1862) 31 Beav, 292.

[4] Hall v. Barrows (1863) 4 De G. J. & S. 150.

[5] 《马克思恩格斯全集》，第3卷，人民出版社1956年版，第72页。

二、使用取得商标权的历史演进

（一）英国

最初的商标是一种沟通工具，它在商品生产者与消费者之间，以及商品生产者之间传递信息。这些传情达意的标志在商业交往中日益发挥出现代商标意义上的来源区分功能和质量保障功能，使消费者更乐于选购贴附特定标志的商品。渐渐地，商标使用人凭借商标积累了一定的商誉，获得了一定的竞争优势。由此，也催生了对某个商标排他性使用的意识。显然，早期的商标权，是通过使用获得的。谁最先使用某个商标，积累了一定的商誉，谁就可以获得商标权。最为典型的代表是英国，它是最早通过使用取得商标权的国家之一。

对于商标权的讨论最终还要落脚到如何对之进行保护上。因觊觎他人商标所承载的商誉，在市场上就产生了假冒、模仿他人商标推销自己商品的情形。如何规制这种假冒、模仿行为，就成了商标所有人必须面对的问题。就此种行为的私法规制而言，英国传统上的普通法做出了重要的贡献。英国法律史学家梅特兰（Maitland）曾言，英国私法的整个历史就是诉讼形式的历史。① 从这一判断中可以得知，在英国法中，对于假冒行为的私法规制也要依托于一定的诉讼形式。对于假冒他人商标的诉讼，早期所采用的诉讼形式是假冒之诉（palming off），其理论基础在于防止欺诈和保护商誉。

仿冒法早在16世纪就为英国普通法所确认，规则主要是从法院的判例中产生的。关于哪个案件是英国法院审理的首例假冒他人商标的案件，史学家们意见不一。据有的学者考证，该案为1584年普通法院

---

① 〔英〕梅特兰：《普通法的诉讼形式》，王云霞等译，商务印书馆2010年版，第29页。

审理的"J. G v. Samford"案①。尽管对此案最终是否按假冒之诉予以判决未能查清，但该案中有法官认为被告冒用他人标记的行为构成了欺诈，应当承担普通法责任，这一观点引起了后人极大关注。后来，不管是普通法还是衡平法都将"欺诈"（fraud）作为商标获得法律保护的基础。②但两者对"欺诈"的理解却存在着诸多的不同③，最终能够形成的共识是，假冒之诉强调的是过错责任，要求行为人主观上出自于故意④。在当时人们的观念中，仅仅是商标的最先使用者，并不能保证其获得比个人姓名或其他标记更多的财产权或垄断地位，而只有他的商标被人"故意冒用"时才可以诉请法律保护。

假冒之诉将主观存在过错的道德因素注入法律之中，这给商标假冒行为的制止带来了诸多难题。实践中的疑问之一是，对于那些主观上并无故意的假冒行为能否诉诸假冒之诉予以规制呢？对此，衡平法上1838年的"Millington v. Fox"案⑤给予了肯定性回答。在该案中，法官认为，即使被告对原告标记的使用不存在欺诈的故意，原告也应

---

① 该案系"Southern v. How"案判决中援引的一个未记载判例。大概案情为，原告是一名布商，他生产的布料因品质优良而行销英格兰各地，这些布料上均标有"J. G"字母以及一个称为"塔克"（Tucker）的手柄标记。被告为了攫取原告的利益，在自己生产的劣质布料上标注原告的标记后销售，导致原告遭受严重的损失，原告因而提起诉讼。据贝克（Baker）的考证，该案为"J. G v. Samford"案。参见 J. H. Baker, *An Introduction to English Legal History*, London: Butterworths, 1979, p. 385。

② 在1742年衡平法院审理的第一起商标案件"Blanchard v. Hill"案中，法官援引"J. G v. Samford"案的观点，认为被告虽然使用与原告相同的标记，但原告不能证明被告的行为具有欺诈性，遂驳回了原告的诉讼请求；在1783年衡平法院审理的"Singleton v. Bolton"案中，法官也基于同样的理由驳回了原告的诉讼请求；在1824年普通法院审理的"Sykes v. Sykes"案中，法官认定被告的目的是为了吸引原告潜在的消费者，行为构成欺诈，支持了原告的主张。参见 Blanchard v. Hill, (1742) 2. Atk. 484, 26 Eng. Rep. 692 (Ch.); Singleton v. Bolton, (1783) 3 Dougl. 293, 99 Eng. Rep. 661 (K.B.); Sykes v. Sykes, (1824) 3 B. & C. 541, 543, 107 Eng. Rep. 834, 835 (K.B.)。

③ Christopher Wadlow, *The Law of Passing-off: Unfair Competition by Misrepresentation*, London: Sweet & Maxwell, 2004, p. 17.

④ 〔美〕小奥利弗·温德尔·霍姆斯：《普通法》，冉昊、姚中秋译，中国政法大学出版社2006年版，第114页。

⑤ Millington v. Fox (1838) 40 ER. 956.

获得禁令救济。该案的判决意味着假冒之诉的归责原则开始转向一种严格责任,从而开启了衡平法上认定欺诈的新形式。但无论如何,按照假冒之诉,商标所有人获得保护的是商标所代表的商誉,而商誉是通过使用获得的。

经过几个世纪的提炼,英国法院在 1990 年审理的 "Reckitt & Colman Products Ltd. v. Borden Inc." 案[①] 中提出了著名的判断假冒侵权的 "经典三部曲":一是原告的商品或服务在市场中已经建立了商誉或声誉;二是被告存在着有意或无意所为的不真实的表示,且该不真实表示导致或可能导致公众认为被告的商品或服务出自于原告;三是原告因被告的行为受到损害或可能受到损害。此三要件后被简称为:商誉(good will)、虚假表示(misrepresentation)和损害(damage)。英国法院非常重视假冒与商誉之间的联系,认为假冒之诉作为一种救济措施,防止的不是名字或标志的所有权被盗用,而是防止在商誉的特定表现下被认为是财产的东西被盗用。[②] 商誉必须建立在相关公众的观念和心目中,它虽然是无形的,但是可以通过各种识别标志为公众所知。商品或服务中任何具有显著性的物体,都可以作为识别标志,商标也是形式之一。原告若提出了基于商标为虚假表示的假冒之诉,他必须要证明该商标在公众的心目中有了足够的声誉,而前提是该商标已参与原告的商业活动,且识别力已与原告的商品或服务紧密相连。这就意味着,假冒之诉所要保护的商标不仅已经使用,而且还必须是具有一定识别力,或者说 "有一定影响" 的标志。在 "Cadbury Schweppes Pty Ltd. v. Pub Squash Co Pty Ltd." 案[③] 中,英国法院认为,商誉建立的时间最迟应在被告被诉假冒的行为开始日期之前。如果原

---

① Reckitt & Colman Products Ltd. v. Borden Inc. (1990) RPC 341.
② 〔澳〕彭道敦、李雪菁:《普通法视角下的知识产权》,谢琳译,法律出版社 2010 年版,第 16—20 页。
③ Cadbury Schweppes Pty Ltd. v. Pub Squash Co Pty Ltd. (1981) RPC 429.

告不能证明在此日期之前在相关地域内具有商誉,他也就失去了进一步证明存在必要程度的欺骗或混淆并且造成了损害的逻辑前提。

然而,在实践中,假冒之诉备受证明要求过高、对商标权利保护不力的质疑。在寻求改变的呼声中,商标权取得模式的重新调整已不可避免。随着商标财产观念的深入、注册制度的引进,如后文所述,英国的商标法最终采用了商标权注册取得模式,但使用取得商标权的普通法模式并没有因此而终结。现行英国《商标法》第2条第2款依然明确规定:"本法不包含对未注册商标侵权做出制止或赔偿的程序规定,但本法并不妨碍有关假冒的法律。"第5条第4款还规定,如果一个商标在英国的使用是被在贸易过程中保护未注册商标或其他标记的任何法规(尤其是仿冒法)所禁止的,则该商标应不予注册。由此,英国也就确立了使用取得的普通法与注册取得的制定法并存的独特的权利取得模式。

至于仿冒法与《商标法》之间的关系,英国上诉法院在2003年审理的"Inter Lotto (UK) Ltd. v. Camelot Group Plc."案[1]中表明了态度。该案中,原告在先使用的但未注册的商标"Hotpick"与被告的相同的并已经注册的商标发生了冲突,但被告的商品是在商标获得注册后数月才真正进入市场的。原告具有商誉的时间就成为解决问题的关键。如果依据《商标法》,原告具有商誉的时间应在被告申请注册之前,但是依据仿冒法这个时间点则应在被告的商标进入市场之日前。对于该问题,上诉法院形成了截然相反的意见,争议的核心在于仿冒法与《商标法》之间的关系问题。卡恩沃思(Carnwath)法官认为,尽管仿冒法与《商标法》存在着明显的冲突或重叠,但《商标法》不能影响到仿冒法的适用,更不能妨碍未注册商标侵权损害赔偿。[2] 其观点占据了上风,该案最终根

---

[1] Inter Lotto (UK) Ltd. v. Camelot Group Plc. (2003) EWCA Civ 1132.

[2] 原文:"No proceedings lie to prevent or recover damages for the infringement of an unregistered trade mark as such; but nothing in this Act affects the law relating to passing off." "the clear effect of the section...is to confirm the law of passing off is preserved, notwithstanding any apparent conflict or overlap with the provisions of the Act."

据仿冒法以被告商标进入市场的时间作为判断原告商誉是否建立的时间。该案的主要意义在于明确了仿冒法与《商标法》的关系,即两者处于平行关系,《商标法》上的权利不能成为假冒之诉的抗辩理由。①

(二)美国

英国普通法关于使用取得商标权的做法也深刻影响了美国。美国于 1776 年宣布独立之前是英国的殖民地,其商标保护承袭了英国的传统,开始也无成文法,而是以普通法上的假冒之诉的形式通过判例法来进行的。1870 年,美国国会通过了第一部适用于全国的《美利坚合众国联邦商标法》。有趣的是,1870 年《商标法》规定给予合法注册的商标所有人以排他的权利,使用并非申请注册的要件,只要有使用之意思即可。②因而,该法对商标权的取得实际上也采用的是注册取得原则。不幸的是,该《商标法》适用的范围不仅包括州际、国际以及与印第安部落的贸易,还包括州内的贸易。1879 年,联邦最高法院判决该《商标法》违宪。③理由在于,美国国会制定该《商标法》所援引的依据是美国《宪法》中的"知识产权条款"④,而该条款仅适用于著作权和专利权,不包括商标权;最为紧要的是,国会调整商标事宜的权利来自《宪法》的"贸易条款"⑤,但由于该条款无权管理州内事务,因此该《商标法》的调整范围超越了《宪法》对国会的授权。所以,该

---

① 李艳:《论英国商标法与反不正当竞争法的关系》,《知识产权》2011 年第 1 期。
② 郑中人:《商标法的历史》,《智慧财产权月刊》2001 年第 25 期。
③ United States v. Steffens (Trade-Mark Cases), 100 U. S. 82, 25 L. Ed. 550 (1879).
④ "知识产权条款",是指美国《宪法》第 1 条第 8 款(8)的规定:"为了促进科学和实用技艺的进步,国会有权保障作者和发明人对其作品和发明在有限时间内的排他性权利。"
⑤ "贸易条款",是指美国《宪法》第 1 条第 8 款(3)的规定:"国会有权管理与外国的、州际之间的,以及对印第安人的贸易。"

法是无效的。①

1881 年，美国国会修改《商标法》，对其适用范围予以限定，排除了州内贸易。直到 1905 年，美国国会才根据"贸易条款"制定出符合《宪法》授权的联邦商标注册法。该法的调整范围既包括注册商标，也包括超出一州使用的未注册商标，但仅将商标注册视为享有商标专用权的表见证据（Prima facie evidence）。1905 年《商标法》在先后修改了 16 次后，终因不能有效应对 20 世纪的贸易现实，被 1946 年制定的著名的《兰哈姆法》所取代。《兰哈姆法》虽然在第 1 条就规定了商标的注册，但该注册与英、法、德等国的商标注册均不相同，其依赖于商标的使用，效果也并非是创设新的权利，而仅是对经使用业已形成的商标权给予制定法的确认。②《兰哈姆法》规定，美国的商标注册分为主簿注册（principal register）和副簿注册（supplemental register）两种。从具体内容来看，在主簿上注册至少享有 5 种权利：第一，推定所有权要求的权利。商标在主簿上的注册，应为注册人所有权主张的通知。③ 即使该商标没有在某一地区使用，凭借该权利仍然能够获得保护。第二，初步证据的权利。主簿上的商标注册可以作为证据使用，并且是该注册商标及商标注册有效性、注册人对该商标所有权有效性、注册人在商业中按注册规定的条件和限制使用该注册商标专用权有效性的表面成立之证据。④ 第三，不容置疑的权利。如果商标从在主簿上注册之日起在指定的商品或服务或其相关方面已连续使用长达 5 年之久，而且该使用仍在继续，则注册人对该注册商标的使用权不可争议，

---

① J. Thomas McCarthy, *McCarthy on Trademarks and Unfair Competition*, New York: Clark Boardman Callaghan, 2008, §5: 3.

② Arthur R. Miller and Michael H. Davis, *Intellectual Property: Patents, Trademarks and Copyright*, St. Paul Minn.: West Publishing Company, 1990, pp. 150-154.

③ 15U. S. C. §1072.

④ 15U. S. C. §1115 (a).

该注册应成为注册、使用有效性及注册人享有相关权利的确凿证据。[1]第四，全国性保护的权利。因联邦注册商标提起的诉讼，原始管辖权由联邦地区法院和属地法院享有，上诉管辖权则由联邦上诉法院（除联邦巡回上诉法院外）享有；各个州或者其他管辖区，或政治分区及其机构，不得要求改变注册商标，或者要求以不同于注册证中所展示的该注册商标所预期的方式使用该商标。[2]第五，阻止进口的权利。在主簿上注册的商标，可以在美国财政部建立的登记簿上登记，以协助海关禁止侵害该商标的物品入境。[3]在副簿上注册虽然比在主簿上注册更为容易，但并无实质性的商标权，也得不到法院法令的保护；其作用主要在于，防止足以造成混淆的类似商标的注册，也可以为以后在主簿上注册创造条件。

1946年《兰哈姆法》对实际使用的严格强调也带来一些现实性的问题：第一，法律规定商标的使用应是真正的使用，而不能是象征性的使用（token use），"然为了达成注册之目的，而为象征性之使用亦为法院所接受"，由此也造成了商标制度内部的冲突。第二，美国于1973年签署了《商标注册条约》（*Trademark Registration Treaty*），规定"与美国有条约之缔约国国民，只要在其所属国为商标注册即得申请美国注册而无须在美国有商业上之使用。遂有内外国人差别待遇之存在而备受批评"[4]。有鉴于此，《兰哈姆法》于1988年发生了"迄今为止最为根本性的改变"[5]，在注册申请的方式中增加了"有真诚的意图使用商标的申请"，即在商业活动中有使用某一商标的真诚意图的人，在提交一份表明其具有使用诚意的宣誓声明的情况下，可以按照程序申

---

[1] 15U. S. C. §1065; 15U. S. C. §1115 (b).
[2] 15U. S. C. §1121.
[3] 15U. S. C. §1124.
[4] 曾陈明汝：《商标法原理》，中国人民大学出版社2003年版，第347页。
[5] J. Thomas McCarthy, *McCarthy on Trademarks and Unfair Competition*, New York: Clark Boardman Callaghan, 2008, §5: 3.

请在主簿上注册其商标。① 但最终获得商标注册仍然离不开商标的真正使用。意图使用的申请人最初获得的只是一份准许通知书（a notice of allowance），而非注册证。申请人在收到该通知书之日起 6 个月内，必须向专利商标局提交一份说明该商标已在商业中真正使用的宣誓声明，写明第一次使用的日期、使用的对象，以及一定份数的所使用的商标的图样或复制品。该宣誓声明经审查被接受后，该商标才会真正获得注册。若在上述期限内没有提交宣誓声明，也没有提交延期申请并说明正当理由，其注册申请将被视为放弃。② 由此可见，商标的使用仍然是美国商标法的基础性要求。

美国《兰哈姆法》之所以坚持商标权使用取得原则，首先是因为其普通法传统。美国最高法院在 1916 年的"Hanover Star Milling Co. v. Metcalf"案③ 中再次强调，普通法的商标，以及专有使用的权利，当然属于财产权的范围。但只有其持续享有商誉，这种权利才是财产权，商标不过是保护财产权的工具而已。在 1989 年的"Bonito Boats, Inc. v. Thunder Craft Boats, Inc."案④ 中美国最高法院也指出，反不正当竞争法根植于普通法的欺诈侵权，其主要目的在于保护消费者，防止其对产品来源产生混淆。虽然这可能导致对交流性的符号产生类似财产的权利，但其重点还是在于保护消费者，而非激励生产者。从普通法的角度来看，对商标保护的实质在于其背后的商誉，而商誉来自于商标的真正使用。不仅如此，《兰哈姆法》拒绝商标的"裸"转让，转让需连同使用该商标所得商誉一并进行⑤，这也是该法贯彻普通法精神的体现。其次是因为美国商标法的立法依据是《宪法》中的"贸易条款"，这也决定了商标只有在商业中先有使用，才能获得法律保护。由此可见，美国坚持

---

① 15U. S. C. §1051 (b).
② 15U. S. C. §1051 (d).
③ Hanover Star Milling Co. v. Metcalf, 240 U. S. 90 (1916).
④ Bonito Boats, Inc. v. Thunder Craft Boats, Inc., 489 U. S. 141, 157 (1989).
⑤ 15U. S. C. §1060 (a).

使用取得商标权的原则也就不足为奇了。但不得不说的是，《兰哈姆法》引入"意图使用"无疑是利益协调的结果，在一定意义上来说是对单一的使用取得原则的修正。正因为如此，有学者评论说，在注册制度已完备建立的美国，其注册虽不具有产生权利的法律效果，但却能够证明与强化权利，因而已很难说其商标法依然奉行的是单一确权原则。[①]

单一的使用取得制度之所以都发生了一定程度的"变异"，根本原因还在于该制度存在着难以确认商标权的效力范围，难以举证证明最早使用商标的主体，在保护方法上具有局限性等重大问题。与之相对应，更多的国家为了消弭这些问题而另辟蹊径，选择了注册取得制度。[②] 尽管如此，由于商标保护的实质在于其所表彰的商誉，而商誉必须经由使用而产生，秉承这一理念，即便是那些采用注册取得制度的国家，也特别强调使用的地位。在德国，使用和注册都是取得商标权的途径；在我国，尽管商标专用权经由注册取得，但也同样非常重视使用的作用。

三、注册取得商标权的历史演进

（一）域外考察

1. 英国

如前所述，英国人的商标观念在19世纪60年代已悄然发生变化，

[①] 彭学龙：《寻求注册与使用在商标确权中的合理平衡》，《法学研究》2010年第3期。对于美国的商标权取得模式，兰德斯和波斯纳两位教授认为，现行的美国制度是"注册与先占的一种混合"，区别于其所划分的另外两种模式：注册、先占（使用）。参见〔美〕威廉·M. 兰德斯、理查德·A. 波斯纳：《知识产权法的经济结构》，金海军译，北京大学出版社2005年版，第230页。

[②] 有学者根据陆普舜主编的《各国商标法律与实务》（中国工商出版社2006年修订版）统计，在该书介绍的186个国家和地区中，有128个采用注册保护制度，52个采用使用保护制度，6个采用注册保护与使用保护并存的制度。参见谢冬伟：《中国商标法的效率与公平》，立信会计出版社2012年版，第16页。

开始从财产的视角而非欺诈的视角来看待假冒商标的诉讼。这种观念的变化，与商人的推动密不可分。商人们要求政府确认商标的财产属性，一方面是为了使其商标获得像普通财产一样的保护，另一方面是希望在国际贸易中占据有利地位。基于双边贸易的考量，英国的外事部门与比、奥、德、丹、法、美等国家展开了双边谈判，在此过程中，商标是财产的表述也极大地影响了英国立法者的认识。司法实践中关于"商标性质"的讨论更是活跃，在一系列的案件中法官们都阐述了商标是财产的理论。其中，韦斯特伯里勋爵做出了重要的贡献。他在"Edelsten v. Edelsten"案①中认为，问题的焦点在于要判断原告对其商标是否享有财产权。他指出，财产救济在普通法上是通过假冒之诉进行的，而此种诉讼的核心在于要提供被告欺诈的证据。但在衡平法上这种救济只按照保护财产的法则进行，禁令的获取并不以证明被告有欺诈为必需。该论述已表明，在韦斯特伯里看来，假冒之诉并非商标权利救济的唯一方式，转为寻求保护财产的法则也同样可行。

在此期间，人们的财产观念也正经历着深刻的变化。18世纪中期，威廉·布莱克斯通在其名著《英国法释义》一书中提出："财产权，一个人对外部世界的物所主张并行使的完全排除宇宙中任何他人的独一无二的、专有的控制权。"②布莱克斯通的法学思想于18世纪下半叶至19世纪上半叶在英美法学界产生了深刻的影响。③根据布莱克斯通的定义，财产被理想化为对"物"的绝对支配，而这里的"物"，仅指有形的物。这一时期，法庭也是按照这一观点来理解"财产"的，即使出现与上述概念不相符的例外，也设法通过解释使它符合概念的

---

① Edelsten v. Edelsten (1863) 1 De G. J. & S. 185, 201.
② 〔美〕约翰·E. 克里贝特等：《财产法：案例与材料》（第7版），齐东祥、陈刚译，中国政法大学出版社2003年版，第3页。
③ 哈佛大学教授但肯·肯尼迪（Duncan Kennedy）将布莱克斯通的《英国法释义》形容为："每个法律学者都听说过的18世纪重要巨著，但实际上可能从来没有人真正读懂过。"参见 Duncan Kennedy, "The Structure of Blackstone's Commentaries," *Buffalo Law Review* 28, 1979, p. 209.

限定。然而，在整个 19 世纪，法庭在案件审理中经常发现，"只保护有形的物，不保护无形财富对促进生产不利，在许多场合，要保护的根本不是什么'物'。于是法庭开始把财产定义为对价值的权利而非对物的权利"①。到 19 世纪末，为了保护原来被认为同有形物无关的商业秘密、商标等无形物的投资价值，法庭拓展了财产的概念，实现了财产的非物质化。

法庭有关财产观念的演变与前述商人们围绕商标财产化所做的努力，与其说是不谋而合，不如说是相互促进。但是，伴随着无形财产权观念的形成，也带来了一些新的烦恼。人们逐渐意识到，囿于自身的特殊性，无形财产无法像传统观念中的有形财产那样以实物状态加以占有与控制，如何表彰这种权利，实在是一个棘手的问题。1839 年 6 月，英国第一部《外观设计登记法》(Designs Registration Act) 所创设的"唯有登记才予保护"的登记管理制度，给人们提供了新的思路。这种登记制度作为一种组织法律规则和界定财产范围的方法，提供了一种"出具证据的方式和情形"，证据被呈现为一种公共的而非私人控制的事务，使无形财产的确定变得更为权威，更为容易，从而有效地解决了赋予无体物以财产地位所带来的法律认定上的难题。与人们商标观念的变迁相契合，当商标不再仅被视为是一种区分商品的工具而被作为一种财产来对待时，引入一种新的方式来调整和管理这种财产就显得极具必要了，并且也因此推动了注册制度从私人领域走向官方控制。当然，在《谢菲尔德法案》提出时，商会所理解的注册的作用并不是为了获得确权，而是为了加强对商标权的保护。乔治·约瑟夫·罗杰斯 (George Joseph Rodgers) 的观点或许比较客观地代表了商人们的期待。他认为："商标注册不仅可以使商标权人便于向法院寻

---

① 〔美〕肯尼斯·万德威尔德：《十九世纪的新财产：现代财产概念的发展》，王战强译，《经济社会体制比较》1995 年第 1 期。

求救济，也可以通过注册的公开，使社会公众知晓该商标，从而使企业获得竞争优势。"[1] 也有人是从注册可以提供商标使用权的初步证据，减轻商标权人举证负担的角度设想的。[2]《谢菲尔德法案》的挫败并没有使商人们放弃建立商标注册制度的努力，他们积极游说贸易委员会分别于1869年和1873年两次向英国下议院提交了商标注册法案，但遗憾的是，这两份法案均以失败而告终。有趣的是，当时被英国实行殖民统治的香港却捷足先登，其于1873年制订了注册商标计划，"以减轻商标持有人在原产地上获得自己的声誉和排他性权利的证明所可能花费的时间和费用"[3]。到了1875年6月22日，大法官凯恩斯勋爵（Lord Cairns）又向英国下议院提交了一份《设立商标注册处之法案》（An Act to Establish a Register of Trade Marks）。值得关注的是，凯恩斯关于注册作用的陈述明确表达了初步赋权的意味。他强调："商标必须根据特定类别的商品加以注册，第一注册所有人初步享有使用该商标的专用权。"[4] 1875年8月13日，该法案获得通过，这是英国历史上的第一部商标法，史称《1875年商标注册法》。该法案的通过意味着商标注册真正成为由官方而非私人控制的事实，由此突破了行业、地域的界限，使注册的公示效力及于全国。另外，它记录、存储了商标注册人的信息，消弭了因时间的流逝所带来的权利不稳定性。尤为重要的是，由于官方机构的介入，人们有关商标的讨论也就演变为全国性的事务，甚至还会涉及邻国，这也进一步推动了人们改变对财产的

---

[1] Select Committee, Q.546. 参见 1862 (212) Select Committee on Trade Marks Bill, and Merch-andize Marks Bill: Report, Proceedings, Minutes of Evidence, Appendix, Index, *Parliamentary Papers*, p.431。

[2] 余俊：《商标法律进化论》，华中科技大学出版社2011年版，第121页。

[3] 〔澳〕彭道顿、李雪菁：《普通法视角下的知识产权》，谢琳译，法律出版社2010年版，第45页。

[4] 原文："The trade mark must be registered as belonging to a particular class of goods, and the first person registered as proprietor would be prima facie entitled to the exclusive use of such trade mark." 参见 *HL. Deb.*, 22 June, 1875, vol. 225, c. 289；*HL*. Deb., 07 August, 1875, vol, 226, cc. 703-705；*HL*. Deb., 13 August, 1875, vol, 226, cc 873-877。

认识方法。"在司法上承认商标为财产,这对于授予商标以财产权的地位起到了一种重要作用,不过同样重要的,是 1875 年所做出的把登记制度引入商标的决定:商标注册意在简化证据问题,但'实际上也是对于所有权的官方承认'。……更为重要的是,人们认为它意味着,如果商标获得注册,则'自发出商标注册证的那一刻起,它就当然成为该注册证上列名者的财产了'。"①

对于《1875 年商标注册法》,凯恩斯大法官评价道:"商标注册法将弥补我国商业体系中长期存在的缺陷。"② 该法第 1 条规定:"商标除非注册,否则不能提起商标侵权诉讼。"该规定虽然赋予了商标权人凭借商标注册提起侵权之诉的权利,但实际上它还没能创设一种新的侵权救济方式,在实践中主要采用的依然还是传统上的普通法方式。但上述规定确实为注册商标权利人提供了诉讼程序以及证据方面的有利条件。该法还在第 11 条规定了商标的要素,尤其是强调显著性是商标获得注册的前提条件,为相关人员和法院确定什么是法律意义上的商标提供了标准。该法对商标在注册之前必须使用没有明确要求。然而,法院的态度非常明确,认为该商标法规定的商标权只是一种在表面上推定有效的权利,商标因侵权要获得保护的前提是商标在真正的商业活动中经使用而产生了商誉。

《1875 年商标注册法》于 1876 年和 1877 年经历过两次修改后,被 1883 年颁布的《专利、设计和商标法》所取代。1905 年,《专利、设计和商标法》中的商标条款被废止,并单独制订了商标法。1905 年《商标法》的亮点之一是,首次规定作为商标注册的标记必须"意图使用"(proposed to be used)。这就意味着,只要有证据证明商标权人在

---

① 〔澳〕布拉德·谢尔曼、〔英〕莱昂内尔·本特利:《现代知识产权法的演进:英国的历程(1760—1911)》,金海军译,北京大学出版社 2006 年版,第 235 页。
② *HL. Deb.*, 13 August, 1875, vol. 226, cc 873-877.

申请注册时是出于"真实的"（bona fide）使用目的，即使该商标并未使用，他仍可以赢得侵权之诉。这也反映了成文法侵权之诉与普通法假冒之诉进一步分离的倾向。1905 年《商标法》在 1919 年进行了较大的修改，首次根据商标显著性的不同将商标注册分为"Part A"和"Part B"两部分。

1938 年英国《商标法》再次修改，这部《商标法》也成为英国后来《商标法》的蓝本。1938 年《商标法》的一个重要的突破是第一次以成立法形式规定允许注册商标的转让。其在第 22 条规定："（1）尽管有些法律规则或衡平法有相反规定，也无论是否与企业商誉作为一体，注册商标都应当，并且应当被认为从来都是可转让或转移。（2）注册商标的转让或移转可以是已经注册或曾经注册的全部商品的转让或移转，也可以是部分商品的转让或移转。"[①] 从以上规定可以看出，1938 年《商标法》实际上已经授予了注册商标以完整的权利，当年《谢菲尔德法案》的设想，以及所争议的问题，至此已全部有了明确的答案。该《商标法》在突破了普通法的原则的同时，也顾及了英国商标保护的传统。其在第 2 条规定："任何人无权为未注册商标的侵权提起诉讼，要求制止侵权或赔偿损失。但本法任何规定不得影响任何人对假冒他人商品的行为提起诉讼或要求赔偿的权利。"可见，对于未注册商标仍然可以提起假冒之诉。不仅如此，司法实践中的判例表明，对于注册商标而言，也是可以选择假冒之诉的。1938 年《商标法》也经历了多次修改。其中最重要的一次是 1984 年首次将服务商标纳入其中，但在用语上将商品商标（trade mark）与服务商标（service mark）并列使用，由此也给实践带来了不少麻烦。直到 1994 年修改时才沿用欧盟的指令，以"trade mark"一词将两者囊括，实现了与大多数国家的一致。英国《商标法》最新的修改是在 2008 年。该法第 2 条规定：

---

① 余俊：《商标法律进化论》，华中科技大学出版社 2011 年版，第 117 页。

"（1）注册商标是依据本法通过商标注册获得的一种财产权，注册商标的所有人享有本法所提供的权利和救济。（2）本法不包含对未注册商标侵权做出制止或赔偿的程序规定，但本法并不妨碍有关假冒的法律。"从该规定也可以看出，英国的商标法虽然坚持了商标权的注册取得原则，但它对商标的保护仍然固守了商标法与仿冒法并行的模式。

2. 法国

法国最早于 1803 年就制订了《关于工厂、制造场和作坊的法律》，以刑法来规范商标的使用，将假冒商标的行为按私自伪造文件论处，违者需要服苦役。[①] 1804 年颁行的《法国民法典》被认为第一次在法律上肯定了商标权应获得与其他财产权同样的保护地位。[②] 1809 年的《备案商标保护法令》再次申明了商标权的财产权地位，并成为最早的保护商标权的成文法。[③] 法国是世界著名的葡萄酒产地，19 世纪中期，由于有众多不法外国商人大肆假冒、仿造其名酒标识，致使法国曾一度爆发葡萄酒产业危机。主要出于解决葡萄酒产业所受到的假冒冲击及食品安全问题的目的，法国政府于 1857 年 6 月 23 日出台了《关于以使用原则和不审查原则为内容的制造标记和商标的法律》。该法确立了一系列原则：不明显违背公序良俗的商标均可注册；注册可以作为财产的证明；商标权利来源于使用，但使用与否并不影响注册的效力；

[①] 黄晖：《商标法》，法律出版社 2004 年版，第 7 页。

[②] 此观点最早由郑成思教授提出。参见郑成思：《知识产权法》，法律出版社 1997 年版，第 168 页。吴汉东教授也赞同该观点，认为 1804 年《法国民法典》继承并发展了罗马法的传统，将客体物分为有体物与无体物，同时扩充了无体物的范围。后者专指具有财产内容的权利，其中除了民法典所规定的债权、股权外，还包括新兴的知识产权。知识产权本归为动物物，以后又被划归到更具重要价值的不动产类别中。但他同时认为，知识产权这一新兴财产权制度未能进入传统民法典的体系范围。参见吴汉东：《知识产权立法体例与民法典编纂》，《中国法学》2003 年第 1 期；吴汉东等：《知识产权基本问题研究（分论）》，中国人民大学出版社 2009 年版，第 350 页。不过，在《拿破仑法典》（商务印书馆 1979 年版）中并未找到相应的具体条款。

[③] 郑成思：《知识产权论》，法律出版社 2003 年版，第 9 页。

等等。该法虽然采用的是使用取得商标权的原则，所创建的注册制度旨在为商标使用及商标权的存在提供证据[①]，但作为世界上第一部成文商标法，其意义主要在于标志了现代商标成文立法的肇始，并因率先将注册引入商标法律的视野而受到后来各国商标立法的广泛关注。

1857年法国《商标法》虽然提出了商标注册，但是注册并未产生权利取得的后果，这种状况一直持续了一百多年。1964年12月31日，法国制订了新的《商标法》。新《商标法》将商标定义为"所有用于区分各个公司的产品、目标或服务的有形标记"。另外的一个重要修改是在第4条明确规定"单纯将一个标记作为商标使用，对使用人不产生任何权利"，从而将商标权利的取得由实行了一百多年的"使用原则"改变为"注册原则"。这个改变的影响一直持续到今天仍在发挥作用。"法国商标法的一个特点——至少从1964年以来——并且与英美国家显著不同之处，是商标注册具有的重要性。而美国在取得商标权方面，首先使用一般具有头等意义。"[②]

为了贯彻1988年欧洲共同体（以下简称"欧共体"）第89/104号决议的精神[③]，法国议会于1991年1月4日通过了一部新《商标法》（1991年12月28日生效），以取代1964年《商标法》。1991年《商标法》明确规定，商标的所有权通过注册取得，并自申请提交之日起生效。另外，与1964年《商标法》相比，新《商标法》中商标权的主体也扩大到了自然人。该法将商标定义为，"用于区别自然人与法人的产品及服务的以文字和图形构成的标志"。该法最根本的创新之处还在

[①] 彭学龙：《寻求注册与使用在商标确权中的合理平衡》，《法学研究》2010年第3期。

[②] 〔法〕南希·伊·明奇英格：《法国工业和知识产权保护法》，马守仁译，《法学译丛》1991年第1期。

[③] 为实现《单一欧洲条约》所确定的"将各个成员国之间的关系整体推进到欧洲联盟"的目标，欧洲共同体在总结和提炼《共同体商标条例（草案）》的基础上于1988年12月21日发布了《协调成员国商标立法第一号指令》（89/104/EEC），要求各成员国应按照该指令的要求至迟于1992年12月31日修改完各自的商标法，旨在为制订出适用于欧盟各国的统一的商标法做准备。

于对商标持有人及使用人在商标注册、侵权诉讼中的相关权利做出了新的规定。"新商标法给人的第一印象是一部对于旧法有所继承、富有逻辑性的、旨在维护商标持有人应有的专用权和避免不应发生的侵害大众的行为之间寻求平衡的法律。"①

1992年7月1日，法国颁布了世界上第一部《知识产权法典》。1991年《商标法》被纳入法典第7卷，至今又经历了数次修改，但商标权取得的单一注册原则仍然得以坚持。依据法国现行《商标法》第L.712—1条的规定："商标所有权通过注册取得。商标可以共有形式取得。注册自申请提交之日起10年有效并可多次续展。"其第L.713—1条进一步明确指出："商标注册就该商标和指定的商品及服务赋予其注册人以所有权。"对于商标权的转让，法国商标法没有严格的限制，商标权可以独立地全部或部分转让，而不必受到使用或许可使用该商标的企业是否转让的影响，且商标转让不得附带地域限制。以上规定均反映出法国商标法对商标权作为一种独立财产权的尊重，以及对注册取得制度的严格贯彻。尽管如此，通过注册所取得的商标权也并非一劳永逸，使用该商标成为权利存续的关键。依据第L.714—5条的规定，无正当理由5年没有实际使用，该商标的商标权将会丧失效力。该规定实际上是针对注册取得制度的弊端所采取的一项优化措施，一定意义上正体现出法国商标法对使用取得制度合理因素的借鉴。

3. 德国

1874年，德国历史上的第一部商标法——《商业标记保护法》——由德意志帝国颁布。其产生的基础是1873年经济危机和国内外商标所有人面对商标被滥用而日趋增长的保护需求。②1874年《商标法》虽

---

① 〔法〕安德罗·布瑞：《法国新商标法要点概述》，郑志红等译，《知识产权》1993年第2期。

② 龚璇：《德国知识产权法的历史演进》，华中科技大学硕士论文，2001年1月，第52页。

然要对注册商标予以法律保护，但该法设定的是一种非实质性的商标注册和审查机制，而且将商标保护与企业联结在一起的，独立的商标转让被排除在法律之外。1894年，德国以注册取得为基础的商标制度基本确立，但仍然不要求申请时进行公告。1934年，德国《商标法》做出重大修改，在采用注册取得原则的同时，又肯定了使用取得原则，从而将注册商标与未注册商标统一安置在了一个共同的保护伞之下。

德国商标法之所以能够开创性的将注册与使用两种权利取得方式融为一体，有学者认为与德国法律传统中对商标法和反不正当竞争法关系的认识密切相关。由于商业标志的使用是一种市场竞争活动，因而德国理论界与实务界一致认为，商标法是普通竞争法的一部分。[①]而1909年《反不正当竞争法》的最重要规定就是第1条，即禁止一切违反诚实交易的背信行为。按照采用单一注册取得制度的旧商标法，注册商标即使从未使用，也有排斥业已使用的未注册商标的权利，这显然有违上述原则。首先做出改变的是法院的判决，而依据就是《反不正当竞争法》。在商业标志之间发生冲突时，优先权成为决定性的因素，在先使用并享有声誉的未注册商标有优先权，则应取胜。法院的裁判理念也成了一种共识，即商标法只是反不正当竞争法的一个组成部分，商标权的行使永远要受反不正当竞争法总则的支配。[②]正是在这种观念的指引下，1934年德国修改商标法时增加规定了使用取得原则，以与反不正当竞争法相协调。也正因为如此，有学者评价说，将商标法视为反不正当竞争法的一部分是改革的前提，而纳入商标权使

[①] 郑友德、万志前：《论商标法和反不正当竞争法对商标权益的平行保护》，《法商研究》2009年第6期。

[②] 〔德〕阿博莱特·克里格：《商标法律的理论和历史》，载李继忠、董葆霖主编：《外国专家商标法律讲座》，工商出版社1991年版，第17页。

用取得制度只不过是改革的结果。①

现行的德国《商标法》颁布于1968年，1979年与1994年均做出过重大修改。原来的商标法只保护商品标记，不包括服务商标和集体商标，1994年的修改将分散于《反不正当竞争法》中的"商业标识"和"地理来源标示"一并纳入其中，还明确保护"众所周知的著名商标"，并将名称修改为《商标和其他标识保护法》。其保护范围之广，或许没有其他国家的商标法能与之比肩。② 此后，该法又经历多次修改，最近的一次为1998年7月。依据该法第4条的规定，商标权可以通过三种途径取得：注册；获得作为商标之"第二含义"的使用；成为《保护工业产权巴黎公约》第6条之二意义上的驰名商标。虽然商标不分注册与否均可获得权利，但两种商标在保护力度上仍存在一定差异。如在保护的地域范围上，注册商标原则上及于全国，而未注册商标只能限于其商誉所及的地域。如果在先使用的未注册商标所产生的商誉仅是地域性的，商标所有人不能撤销在后注册的相同或者近似商标（恶意注册除外），但可以在该地域内继续使用，并有权禁止在后注册商标在该地域内使用。因而，从实践来看，通过注册取得商标权仍是最为主要的途径。

4. 国际条约

注册取得商标权的制度，不仅被英国、法国等多数国家所采用，在相关的国际条约中也多有体现。

（1）《保护工业产权巴黎公约》（以下简称《巴黎公约》）

《巴黎公约》由法国、意大利等11国发起，于1883年3月20日在巴黎签订，1884年7月7日生效。目前，该公约缔约方总数已经达

---

① 黄保勇：《未注册商标的法律保护研究》，西南政法大学博士论文，2012年3月，第98页。
② 郑友德：《德国知识产权法的演进》，《电子知识产权》2010年第10期。

到 174 个。①1985 年 3 月 19 日，中国成为该公约成员国。

《巴黎公约》第 6 条规定了独立性原则，各成员国有关商标申请、注册的条件，可以由各国的国内法做出具体决定。在各成员国注册的商标之间是各自独立的，并且不以在本国先行注册为条件。从独立性原则可以看出，适用于各成员国的统一的商标权取得原则并没有规定于《巴黎公约》中，各成员国可以依据各国的国内法的具体规定，对申请人的注册申请进行审查。但《巴黎公约》非常强调商标注册的作用，其在第 6 条之五的第四项中规定，请求保护商标的人，如果没有在原属国取得该商标的注册，即不能享有该条各项规定的利益。对于注册商标的维持性使用，《巴黎公约》也强调根据各国的国内法来确定是否因不使用而予以撤销；如果规定予以撤销，必须设置一个合理期限，并且要为当事人提供"阻却事由"抗辩的权利。对于商标的转让，如果某成员国的法律规定只有连同商标所属的厂商或牌号同时转让方为有效时，也只涉及该国的部分，并不影响其他国家的规定。《巴黎公约》第 4 条规定，如果在一个成员国正式提出商标注册申请，则该申请人可以在其他成员国享有自第一次提出申请之日起为期 6 个月的优先权，此即所谓的"优先权原则"。该规定意味着，在享有优先权的 6 个月期限内，商标注册申请人如果又向其他成员国提出相同商标的注册申请，优先权期限的开始日可认定为其后来申请的申请日。优先权的作用主要在于保护首次申请人，为其提供在其他成员国提出同样的注册申请时的时间优势，一定程度上也有利于抵制商标权的滥用。

此外，《巴黎条约》规定了对驰名商标的保护，它是对注册取得原则的一个重要补充，因为注册取得原则的绝对、严格执行，可能会给驰名商标权利人的利益带来不良影响。《巴黎公约》的相关规定，实际

---

① http://www.wipo.int/treaties/zh/ShowResults.jsp?lang=zh&search_what=B&bo_id=5，2015 年 12 月 9 日最后访问。

上为商标权的产生提供了一个特别渠道——驰名。[①] 从此以后，很多国家的商标法都将"驰名"作为本国商标权取得的一种重要方式，甚至为其提供超过普通注册商标的强保护。

（2）《商标国际注册马德里协定》（以下简称《马德里协定》）、《商标国际注册马德里协定有关议定书》（以下简称《马德里议定书》）

《马德里协定》由各成员方于1891年4月14日在马德里签订，1892年7月生效。《马德里协定》自生效以来已修订过多次，与1989年6月27日签订的《马德里议定书》统称为"商标国际注册马德里体系"。目前，该体系成员总数已经达到96个。[②] 我国于1989年10月4日成为《马德里协定》缔约方，1995年12月1日成为《马德里议定书》缔约方。商标国际注册马德里体系是基于各国商标注册制度的差异性而创设的，旨在简化注册程序的国际注册制度，它为申请者提供了一条更为简便、经济、快捷的国际注册保护路径。

商标国际注册马德里体系由世界知识产权组织（简称WIPO）负责统一管理和协调。根据《马德里协定》，在原属国取得注册是申请获得国际注册的前提。对领土延伸至各成员国的注册申请，该国的注册主管当局有权声明在其领土上不给予该商标以保护，但只能以对国内注册同样适用的理由为依据。国际注册的效力可以通过领土延伸指定及于原属国以外的有关缔约国。商标在有关缔约国内获得的保护，其效果应如同该商标直接在该国提出注册的一样。对于国际注册与原属国注册的关系，根据《马德里协定》第6条第2款至第4款的规定，商标自国际注册之日起满5年后，该注册与原属国的在先注册没有关系，互相独立。但如果原属国注册在自国际注册之日起5年内被撤销或被注销，不论该商标是否已经转让，国际注册也会因此而不再

[①] 黄晖：《驰名商标和著名商标的法律保护》，法律出版社2001年版，第46—47页。

[②] http://www.wipo.int/treaties/zh/ShowResults.jsp?lang=zh&search_what=B&bo_id=20，2015年12月9日最后访问。

产生任何权利。这就是所谓的"中心打击"原则。从《马德里协定》来看，虽然为商标权的国际取得提供了便捷的途径，但其实际上只是一个"多国管辖注册机制"，申请受到国内程序和相关方式的审查。[①]商标权的取得也深受本国商标权利取得原则的影响，尤其是"中心打击"原则使得商标权的稳定性变得比较脆弱，因此对许多国家失去了吸引力。

为了吸引更多的国家参加商标国际注册体系，在世界知识产权组织的主持下于1989年通过了《马德里议定书》。该议定书既是对《马德里协定》的发展，也是与它独立并存的一套制度。在商标权取得方面，《马德里议定书》主要从以下两个方面发展了《马德里协定》：一是把申请国际注册的前提由先在原属国注册改为既可基于在原属国注册，也可基于在原属国提出申请。二是对"中心打击"原则予以削弱。自国际注册之日起5年内，当该商标的原属国注册被撤销或注销时，国际注册可以转化为一系列国内或地区申请，并以国际注册之日为申请日，还可以享有相应的优先权。《马德里议定书》的以上修改，使商标权国际取得更为简便，尤其是对遵循使用取得原则的国家来说，其在采用注册取得原则的国家获得商标权更为便利，因而也就更具吸引力。

（3）《商标法条约》《商标法新加坡条约》

《商标法条约》由各成员方于1994年10月27日在日内瓦签订，1996年8月1日生效。该条约是世界知识产权组织意图形成全球范围内统一的商标法律体系而多方协调所形成的结果，旨在统一各国、各地区在商标申请、变更、续展程序方法所规定的形式要求。《商标法新加坡条约》是在《商标法条约》的基础上制定的，于2006年3月28日在新加坡通过。我国目前尚未正式加入以上条约。

---

① 彭欢燕：《商标国际私法研究——国际商标法之重构》，北京大学出版社2007年版，第167页。

为了简化注册程序，《商标法条约》规定，商标主管机关不得在批准商标注册申请的过程中要求申请人提交任何商业登记簿的证明及摘录；也不得要求申请人示明其正在进行工商业活动，或者与申请中所列商品相应的一项活动，并提交相应的证据。这些规定在一定程度上弱化了对商标注册前的使用要求。另外，对于商标的转让，注册持有人既不需要提供上述材料，也不需要提供已将其企业或与企业有关的信誉全部或部分地转让给新所有人的声明及证据，这充分体现了对注册商标财产权的尊重。但为了协调与使用取得原则的国家的关系，《商标法条约》同时又规定，在不违反《实施细则》规定的最短时限（自受理申请之日起算，不少于6个月）的前提下，任何要求提交使用意图声明的缔约方均可要求申请人在缔约方法律规定的时限内按该法律要求向商标主管机关提供商标实际使用的证据。这也显示出《商标法条约》的务实与灵活。

前述规定，在《商标法新加坡条约》中均得以保留。另外，《商标法新加坡条约》作为国际条约首次明确承认了由嗅觉及听觉标志构成的非传统商标，规范了利用电子方式向商标局提交或传送文件的规则，引入了未遵守期限时的救济措施。尤其值得一提的是，该条约增加了商标使用许可的备案规则，明确规定商标使用许可并非必须要向商标主管机关或相关机构备案，未予备案也不得影响该商标注册的有效性及其本应受到的保护。

（4）《班吉协定》

《班吉协定》是非洲知识产权组织[①]于1977年制定的区域性条约，1982年2月生效。根据该协定及相关附件的规定，商标保护是其重要

[①] 非洲知识产权组织（African Intellectual Property Organization，简称 OAPI）是一个由前法国殖民地中官方语言为法语的国家组成的保护知识产权的地区性联盟，其前身是1962年9月成立的非洲和马尔加什工业产权局，1977年3月改为现名，现有成员17个。

内容之一,而商标部分的内容主要来自 1963 年该组织制定的《统一商标条例》。根据《统一商标条例》的规定,依照该条例获得的注册商标,在所有成员国间同时有效,并受条例的统一保护。

在商标权取得方面,《班吉协定》采用注册取得原则,但同时也保护某一标记的在先使用者的在先权,而标记只有经过注册才能取得专用权。《班吉协定》也非常重视商标的使用,注册商标只有在成员国之一的地域内付诸使用后,其所有人才有权对侵权行为提起诉讼。注册商标所有人可以全部或部分转让商标,也可以许可使用。商标转让,可以连同企业一起转让,也可以不与企业一起转让。①

(5)《比荷卢知识产权公约(商标与外观设计)》

《比荷卢知识产权公约(商标与外观设计)》(Benelux Convention on Intellectual Property [Trademarks and Designs])由比利时、荷兰和卢森堡于 2005 年 2 月 25 日共同制定,2006 年 9 月 1 日生效。② 该公约的商标部分源自原来的《比荷卢统一商标法》,是比、荷、卢三国经济联盟的产物。依照该公约的规定,三国的商标实行统一注册、三国生效。

《比荷卢知识产权公约(商标与外观设计)》对商标权采用注册取得原则。它在第 2 篇第 1 章第 2 条中规定,如果不损害《巴黎公约》或《与贸易有关的知识产权协议》规定的优先权,则在比荷卢领土内最先申请注册者(比荷卢注册)或向国际局登记而成为最先申请注册者(国际注册),取得商标专用权。③ 该公约同时也强调商标获得注册后的使用问题,规定注册商标连续 5 年在比荷卢境内无正当理由未在

---

① 万鄂湘主编:《国际知识产权法》,湖北人民出版社 2001 年版,第 394—396 页。

② http://www.wipo.int/wipolex/zh/other_treaties/details.jsp?group_id=21&treaty_id=229,2015 年 1 月 3 日最后访问。

③ 原文:"Without prejudice to the right of priority provided for by the Paris Convention or the right of priority resulting from the TRIPS Agreement, the exclusive right in a trademark shall be acquired by registration of the trademark through filing in Benelux territory (Benelux filing) or resulting from registration with the International Bureau (international filing)."

其注册的商品或服务上正常使用的，商标权将失效。在发生诉讼时，法院也会要求商标所有人对商标使用承担全部或部分举证责任。但以不同于注册时的形式且未影响注册时的显著性的使用，为了出口的单一目的在商品或包装上使用，以及经商标所有人同意的第三人使用，均可视为商标的正常使用。商标权人有积极维权的义务。在先商标权人知悉并容忍在后注册商标连续 5 年在与其相同或类似的商品或服务使用而不制止的，将丧失制止的权利。但在后商标系恶意注册的除外。此种情况下，在后商标权人也没有权利反对在先商标权人的使用。

（6）《欧洲共同体商标条例》

《欧洲共同体商标条例》由欧盟议会于 1993 年 12 月 20 日通过，1995 年 3 月 15 日生效。《欧洲共同体商标条例》创立了适用于欧共体的统一的商标注册制度，根据该条例注册的欧共体商标具有单一特性，在整个欧共体内具有同等效力。《欧洲共同体商标条例》并没有取代各成员国自行的商标法，各成员国国内的商标法律制度与条例创立的跨国商标法律制度是平行、共存的。申请人可以自由选择注册国内商标还是欧共体商标，甚至可以选择组合保护，条例专门设置有使两种商标法律制度协调运行的机制。

欧共体商标权采用注册取得原则。为了协调各国的商标立法，欧共体早在 1988 年 12 月就发布了《协调成员国商标立法第一号指令》（89/104/EEC）。"一号指令"并不剥夺成员国继续保护由使用产生的商标权利，但注册取得原则更有效率，因此也影响到了匈牙利、波兰、罗马尼亚等多国的商标立法。"权利由注册产生，而非使用。因此，商标所有人要想赢得比赛就必须到欧共体商标在西班牙阿利坎特省的协调局去。"[1] 欧共体商标被看作是与企业相独立的财产，可以独立于企业

---

[1] Robert W. Sacoff, "Trademark Law in the Technology-Driven Global Marketplace," *Yale Journal of Law & Technology* 3, 2001, p. 8.

就注册所保护的全部或部分商品进行转让,可以独立于企业进行质押或作为其他物权的客体。欧共体也非常重视注册商标的使用,商标权人在商标注册后 5 年内没有将该商标真正使用于所注册的商品上,或者未使用的事实已连续中断 5 年,除非存在不使用的正当理由,该欧共体商标可能会因撤销申请或在侵权诉讼中的反诉而被撤销。条例规定,下列行为可以被视为"真正使用":以与注册时不同的组成形式但未改变商标显著特征的方式进行的使用;仅是为了出口商品的目的,在欧共体区域内,把商标贴附在商品或者其包装上。条例为了鼓励商标权人积极维权,并维护商标权的稳定,规定了"默许限制",即:倘若欧共体商标权人在主观上明知的情况下,对在后的欧共体商标于欧共体区域内的使用采取默许的态度,且这种默许的使用已连续 5 年,则该权利人就不再享有以其在先商标权申请宣告在后的商标无效的权利,也不再享有反对在后的商标继续在已使用的商品上使用的权利,但在后商标的申请注册出于诈骗目的的除外。

(7)《与贸易有关的知识产权协定》(以下简称《TRIPS 协定》)

《TRIPS 协定》作为世界贸易组织(以下简称 WTO)法律框架的重要组成部分,由 WTO 各成员方代表于 1994 年 4 月 15 日正式签署,并于 1995 年 1 月 1 日起生效。《TRIPS 协定》所涉及的知识产权共有 8 个方面,商标是其中的重要内容之一。2001 年 12 月 11 日,我国正式成为 WTO 成员并开始履行《TRIPS 协定》。

《TRIPS 协定》明确承认商标权作为一种知识产权是为私权。但对于商标权的取得原则,尤其是应否以使用为前提,成员国存在截然相反的观点。欧共体及日本等大多数国家主张不能以使用作为商标注册的条件[1],而美国却主张将使用作为商标获得注册的基本条件[2]。最终,

---

[1] Document MTN. GNG/NG 11/W/ 68. dated March 29, 1990, at Article 11.
[2] Document MTN. GNG/NG 11/W/ 70. dated May 11, 1990, at Article 11.

为了协调使用取得原则国家的立场，《TRIPS 协定》虽然规定了注册商标所有人享有专用权，但允许成员可以将"使用"作为可注册的依据，同时又为这一制度的适用设置了一些限制。例如，提交注册申请不得以商标的实际使用为条件；注册申请不得仅因从申请日起未满 3 年期未主动使用而被驳回。[1]

对于注册商标的维持性使用，《TRIPS 协定》规定的也是一项选择性义务。如果成员国的法律要求将使用作为保护注册的前提，那么只有在至少 3 年连续不使用后方可撤销对该商标的注册，而且还附带有限制性的条件，即除非商标所有人未提出妨碍使用的有效理由。尽管构成使用商标的障碍，但若出自不依赖于商标所有人意愿的情形，诸如进口限制或者政府对该商标所标示的商品存在其他要求，则应当承认"不使用"行为存在有效理由。他人在受商标所有人控制的情况下对商标的使用，亦应承认属于为了维持注册的要求而使用了该商标。以上这些规定相较于《巴黎公约》更为明确和具体。另外，《TRIPS 协定》还进一步规定，各成员国可以确定商标许可、转让的具体条件，但不得采用强制许可。

（8）《跨太平洋伙伴关系协定》（以下简称 TPP）

TPP 原系由美国主导的多边自由贸易协定，旨在促进所谓的"亚太地区的贸易自由化"。TPP 谈判始于 2010 年 3 月；2015 年 10 月 5 日，美国、日本等 12 个泛太平洋国家最终就协议内容达成一致；2016 年 2 月 4 日，12 个成员国代表在新西兰正式签署该协定，但最终生效

---

[1] 有观点认为，《TRIPS 协定》有关商标注册中使用要求的规定（第 15 条第 3 款）的主要意义在于，为 WTO 各成员提供了一个将商标使用引入商标注册制度、使商标注册依赖商标使用的可能性。参见赵蕊蕊：《商标注册所依赖的商标使用研究》，《比较法研究》2014 年第 2 期。然而，从该规定出台的背景来看，它无疑是商标权的注册取得制度与使用取得制度精心协调的结果，而且该规定只是一项选择性义务，字面中所体现的也是对商标注册环节使用要求的限制。至于是否能够体现出上述的意义恐怕还是要看各国立法与司法的实际选择。

还需各国立法机关的批准。[①] TPP 的第 18 章专门规定了知识产权的保护问题，而且保护要求明显高于《TRIPS 协定》。我国目前尚未参加 TPP。

因为各缔约方所采用的商标权利取得制度并不一致，所以 TPP 没有明确规定商标权利取得的方式，但明确要求各缔约方应当规定，注册商标的所有人应拥有独占权。对于商标的构成要素，TPP 采取开放的态度，没有做出限定，反而要求不能以视觉上的可感知性作为注册的条件，也不能仅仅以标志由声音构成而拒绝注册，并应尽最大努力注册气味商标。TPP 对驰名商标的保护在《TRIPS 协定》的基础上又向前迈了一大步，其规定驰名商标无论注册与否，都可以给予跨类保护。另外，TPP 还规定，缔约方不得要求将商标许可备案作为许可有效性的前提；在有关商标的收购、维护和实施程序中，被许可人的商标使用应被视为持有人的使用，并且也不以许可备案为条件。

（二）我国注册取得商标权制度的考察

1. 新中国成立前的商标权注册取得制度

（1）晚清时期

我国古代商标发展的历史虽然源远流长，但自给自足的经济，加之固有的法律传统，使我国长期以来没有出现现代意义上的商标法律。虽然历史上也曾出现过维护商标利益的诉讼，但对权利的规定却付之阙如。如果说那时存在商标权的话，也是从使用的角度出发的。

虽然内生的商标立法的缺乏并未对国人的生活带来根本的影响，

[①] 2017 年 1 月 23 日，美国新任总统唐纳德·特朗普签署行政命令正式宣布退出 TPP，从而使 TPP 能否真正成为生效的多边贸易协定充满了变数。2018 年 1 月 23 日，在没有美国参加的情况下，其他 11 个成员国在 TPP 基础上达成了新的协议——《全面与进步跨太平洋伙伴关系协定》（简称 CPTPP）。新协议保留了 TPP 超过 95% 的内容，预计最早在 2019 年生效。

但鸦片战争后西方列强的入侵却推动了传统的改变。随着国门洞开和洋商、洋货的拥入，列强们将目光转向了本国商标在中国的保护，纷纷要求清政府立法、设立商标注册机构以保护其商标，并先后与之签订了具体的条约。[①]对列强们的承诺，必须付诸实践。由此，也拉开了近代中国商标立法的序幕。1904年8月，清政府在"日、德公使相继催促，商部急不暇择，就草草依据赫德[②]代拟的草章，和参酌英公使代拟之各条，拟成《商标注册试办章程》"[③]。1904年8月4日，我国商标史上第一部商标法《商标注册试办章程》得以颁布。该章程在第1条规定，"无论华洋商欲专用商标者，须照此例注册"[④]，力图实现中外商人"无分轩轾"，同等保护。在商标权的取得上，该章程以注册取得为原则。第6条规定，在同种商品上申请注册类似之商标，应核准"呈

[①] 例如，1902年9月中英《续议通商行船条约》第7条："中国现亦应允保护英商贸易牌号，以防中国人民违犯、迹近假冒之弊。由南、北洋大臣在各管辖境内，设立牌号注册局所一处，派归海关管理其事，各商到局输纳秉公规费，即将贸易牌号呈明注册，不得借给他人使用，致生假冒等弊。"1903年10月中美《通商行船续订条约》第9条："凡美国人民之商标，在中国所设之注册局所，由中国官员查察后，经美国官员缴纳公道规费，并遵守所定公平章程，中国政府允由中国该官员，出示禁止中国通商人民犯用、或冒用、或射用、或故意行销仿冒商标之货物，所出禁示应作为律例。"1903年10月中日《通商行船续约》第5条："中国国家允设注册局所，凡外国商牌并印书之权由中国国家保护者，须遵照将来中国所定之保护商牌及印书之权各章程在该局所注册。"参见王铁崖编：《中外旧约章汇编》（第二册），生活•读书•新知三联书店1982年版，第103、186、193页。

[②] 赫德（Robert Hart, 1835—1911），英国人，28岁起担任清政府海关总税务司，掌权长达45年。1904年初，清政府请其协助拟订商标注册章程。同年2月中旬，经其修改、审定的《商牌挂号章程》对外公布。这份章程草案因内容上明显偏袒外商，更多是在维护以英国为代表的外商的利益，一经公布即引起中国工商界人士的强烈反对。该章程将商标分为洋牌、专牌和华牌（在初稿中只有洋牌和华牌两类，而华牌事实上也只保护洋商的商标）。洋牌是"洋商已在外国按照该国例章挂号之标牌"，专牌是"洋商在中国使用，尚未在外国挂号之标牌"，华牌是华商使用的商标。在商标权的取得上，对洋牌，只要将在该国注册的证照交由该国主管官员"画押盖印"，再由领事官"添用押印"，以示证明无误后，即可取得在中国的商标专用权；对专牌和华牌，采用使用在先的原则，即最先使用人享有商标专用权。参见左旭初：《中国商标法律史（近现代部分）》，知识产权出版社2005年版，第55—69页；崔志海：《中国近代第一部商标法的颁布及其夭折》，《历史档案》1991年第3期。

[③] 国民政府实业部商标局编：《商标公报百期纪念特刊》，1935年6月15日，第1页。

[④] 《商标注册试办章程》，载《大清光绪朝新法令》，第16册，第10类：实业、注册。

请最先"者；"若系同日同时呈请者，则均准注册"。第 27 条还规定，商标即使曾经获得过地方官的保护，但在商标局开办 6 个月内仍然需要呈请注册，否则不予保护。以上规定均未对商标在注册前有使用的要求，并体现了申请在先的注册取得原则。但第 8 条第 3 款规定，"他人已注册之商标又距呈请前 2 年以上，已在中国公然使用之商标，相同或相类似而用于同种之商品者"，不准注册。这一规定从字面意思来看似有矛盾，且要赋予在先使用的商标权。对此，商部在回答德国驻华公使穆默时解释为："按第 8 条第 3 款之意，如甲呈请之商标，而乙已使用在 2 年以上者，广得信用，今忽为甲注册，使其中途废止，实为不幸。故此章程欲乙之使用，得以安全，是以不许甲注册，然乙未请注册，则不得有专用之权，故不能禁止他人使用，故他人使用其标，非乙所得控告侵害。总之保护者，乃保护其专用之权，故未注册者，仍不得享此利。"①由此来看，在先使用 2 年以上并有一定知名度的商标只能阻止他人注册，而并不享有商标的专用权利。但《商标注册试办章程》的内容并不能令列强们个个满意，章程还未施行，德、英、法、意、奥等国已提出修改意见。商部于 1906 年 4 月将上述五国拟订的修改意见稿以《各国会议中国商标章程》为名在《东方杂志》上全文刊登。②从内容上看，围绕商标权取得进行的修改散见于第 6、22、26 条。第 6 条规定："若有数人以向未曾用相似之商标，用于同类之商品呈请注册者，应将呈请最先之商标，准其注册。如系已经使用之商标，即应准实心使用最先者注册。如系数人同日以相似之商标，用于同类之货品呈请注册，而其间并无持有已经使用确据者，除共让一人得以注册外，余均不予注册。如以未准注册之商标，或与此相似之商标，再行呈请注册者，应由前次呈请未准之人首肯，方准备注册。"第 22

---

① 中国第一历史档案馆藏外务部档案，中德关系，案卷号：1380—16。转引自屈春海：《清末中外关于〈商标注册试办章程〉交涉史实考评》，《历史档案》2012 年第 4 期。

② 《各国会议中国商标章程》，《东方杂志》1906 年第 3 期。

条规定:"凡因同式商标两造相争,其一人如能持据表明此商标原系亲身,或其在先之商人,在他人尚未来华注册以前,先经首先在无论何国,至今实心使用者,则决无科罚其人之理。"第26条规定了在中国实际使用,而在外国注册与未注册的商标所分别享有的"最先之利权"。从以上规定来看,《各国会议中国商标章程》在商标权取得上虽然主要采取的是注册取得原则,但其间又杂糅了诸多使用取得的情形。尤其是对中外之间在"实心使用最先者"问题上发生矛盾时如何解决、同日申请但均不能提供使用的确凿证据时应为何人注册等问题均未厘清,为具体的适用留下了诸多解释的空间。不仅如此,其第22条的规定赋予于外国在先使用的商标可以对抗中国注册商标权人请求赔偿的权利,明显偏袒外商的利益。联系到当时洋货云集、华牌稀少的时代背景,在商标权取得制度上如此规定的个中缘由,与其说是立法技术的欠缺,不如说是列强们为了自身利益而故意为之。显而易见,强调并坚持外国商标在中国通过使用(包括在外国的使用)取得权利,对外商无疑更为有利。对于德、英等国的修改意见,商部一方面予以抵制,另一方面参考这些意见对《商标注册试办章程》予以修改。但几易其稿仍然不能令列强们满意。时间一拖再拖,《商标注册试办章程》始终未能正式施行。终于到了1911年,随着清王朝的覆灭,章程也最终夭折。

"追溯我国商标法规诞生的整个过程,完全可以这样说:保护商品商标不受别人仿冒的动机,最初起源于外国商人,而不是中国商人;制定商标法规的最初目的,也是以保护外国商品商标为主,而绝不是中国商品商标。"[①]尽管如此,《商标注册试办章程》的颁布,以及围绕该章程所产生的外交纷争,无疑教育了国人,使他们更为切实地认识到保护商标的重要性。随着政治变革的成功,新的商标立法的到来为

[①] 左旭初:《中国商标法律史(近现代部分)》,知识产权出版社2005年版,第11页。

期也就不远了。

（2）北洋政府时期

1923年5月3日，北洋政府回应国内外工商业者的诉求，在汲取清末商标立法经验的基础上，正式颁布了《商标法》。同年，为了配合该法的施行，北洋政府还颁布了我国第一个商标组织机构法规——《商标局暂行章程》，成立了我国商标史上第一个商标组织管理机构——农商部商标局，编辑出版了第一期《商标公报》，颁布了《商标法施行细则》《商标呈请各项书状程式》等一系列配套的法律文件。以上均表明，我国第一套较为完备的商标注册和管理的法律制度得以真正建立。

该《商标法》第3条规定："二人以上于同一商品以相同或近似之商标分别呈请注册时，应准实际最先使用者注册。其呈请前均未使用，或孰先使用无从确实证明时，得准最先呈请者注册；其在同日呈请者，非经各呈请人协议妥洽让归一人专用时，概不注册。"第6条还规定："外国人欲专用其商标者，也得依法呈请注册。"第14条规定："商标自注册之日起，由注册人取得商标专用权。"从以上规定来看，在商标权的取得上，该《商标法》采取的是注册取得制度，但在注册上包括了在先使用和在先申请两种类型。[①] 第4条规定，在《商标法》施行前已善意使用5年以上的商标于该法施行6个月内呈请注册时，不受"世所公知"的商标和第3条的限制，准予注册。但商标局认为必要时，可以要求注册人对其商标的形式或使用的地位予以修改

---

① 有观点认为，1923年《商标法》和1930年《商标法》均采用的是注册主义兼使用主义的商标权取得原则，理由在于两法均规定了数人分别呈请注册时，"应准实际最先使用者注册"，而且历史上对此还发生过注册主义与使用主义优劣之争议。参见刘文远：《从"移植"到"内生"的演变：近代中国商标权取得原则的确定及调整》，《知识产权》2015年第4期。而事实上，这两部法律均采用的是注册主义的商标权取得原则，只是为了解决数人分别呈请注册时何人取得权利的问题又采用了使用在先和呈请在先两种原则，也即刘文远文提及的设定主义中的相对最先呈请注册主义。

或限制。该条规定赋予了在先使用 5 年以上的商标的注册优先权，显示出该《商标法》对公平价值的追求。但该《商标法》对这种优先权是有限制的，即要在该法施行 6 个月内提出申请，且并未赋予未申请注册者商标权利。如此规定，也表明了该《商标法》在商标权取得上的统一性。该《商标法》在将商标专用权视为财产权，准许抵押、转让的同时，又对该权利予以了限制，规定权利转让时要与营业一并进行，并要随使用该商标的商品"分析移转"；在享有商标专用权期间内，营业废止时，权利也因之消灭。与现今相比，其规定的商标权利要小得多，这与当时人们对商标权认识的局限性不无关系。该《商标法》也强调注册商标的维持性使用，规定商标注册后无正当事由，一直未使用满 1 年或者停止使用满 2 年者，可予撤销。该《商标法》也很重视商标权的稳定性，规定具有无效"相对事由"的商标自登载商标公报之日起已满 3 年，利害关系人无权请求评定为无效。

单从商标权的取得与权利内容来看，该部《商标法》与《商标注册试办章程》相比在权利设置上更为平等、完备，在立法技术上也更为精细、科学。然而，该部《商标法》更加不能让西方列强们满意，英国商会联合美、法等国提出反对意见，甚至公然声明"奉劝各会员不必注册"[1]。除了对将商标注册的权利从英国人把控的海关移归商标局、领事裁判权等重大问题提出异议外，英、美商会围绕商标权的取得问题也提出了反对意见。对于《商标法》的第 3 条，英、美商会提出："二人以上于同一商品或同样商品以相同或近似之商标，各别呈请注册不与第 2 条第 7 款抵触时，商标局应将实际上先在中国使用商标者以及使用者，对于该项商业上之知识深为查核，以便准各该人注册。"[2] 对于《商标法》第 4 条，英、美商会要求修改为："凡与已经呈

---

[1] 《英商不承认〈商标法〉之决议》，《申报》1924 年 5 月 16 日。
[2] 《英国反对中国〈商标法〉之偏见》，《总商会月报》第 4 卷第 5 号，1924 年 5 月，第 7 页。

请注册商品之商标相同者，不能再呈请注册。即使与其相似之商标，便有伪冒之余地者，亦不能呈请注册。然下列二款，则不在此例。但须于本法施行1年以内，呈请注册。（1）此项所呈请注册之商标，系于1890年正月1日以前，为呈请人或其前人在中国商务上已经使用者。（2）呈请注册商标人或其前人，在本法施行前10年，在中国商务上曾经诚实使用而未经第二人反对或要求于呈请注册相同或近似商标之时，给予特别优先权。"①以上修改意见虽然不在于改变注册取得制度，但英美商会试图利用该《商标法》的在先使用原则保护他们早期在中国使用的商标，以维护洋商利益的目的是明确的。面对西方列强们的干扰，北洋政府在国人的支持下予以了有利、有节的抵制。②最终，该《商标法》在1926年陆续得到各国的承认。

1923年《商标法》制定与颁行的过程较好地体现了民族自主性，结束了西方列强操控我国商标管理的历史，成为我国近代商标法律制度转型的标志。③

（3）国民政府时期

1927年7月，国民政府在南京正式成立。成立之初尚无暇拟定新的法律④，因而明令以前施行的法律，只要不与国民党的党纲、主义，或者新法律相抵触，"一律暂准援用"⑤。《商标法》也不例外。这样一来，1923年《商标法》就得以延续使用至国民政府1930年5月6日

---

① 《英美商会修改〈商标法〉之议案》，《总商会月报》第4卷第3号，1924年3月，第3页。
② 参见李永胜：《列强与1923年中国〈商标法〉之颁行》，《社会科学》2009年第4期；贾中福：《1923年中国商标法交涉过程中的中外商会》，《中国社会科学院研究生院学报》2005年第4期；左旭初：《中国商标法律史（近现代部分）》，知识产权出版社2005年版，第189—211页。
③ 姚秀兰、张洪林：《近代中国商标立法论》，《法治论丛》2006年第2期。
④ 广东国民政府曾于1925年9月12日颁行过《商标条例》（40条），但其内容与文字均大致与1923年《商标法》相同，只是将条文中的"农商部"改为"省政府"，"商标局"改为"实业厅"，因为当时广东国民政府并没设置这两个机关。参见谢振民编著：《中华民国立法史》（上册），中国政法大学出版社2000年版，第605页。
⑤ 谢振民编著：《中华民国立法史》（上册），中国政法大学出版社2000年版，第606页。

新颁《商标法》施行之日。除了删除刑事处罚部分、添加了较多的行政管理公告的内容外，1930年《商标法》与1923年《商标法》相比，仅是做了一些枝节性的修改。在商标权的取得上，1930年《商标法》原文照录了1923年《商标法》第3条的规定。修改主要体现在第4条，将善意在先使用商标的注册优先权由使用5年以上修改为使用10年以上，删除了"本法制订以前"以及法律施行6个月需呈请注册的时间规定。从以上修改来看，1930年《商标法》对于该注册优先权在在先使用时间上要求得更为严格。但由于在注册时间上并无特别要求，如何解决该类商标的注册与先注册商标之间的冲突，该《商标法》并未给出明确的答案。1930年《商标法》施行后，适用中的具体问题逐渐显现。在商标权的取得上最先涉及的问题是，在先使用有无使用区域的限制问题。对此，司法院的司法解释认为，使用区域不仅限于中国境内。[1] 该解释发布后，引起国内工商业者的强烈不满。第二个问题依然来自第4条。一方面国内工商界的人士普遍认为，由于我国工商业发展迟缓，国内商人对商标开始重视不过是最近数年的事情，而欧美各国工商业进步十倍于我国，其商人对商标重视程度至少比我国早半个世纪，给予善意使用商标10年以上者商标注册优先权，最终得实惠的恐怕只是工商业先进的外国商人。[2] 另一方面该规定本身也"导致注册主义的商标权取得原则，在当时人的心目中就变成了使用主义"[3]。1935年，国民政府决定对该《商标法》予以修改。同年11月23日，新修订的《商标法》正式施行。针对上述两个商标权取得问题，新《商标法》一是在第3条中对在先使用进行了地域限制，将原来"实际最先使用者"的表述修改为"在中华民国境内实际最先使用并无中断

---

[1] 陆桐生：《商标法及其判解》，大东书局1948年版，第65页。
[2] 国民政府实业部商标局编：《商标公报》第95期，1935年1月15日，第4页。
[3] 刘文远：《从"移植"到"内生"的演变：近代中国商标权取得原则的确定及调整》，《知识产权》2015年第4期。

者";二是将原第 4 条予以全部删除,从而取消了善意使用商标 10 年以上者的商标注册优先权。以上修改实质上更强调了商标权取得上的地域性,体现出对本国工商业者利益的加强保护。随着抗日战争的爆发,国难民艰的现实也自然传导到商标管理上。为了因应战争的形势,国民政府对商标管理的法律、法规进行过多次修改、调整①,但商标权取得制度的规定得以保持和延续。客观地说,国民政府《商标法》有关商标权取得制度的修改,体现了立法的自主性,较好地考虑了当时的国情,基本适应当时工商业发展的需要,对于促进经济发展起到了一定的作用。但其所采用的在先使用原则,在实践中却常常遇到难以界定的困境,"一旦发生纠纷,常常迁延时日,难以结案"②。由于抗战、内战等的影响,国民政府《商标法》在全国范围内的施行并非一帆风顺。随着国民政府的垮台,该《商标法》自然也就在大陆地区退出了历史舞台。

(4)解放区时期

解放区有关商标管理的历史,可以追溯到 20 世纪 30 年代末。如 1939 年 5 月,新四军皖江根据地就制订了抵制冒牌国货商标的管理办法,旨在抵制冒充国货商标的日货。③ 1941 年初,冀中行政公署、新四军淮南根据地也有类似的商标管理措施。但严格地说,这些规定均非商标确权、维权的法律法规,其中更难觅商标权利如何取得的规定。从目前的史料来看,1944 年 5 月 25 日,晋察冀边区行政委员会颁布的《晋察冀边区商品牌号专用登记办法》④可以算得上解放区政府最早

---

① 抗战期间,国民政府分别于 1938 年 6 月和 1940 年 10 月对《商标法》进行过两次修改;出于抗战的需要还出台了《查禁敌货条例》《非常时期上海特区及各游击区商人呈请商标注册处理办法》等管理法规。参见左旭初:《中国商标法律史(近现代部分)》,知识产权出版社 2005 年版,第 347—373 页。
② 姚秀兰、张洪林:《近代中国商标立法论》,《法治论丛》2006 年第 2 期。
③ 左上:《早期皖江抗日根据地的商标管理工作》,《中华商标》2012 年第 9 期。
④ 晋察冀边区行政委员会:《现代法令汇集》(下册),1945 年 12 月编印出版,第 649 页。

的商标法规。该办法虽然只有 5 条，但其中规定了商标申请登记的程序，商标登记的机构，商标权的确立、撤销、侵权赔偿标准等内容，具备了现代商标法的基本要素。从该办法来看，晋察冀边区的商标权实行的是注册取得制度，经审查合格发给登记证，"申请人即取得牌号专用权"，其中既没有使用的要求，也没有规定两个申请冲突后依何种原则处理。但商标注册后有使用的要求，"凡登记后迄未使用已满半年或停止使用已满 1 年者，其专用权即归无效"。1946 年 8 月 29 日，晋冀鲁豫边区政府颁布了《晋冀鲁豫边区商标注册办法》。① 该办法规定，凡领有甲种营业证者所产之制品，均应制定商标牌号并申请注册备案。其第 7 条还规定："两种商标牌号，近似或相同之字样牌号，各别呈请注册时，准先呈请者使用，予以登记；其同时呈请者，得批准一方，令另一方更改后，再来登记。"从这些规定来看，该办法对于商标权的取得也采取的是注册取得制度，而且采用的是在先申请原则，而非在先使用原则。1948 年 8 月，晋察冀边区政府与晋冀鲁豫边区政府合并后成立华北人民政府。1949 年 1 月 8 日，华北人民政府在总结包括以上两个商标管理法规施行经验的基础上颁布了适用于整个华北地区的《华北区商标注册暂行办法》。后经修改又于同年 6 月 11 日颁布了《华北区商标注册办法》。② 该办法共 20 条，内容涉及商标注册申请、审查、公告、撤销，商标权的取得、转让，不同时期注册商标的协调等内容，结合同时期公布的施行细则、《商品分类表》，可以看出这是一部比较系统、完整，富有操作性的商标管理法规。在商标权的取得上，该办法第 3 条规定："商标自注册之日起，由注册人取得商标专用权"；第 11 条规定："相同或近似商标用于同一商品有二人以上呈请注册者，或同一名称标志各异者，应准许最先呈请者注册"。很明显，

---

① 景文成主编：《工商行政管理史料汇编》，工商出版社 1991 年版，第 188 页。
② 华北人民政府工商部：《商标公报》1949 年第 1 期，第 1 页。

其采用的仍然是在先申请的注册取得制度。该办法对商标注册的主体予以了限定，规定未取得营业证的商人不能提请商标注册。另外，在商标权移转条件、商标权维持性使用、商标权与营业的关系等内容上与北洋政府、国民政府两时期的《商标法》规定并无两致。值得一提的是，该办法充分考虑了不同时期商标注册的效力问题，特别规定在该办法颁布前边区政府、国统区政府所颁旧证可以在规定的期限内换取新证，并对由此产生的商标冲突问题的解决提出了方案。但遗憾的是，该办法的着眼点在于商标的行政管理，而未能对注册商标所享有的权利，尤其是侵犯商标权的行为如何处理做出规定。除了上述商标法规外，其他解放区也制定了一些商标管理规范，如苏皖边区1946年5月的《商品商标注册暂行办法》、东北解放区牡丹江市1948年10月的《暂行商标注册办法》、陕甘宁边区1949年11月的《商标注册暂行办法》等。从这些商标管理规范来看，对商标权也都采用的是注册取得制度，有些甚至要求"一律实行注册"。解放区对商标权之所以采用注册取得制度，尤其是在先申请原则，与解放区的商标工作重心、商标审查的力量配备、重行政管理的立法思想等都不无关系。客观地说，由于众多因素所限，解放区的商标立法与现代商标立法，甚至是北洋政府、国民政府时期的商标立法相比，都还存在着较大的差距。尽管如此，其仍为维护解放区的经济秩序、促进经济发展、保障斗争胜利做出了较大的贡献，并为新中国成立后的商标立法积累了十分重要的经验。[①]

2. 新中国的商标权注册取得制度

新中国成立后，为了尽快恢复和发展经济，避免商标管理中的不统一局面，1950年7月28日政务院批准了《商标注册暂行条例》，并

[①] 张希坡：《解放战争时期解放区的商标注册法规》，《法学杂志》1987年第1期。

于 8 月 28 日颁布。①《商标注册暂行条例》是新中国第一部商标法规，共有 34 条，包括总则、申请、审查、注册、异议、附则 6 章。该条例的立法宗旨单一、明确，直接针对商标专用权之保障；采用自愿注册原则；对注册的主体进行了限制，没有取得工商业营业登记证的不准申请注册，没有同我国建立外交关系、订立商约的国家之主体也无权申请注册。在商标权的取得上，条例第 18 条规定："商标从注册之日起，注册人即取得专用权"；第 10 条规定："二人以上分别申请商标注册时，应准最先申请者；同日申请时，则准使用在先者"。可见，其采用的是"在先申请"兼顾"在先使用"的注册取得制度。注册商标既可以转让，也可以作为遗产继承，但均需核准后方为有效。与前述历史上的规定不同，该条例并没有规定商标的转让必须与营业一同进行，只是要求"连同营业一并转让者，并应附具转让营业的证件"。以上规定均显示出，条例更倾向于将商标权视为一种独立的权利。条例对商标权有维持性使用的要求，已经注册的商标停止使用满 1 年即予撤销；在商标专用期间歇业或转业，商标专用权也随之消灭。赋予他人对已被核准注册的商标以异议权，异议期以该商标被登载于商标公报之日起 1 年为限，以保证注册商标的稳定性。值得一提的是，该条例第 29 条还规定："商标专用权所有人，认为专用权被侵害时，得向当地人民法院起诉。"该规定表明了条例对商标权私法保护的重视，这与《华北区商标注册办法》相比明显有了很大进步。尽管民事责任条款缺失，也无诉讼程序的具体规定，但相对而言已是一部比较完备的商标法规。②

由于新中国成立初期工商业者的商标权意识仍很薄弱，商标注册并未受到广泛的重视，社会上大量存在的是未注册商标。如何加强对

---

① 山东省人民政府办公厅：《山东政报》第 2 卷第 2 期，1950 年 9 月编印，第 3 页。
② 国家工商总局商标局：《新中国商标注册与管理制度的建立和发展》，《中华商标》2003 年第 2 期。

这类商标的管理，也是政府需要考虑的问题。中央工商行政管理局于1954年3月9日发布《关于未注册商标的指示》与《未注册商标暂行管理办法》，要求各地工商行政管理部门加强对未注册商标的管理。主要方法是，规定未注册商标的使用人均需到当地工商部门进行商标登记。但其对该种商标并不享有商标专用权，而且不能转让。正是因为这种登记不具有任何取得实质性权利的意义，一旦被发现与注册商标相同或近似反而会"即予撤销"，自然对商标使用人失去了吸引力。加之当时相关部门也无力办理这项繁杂的登记工作，这项规定在大多数城市并未真正得到落实。[①] 尽管如此，这种方法却成为日后推行全部注册制度，也即强制注册制度的滥觞。1957年1月17日，国务院同意并转发了《中央工商行政管理局关于实行商标全面注册的意见》。[②] 该意见将商标视为产品质量管理的工具，认为《商标注册暂行条例》的立法精神采用自愿注册原则，偏重于对商标专用权的保护，从而造成市场上有很多商标未经注册，存在混乱现象，因而要求"各企业（不分经济性质）、合作社产制商品使用的商标，必须注册。现在还没有注册的，统限于1957年6月30日前完成申请手续，嗣后未经核准注册的商标不能使用"。从此，我国开启了商标强制注册制度。该制度"把监督商品质量作为商标管理的主要任务，改变了保护商标专用权的固有性质，取消了商标权的法律内涵，显然偏离了商标管理的法律轨道"[③]。直接表现是，商标审定程序从1958年5月1日起被废止，商标申请一经核准即予公告注册；1960年8月《商标公告》也停刊，公告改在报纸上分批发布。至此，1950年《商标注册暂行条例》已全面停止执行。

[①] 国家工商总局商标局：《新中国商标注册与管理制度的建立和发展》，《中华商标》2003年第2期。

[②] 《中华人民共和国国务院公报》1957年第7期。

[③] 国家工商总局商标局：《商标注册与管理工作的曲折道路》，《中华商标》2003年第3期。

1963年3月30日，经全国人大常委会批准新中国的第二部商标法规《商标管理条例》颁行。[①] 该条例共14条，与1950年《商标注册暂行条例》相比，该条例在立法宗旨上发生了根本性变化，成为"加强商标管理，促使企业保证和提高产品的质量"的工具。该条例虽然也规定"两个或两个以上的企业申请商标注册的时候，如果商标相同或近似，准许最先申请的注册"，但全文未出现任何"商标权"或"权利"的字样，再结合其将商标明确定位为"代表商品一定质量的标志"，规定企业使用商标都应申请注册，可以明确看出这里并不存在所谓的商标权取得问题，有关在先申请原则的规定也只不过是为了解决某个标志由谁使用的问题而已。严格来说，1963年的《商标管理条例》只是一部关涉商标的市场管理法规，而非真正意义上的有关商标确权、维权、管理的商标法规。

"文化大革命"期间，我国的商标工作更加混乱，商标的注册、管理实际上已基本停滞。中央工商行政管理局在1966年8月27日的《关于商标改革的通知》中甚至提出，"文革"期间，暂不办理商标查询、注册等事宜；废除旧商标、使用新商标等事务经职工群众讨论同意，报相关部门备案即可，"商标的混同问题待以后解决"。[②] 在如此混乱的状态下，商标权已不是重要的问题，更没有人关心所谓的商标权取得制度了。

改革开放和商品经济的发展，再次催生了人们对商标权的关注，制定一部适合于中国国情的商标法成为时代发展的必需。全国人大常委会于1982年8月23日审议通过了《中华人民共和国商标法》(以下简称"1982年《商标法》")。该法于1983年3月1日正式施行，正式废止了1963年《商标管理条例》。1982年《商标法》作为新中国的第

[①] 湖南省人民政府：《湖南政报》1963年第5期，第117页。
[②] 国家工商总局商标局：《商标注册与管理工作的曲折道路》，《中华商标》2003年第3期。

一部知识产权法律,被认为开创了相关立法的新纪元,具有起点性价值与里程碑意义。① 该法再次将"保护商标专用权"写入了立法宗旨,在第3条规定"商标注册人享有商标专用权"。该法除了对国家规定必须使用注册商标的商品② 保持了强制注册原则外,恢复了1950年《商标注册暂行条例》的自愿注册原则。在商标权的取得制度上,也恢复了1950年《商标注册暂行条例》所采用的"在先申请"兼顾"在先使用"的注册取得原则。③ 注册商标可以单独进行转让,不再与营业相连;将注册商标的维持性使用调整为"连续3年停止使用"可予限期改正或撤销。该法还第一次具体规定了侵犯注册商标专用权的行为,明确了侵权行为的民事责任,赋予权利人向人民法院起诉和要求工商行政管理部门处理两种救济渠道。从以上规定来看,1982年《商标法》构建了商标权取得、维护、救济的一整套体系,而且与中国历史上的各个商标法律法规相比,也更为完备。1993年2月22日,全国人大常委会对1982年《商标法》进行了第一次修改(以下简称"1993年《商标法》")。这次修改除了将服务商标纳入保护外,基本没有太多涉及商标权的取得问题。2001年10月27日,全国人大常委会对1982年《商标法》进行了第二次修改(以下简称"2001年《商标法》")。这次修改内容丰富,并主要从以下几个方面涉及商标权的取得问题:将商标权的主体扩大到自然人、法人或者其他组织(第4条);商标驰名成为

---

① 黄汇:《商标法的历史功绩与时代局限》,《光明日报》2012年11月4日。
② 1982年《商标法》第5条规定:"国家规定必须使用注册商标的商品,必须申请商标注册,未经核准注册的,不得在市场销售。"该类必须使用注册商标的商品曾经包括药品和烟草制品,但2001年2月修改的《药品管理法》未再要求药品必须使用注册商标。2002年8月《商标法实施条例》第4条将该类商品限定为"法律、行政法规规定的必须使用注册商标的商品"。因而,从该条例于2002年9月15日施行时,依据法律、行政法规规定的强制注册商标的商品只有"卷烟、雪茄烟和有包装的烟丝"。
③ 1982年《商标法》第18条规定:"两个或者两个以上的申请人,在同一种商品或者类似商品上,以相同或者近似的商标申请注册的,初步审定并公告申请在先的商标;同一天申请的,初步审定并公告使用在先的商标,驳回其他人的申请,不予公告。"

商标权的来源之一（第13条）；规定了商标注册的优先权（第24、25条）；禁止恶意抢先注册他人商标（第15条）；禁止损害在先权利及注册他人已在先使用并建立了信誉的商标（第31条）；以拒绝注册相对事由提出撤销的时间改为5年（第41条）；等等。2013年8月30日，全国人大常委会对1982年《商标法》进行了第三次修正（以下简称"2013年《商标法》"）。这次涉及商标权取得问题的修改主要有：在禁止恶意抢先注册他人商标中增添了"业务关系人"（第15条）；明确界定了"商标的使用"（第48条）；修改了注册商标3年不使用撤销制度（第49条）；规定了未注册商标的在先使用权（第59条）；增添了注册商标未使用的抗辩（第64条）；等等。通过一系列修改，我国《商标法》实现了商标制度从被动引进到为我所用的转变，包括权利取得在内的商标制度也更具中国特色，并与我国民法制度、知识产权制度更为协调。[①]

---

① 金武卫：《〈商标法〉第三次修改回顾与总结》，《知识产权》2013年第10期。

第二章　商标权注册取得制度的基础

在个人权利和社会福利之间创设一种适当的平衡，乃是有关正义的主要考虑之一。[①]

——E. 博登海默

一、商标权的属性

（一）保护对象：符号与商誉

商标是用来区分不同经营者所提供的商品或服务的标记。根据《TRIPS 协定》第 15 条的规定，任何标记或标记组合，只要能够将某一企业的商品与其他企业的商品区分开来，都可以构成商标。商标在本质上属于符号。[②] 人类使用符号可以追溯到史前社会，但符号并非天然就是商标，符号只有与商品相结合发挥来源识别功能时方具有商标意义。"在由标记向商标的演化过程中，标记经历了一个由'辨人'到'辨物'的记号阶段，逐步演化为商誉的承载者——商标这样一种转

[①] 〔美〕E. 博登海默：《法理学：法律哲学与法律方法》，邓正来译，中国政法大学出版社 2004 年版，第 325 页。

[②] 文学：《商标使用与商标保护研究》，法律出版社 2008 年版，第 15 页。

变,并最终具备了财产的特性。"[1]

商誉在19世纪初期还仅是一个商业概念。约塞夫(Joseph)在1841年出版的《关于合伙关系的法律评论》中论述到:"商誉,是企业所取得的一种优势或利益,不是其资本、股票、资金或财产的价值,而是顾客因其地理位置、技术等,对该企业产生的一种偏好。判断一个企业成功与否,关键就在于商誉。"[2] 但在约塞夫及其同时代人眼里,商誉尽管很重要,甚至很像财产,但严格来说它不能单独存在,不是传统意义上的财产。到了20世纪初,商誉是财产成为一种共识。与之相对应,人们对商标的关注也从标志本身转向了标志所承转的商誉。"商标本身并不重要,它是更为重要的东西即商誉的有形载体,商誉是实体,商标不过是其影子,只有商誉才是要求法律保护以防止他人侵占的财产。"[3] 1918年,美国最高法院在"United Drug Co. v. Theodore Rectanus Co."一案中曾论述道:"事实上,注册商标并没有授予任何意义上的垄断权,它仅仅是通过在出售的商品或包装上贴附一个区分标志或者商业记号而便于对某人的商誉进行保护的一种方便的手段。"[4] 霍姆斯(Holmes)大法官在1924年指出:"商标能赋予什么新的权利呢?它并不赋予禁止使用的某些文字的权利。它不是版权。从商标法案的语言得出的论点似乎没有讨论的必要。商标仅仅赋予权利人为了保障其商誉,防止他人产品作为其产品销售而禁止他人使用某些文字的权利。……当商标的使用不会欺骗公众时,我们看不到这些文字可以神圣到禁止他人用来说明事实而使用的地步。商标不是禁忌。"[5] 美国

---

[1] 孙英伟:《商标权保护正当性的历史分析——基于第三次商标法修改》,《河北大学学报(哲学社会科学版)》2011年第5期。

[2] Stuart Banner, *American Property: A History of How, Why, and What We Own*, Cambridge: Harvard University Press, 2011, pp. 37-40.

[3] Edward S. Rogers, "Comments on the Modern Law of Unfair Trade," *ILL. L. Rev.* 3, 1909, p. 552.

[4] United Drug Co. v. Theodore Rectanus Co., 248 U. S. 90 (1918).

[5] Prestonettes, Inc. v. Coty, 264 U. S. 359, 368 (1924).

最高法院在 1985 年也称,商标保护旨在"促进竞争和维护保证质量生产者的良好声誉"①。随着商誉的概念走入商标保护的视野,有关商标理论中的诸多问题似乎均找到了解答的支点。

然而,商誉是无影无踪、虚无缥缈的,它必须依托于一定的载体。正是从这个意义上说,商标符号与商誉之间的关系好像是连体双胞胎,须臾不可分离。② 商誉,或者说是商标权作为一种财产,它与物权存在着明显的区别。一般情况下,物权拥有一个特定的客体物,因而被称为"有形财产权",它通过对客体物自身的控制实现权利的配置,表现为一种支配权。而商标权本身不存在一个可控的客体物,它要成为财产必须通过标志这一"桥梁"实现权利的配置。从这个意义上说,商标权的"肉"虽然是商誉,但"皮"却表现为符号。"皮肉"不能分离,符号与商誉的关系可见一斑。正是存在这种特殊的关系,决定了商标权与物权相比存在差异,商标权主要不是一种支配权,而是一种禁用权,商标权的保护范式只能以防止混淆和预防淡化为基础。正因为如此,有学者认为,商标权并非是一种绝对的财产权利,而仅是一种不完全的权利。③ 弗兰克福特(Frankfurter)大法官认为:"商标保护是法律对符号心理功能(psychological function)的认可。"④ 商标符号是商品经营者刻意打造的一种意义表征系统,其指涉的意义虽然为商誉,但自身却是消费者所直接感知的外在形象,是商誉在消费者认知图景中的呈现方式。它作为一种能够引起消费者一系列心理活动的特殊刺激物,在传递着商品来源信息、承载着商誉表征功能的过程中

---

① Park'N Fly, Inc. v. Dollar Park and Fly, Inc., 469 U. S. 189, 198 (1985).
② J. Thomas McCarthy, *McCarthy on Trademarks and Unfair Competition*, New York: Clark Boardman Callaghan, 2008, §18: 2.
③ Arthur R. Miller and Michael H. Davis, *Intellectual Property: Patents, Trademarks and Copyright*, St. Paul Minn.: West Publishing Company, 1990, p. 205.
④ Mishawaka Rubber & Woolen Mfg. Co. v. S. S. Kresge Co., 316 U. S. 203, 205 (1942).

也就实现了其自身的价值，成为法律保护应当予以关注的对象。另外，从符号语言学的角度来看，传统认为，商标是由"能指"（signifier）、"所指"（signified）和"对象"（referent）组成的三元关系系统，能指即商标的有形形式（符号），所指即商标的语义内容（商誉），对象即商标所贴附的产品（商品），商标就是此三者组成的"三脚凳"。[①] 随着商标功能的拓展、商标权的进一步扩张，商标的三元结构受到了由能指与所指构成的二元结构的挑战。首先是商标商品（trademark merchandising）得以出现，其使"能指"自己成了"对象"；其次是商誉的价值被不断放大，同一商标跨类使用在不同商品上，商标出现泛化现象，"所指"与"对象"日益融合。暂且不论二元结构的合理性如何，单从现象来看，商标符号本身的价值进一步强化，商标权的保护重心在该意义上已经发生了偏移。诚然，如学者所说，"法律所保护的是商业标志的识别性，而不是其创造性"[②]，商标法也从未对商标的创意性选择提供激励，相反却鼓励发展商誉和建立商标与商誉之间的联系[③]，但是这丝毫不影响商品经营者对商标设计的热情投入，并为注册取得制度提供了一个正当化的理由。因为，"商标权是商标所有人就其商标及其所代表的商誉所享有的权利"[④]。

（二）权利内涵：私益与公益

德国法学家耶林（Jhering）认为，权利之本质为法律所保护的利益。在大陆法系，"公法与私法的区分，是法律学上的一个基本观

[①] Barton Beebe, "The Semiotic Analysis of Trademark Law," *UCLA Law Review* 51, 2004, p. 625.
[②] 张玉敏:《知识产权的概念和法律特征》，《现代法学》2001年第5期。
[③] Stephen L. Carter, "The Trouble with Trademark," *Yale Law Journal* 79, 1990, pp. 758-765.
[④] 李明德:《美国知识产权法》，法律出版社2014年版，第563页。

念"①。受到这一观念的影响,在权利的认知上也出现了公权与私权的分野。知识产权作为私权,是否同时存在公权的因素,理论界存在不同的认识。以冯晓青教授为代表的一方认为,知识产权基本上是私权,但却具有很强的公共利益性质,因而认为,知识产权是一种"私权公权化的权利"。②以吴汉东教授为代表的一方则认为,知识产权的基本属性仍然是私权性,为了利益平衡所做的必要限制,没有也不应该改变其私权属性。③但他也同时承认:"知识产权如同物权、债权一样是为私权,但同时具有某种超越私人本位的公共政策属性。"④公权与私权的划分,实际上仍然是以"利益"为标准的。私权以满足私的主体之需要为目标,因而对待某种利益常会站在私的主体立场上去理解和把握;公权则以满足社会整体之需要为目标,对待某种利益相应地会站在社会整体的立场上去理解和把握。⑤然而,私益与公益之间的界限并非泾渭分明,离不开人们根据主观观念从权利本身的精神实质,以及权利设置时的价值取向等角度进行的综合把握和判断。这就决定了私权与公权的划分具有相对性、模糊性。但私权与公权的划分又具有必要性,它有利于揭示某项权利的基本属性,以便于为之提供更为清晰、完备的保护。正如维特根斯坦(Wittgenstein)所言:"规则一旦被印上一种特定的意义,就划出这样一些线来,在所有情况下我们都

---

① 韩忠谟:《法学绪论》,中国政法大学出版社 2000 年版,第 38 页。
② 冯晓青:《知识产权法的利益平衡原则:法理学考察》,《南都学坛(人文社会科学学报)》2008 年第 2 期。类似观点参见李永明、吕益林:《论知识产权之公权性质——对"知识产权属于私权"的补充》,《浙江大学学报(人文社会科学版)》2004 年第 4 期;周作斌、李延禹:《论知识产权私权公权化的原因及趋势》,《西安财经学院学报》2010 年第 4 期。
③ 吴汉东:《关于知识产权私权属性的再认识——兼评"知识产权公权化"理论》,《社会科学》2005 年第 10 期。类似的观点参见孙海龙、董倚铭:《知识产权公权化理论的解读与反思》,《法律科学》2007 年第 5 期;衣庆云:《知识产权公权化理论之批判》,《电子知识产权》2007 年第 7 期。
④ 吴汉东:《知识产权的多元属性及研究范式》,《中国社会科学》2011 年第 5 期。
⑤ 朱谢群:《创新性智力成果与知识产权》,法律出版社 2004 年版,第 24 页。

应当按照它们来遵守规则。"① 因而，从规则层面上说，私权与公权的划分又具有绝对性、明确性。从此点出发，将知识产权明确界定为私权，否定其为"私权公权化的权利"的理由无疑更为充分。但是知识产权毕竟不是一种完整的自然权利，它在法定化中被嵌入了更多的公共政策因素，承认其私权性质也不能无视其在公共政策上的社会属性。正是因为如此，WTO 才会在《TRIPS 协定》序言中一方面主张"知识产权为私权"，另一方面又认可"保护知识产权的诸国内制度中被强调的保护公共利益的目的，包括发展目的与技术目的"。2002 年 9 月，英国知识产权委员会在其发布的《知识产权与发展政策的整合》中谈及"知识产权保护所赋予的是何种权利"的问题时也认为，"授予知识产权是一种公共政策工具"，但"知识产权是一种私权"，"知识产权最好被当作国家和社会能够帮助实现人的经济和社会权利的手段之一"。② TPP 也对知识产权的基本公共政策目标达成了共识，缔约方均认识到需要通过各自知识产权制度来促进创新和创造，促进信息、知识、技术、文化和艺术的传播，促进竞争、开放、高效的市场，同时需要尊重透明原则和正当程序原则，并考虑到利益关联者的利益，包括权利人、服务提供者、使用者和公众。

在私益上，商标权与专利权、著作权一样都表现出了相同的自然属性，即财产权属性，但在公益上却存在着较大的差别。一个重要原因在于，商标直接涉及消费者的利益：既要降低其搜寻成本，又要保护其免受产品来源上的欺诈，这也使得商标制度的功能与专利和著作权相比呈现出了差异。③ 另外，在公共政策层面上，专利制度和著作权制度主要是一种创新激励机制，着眼于科技和文化的发展，而商标

---

① 〔奥〕维特根斯坦：《哲学研究》，李步楼译，陈维杭校，商务印书馆 1996 年版，第 127 页。
② 英国文化委员会：《知识产权与发展政策的整合纲要》，曾燕妮译，载国家知识产权局条法司编：《专利法研究（2003）》，知识产权出版社 2003 年版，第 412 页。
③ 冯晓青：《知识产权法哲学》，中国人民公安大学出版社 2003 年版，第 300 页。

制度更主要是一种竞争激励机制，着眼于维护竞争秩序与促进产业发展。[①] 虽然都承认商标权为私权，但在私益与公益谁更应处于优先的保护地位上，商标权与其他知识产权一样，也存在着"独占论"与"工具论"的立场分歧。"独占论"者站在尊崇自然权利的立场上，赋予了财产权以高于其他权利与利益的优先权地位，而忽略了公共政策中所体现出的公益。在商标法上表现为，"放松对商标注册条件的限制，扩大商标注册范围，并允许运用商标划分地区市场。特别是集中表现为商标法宗旨在变化，即由强调消费者和公共利益的重要性转变为强调保护商家的利益"[②]。"工具论"者站在实用主义哲学的立场上，认为财产不能作为一个基本的价值或权利发挥作用，财产服务于道德价值，但并非其基础，"财产权将成为道德的仆人而不是其驱使人"[③]。在商标法上表现为，对商标权的作用和商标法的公共目标要有一个非常清晰的概念，商标权是一种垄断特权，必须受到义务的约束，商标权应当服务于公共政策的目标。"法律上利益的选择不可能只倾向于保护个体利益，同时也不可能走向另一个极端而只关注整体利益，而是努力在个人与整体之间寻找最佳结合点。"[④] 因而可以说，在商标法中强调私权绝对性的"独占论"与强调公益绝对性的"工具论"的观点，在实践中都是不存在的。现代商标法努力在私益与公益之间寻求平衡，以实现保护商标权人的权利、维护消费者的利益，以及促进公平的竞争秩序的多重价值目标。但从方法论的角度来看，"工具论"深刻地认识到了商标权与物权等绝对权的区别，从而也为商标权的取得提供了一个

[①] 在促进产业发展方面，"定牌加工""平行进口"等领域中的商标司法政策更体现出了国家产业、贸易政策中的宏观考量。参见孔祥俊：《商标法适用的基本问题》，中国法制出版社2012年版，第92页。

[②] 冯晓青：《独占主义抑或工具主义——〈知识产权哲学〉探微》，《河南科技大学学报（社会科学版）》2003年第4期。

[③] 〔澳〕彼得·德霍斯：《知识财产法哲学》，周林译，商务印书馆2008年版，第230页。

[④] 孙国华、黄金华：《论法律上的利益选择》，《法律科学》1995年第4期。

独特的思考路径。从商标权产生的历史来看，商标本身经历了一个从工具到财产的过程，即使是在法律上承认了其私权地位，但其一路走来都充满了公共政策的考量。在一定意义上说，商标法就是公共政策的产物。另外，从权利本身来看，商标权作为一种私权，其权利是不完整的，对于同样的标志，权利人并没有像物权那样获得绝对的地位，其并不能排斥他人在不相类似商品上的使用，也不能禁止他人的描述性、指示性使用。商标权的范围、行使都不是权利人自我选择的结果，而源自于利益平衡后的法律规定，也正是权利的法定性，为商标权的取得提供了制度设计的足够空间。

（三）权利立场：权利人中心主义与消费者中心主义

如前所述，商标权是一种私权。毫无疑问，商标权应当是商标权人的私权。商标法作为保护商标权的法律，理应站在权利人的立场上来构建，对于侵害商标权行为的判定也应像侵害著作权、专利权一样直接考察行为是否给权利人带来了损害，即：应站在权利人中心主义（trademark owner oriented）的立场上来设置权利。然而，事实并非如此。无论是《TRIPS 协定》，还是中外商标立法，却多把造成消费者"混淆之虞"作为侵害普通商标[1]权利的认定标准。有学者甚至提出，"商标法是以消费者而不是商标所有人为中心而展开的"，并将"维护消费者利

---

[1] 普通商标是相对于驰名商标而言的。对于驰名商标，美国最早提出了反淡化保护，认为只要行为对驰名商标造成了弱化、丑化、退化，就侵害了驰名商标所有人的权利（"淡化标准"）。"淡化标准"实际上秉持的是"权利人中心主义"的立场。在美国法中，商标侵权与商标淡化是两种不同的诉讼，前者为侵权之诉（infringement claim），后者为淡化之诉（dilution claim），而对于侵权之诉仍然采用的是"混淆标准"。参见杜颖：《社会进步与商标观念：商标法律制度的过去、现在和未来》，北京大学出版社 2012 年版，第 173 页。我国《商标法》第 13 条将驰名商标分为在我国注册与未注册两种类型，对于侵权行为的判定，前者的标准是"误导公众，致使该驰名商标注册人的利益可能受到损害"，后者的标准是"容易导致混淆"。

益"作为商标法的第一立法宗旨。[①] 由此也就产生了一个奇怪的现象，商标侵权的判定站在了消费者中心主义（consumer oriented）的立场上。

造成这一现象的原因绝非是立法者的失误，而恰恰源自商标权自身的特殊性。首先，从商标的功能和作用来看，其本质上是商标权人与消费者信息沟通的"桥梁"。一般情况下，商标只有经过"经营者（商标权人）——商品（商标）——消费者"的完整链条，才能产生权利价值。商标权人之所以反对他人擅自将相同或近似的商标使用于与己相同或类似的商品上，是因为该行为切断了以上链条，阻隔了其与消费者之间的正常沟通，误导消费者购买侵权者的商品，抢走了原本属于商标权人的客户，损害了商标权人的财产权益。在此，消费者成为商标价值实现中的重要一环。其次，从商标权的本质来看，它是商标符号上承载的商誉。商誉是一种大众评价，受消费者的主观态度所左右，商标权人可以培育商誉，但却从来不能完全控制商誉。商标权的形成本身也深受消费者的影响，如判断描述性标志是否具备了"第二含义"，判断某个商标是否已成为通用名称，判断特定商标是否构成驰名商标等，其标准的构建都是从消费者的视角出发的。"只有当消费者在市场上对商标赋予意义并予以识别时，商标才在商业社会中实质性存在。"[②] 另外，商标价值的大小直接源自于消费者对于商标的知悉程度和信任程度。商标在创立之初可能没有太大价值，但是其在使用过程中因为消费者的认同而实现了识别商品来源的意义，因为消费者的评价而积聚了良好的声誉，因为消费者的忠诚而得以不断延续。正是消费者的作用才使商标变得有价值。[③] "商标价值的提升既是商标权利主体主动实施品牌经营战略，使之与特定市场环境与消费者需要相契

[①] 邓宏光：《商标法的理论基础——以商标显著性为中心》，法律出版社2008年版，第324页。
[②] 〔澳〕彼得·德霍斯：《知识产权法哲学》，周林译，商务印书馆2008年版，第213页。
[③] Glynn S. Lunney, Jr., "Trademark Monopolies," *Emory Law Journal* 48, 1999, pp. 367-373.

合的结果；同时也是市场环境与消费者需求反作用的产物，体现为一种相互影响、相互作用的共同演进过程。"[1] 因而，在商标的价值成长过程中消费者的认知度、信任度的培育也就成为问题的关键。有学者认为，侵害商标权的认定标准应当以商标权作为考虑的基点，并提出以"商标显著性受到损害之虞"作为标准。[2] 应该说，该观点从权利本身出发来构建侵权认定标准，回归了体系的基点，并有利于标准的统一。但不容忽视的是，商标显著性本身的评判仍然掺杂着许多消费者的因素。在这样一个处处以消费者的视角来构建的特殊权利体系中，商标权已无法像物权等权利那样单独以权利人中心主义的立场来实现其逻辑的自洽性，而站在消费者中心主义的立场上以"混淆之虞"作为侵权的认定标准来实现对权利人的保护也就不足为奇了。再次，从商标权产生的历史过程来看，商标最初的职能是充当"所有权标记"的工具，在公权参与后又成了市场管理的工具，而这种管理首先是从维护消费者利益和竞争秩序的角度出发的。虽然商标最终被上升成了一种权利，但这种权利仍然是人为的、法定的权利，它在先天上就被打上了"制度产品"的印记。商标法一方面要站在权利人中心主义的立场上保护"商标所有人因为使用商标，而凝结在商标所标示商品上的信誉为商标所有人带来合理商业利润"的利益，维护好竞争秩序；另一方面又要站在消费者中心主义的立场上保护"购物者能通过商标辨识商品的不同来源，从而购买到商标所代表的真实厂家的产品"的利益，维护好认购秩序。[3]

---

[1] 贺寿天、张传博、曹静：《基于战略视角的商标价值评估方法研究》，《知识产权》2014年第9期。

[2] 李雨峰：《重塑侵害商标权的认定标准》，《现代法学》2010年第6期。

[3] 张玉敏、黄汇：《注册与使用之间》，载张玉敏主编：《知识产权理论与实务》，法律出版社2003年版，第3页。

二、注册取得制度的法哲学基础

（一）财产权劳动学说之检讨

1. 财产权劳动学说概述

在 17 世纪自然法学家的眼中，假想的原始共有是私有财产权产生的逻辑起点。①但在从共有到私有的原因上，他们的观点产生了分野，其中以洛克（Locke）所提出的"财产权劳动学说"对后世的影响最为深远。由于该学说将财产权的来源诉诸"劳动"这一人类道德理性的自然法则，而被认为最具"正义的表征"，从而成为后世论证产权制度的重要依据。

洛克认为："每人对他自己的人身享有一种所有权，除他以外任何人都没有这种权利。他的身体所从事的劳动和他的双手所进行的工作，我们可以说，是正当地属于他的。"②正是因为每一个付出劳动的人对于劳动这种所有物拥有无可争议的权利，那么对于因该劳动而增益的东西，"劳动使它们同公共的东西有所区别，劳动在万物之母的自然所已完成的作业上面加上一些东西，这样它们就成为他的私有的权利了"③。但财产权的取得不是没有限制的。洛克为劳动取得财产权提出了两个限制条件：一是对外"留有足够的同样好的东西给其他人所共有"；

---

① 如格劳秀斯认为："从宇宙形成以来，上帝就赋予了全体人类以主宰地球上万物的权利，……所有万物构成了全体人类共同的原始财产。"参见〔荷〕格劳秀斯：《战争与和平法》，何勤华等译，上海人民出版社 2005 年版，第 122 页。洛克也认为："土地上所有自然生产的果实和它所养活的兽类，既是自然自发地生产的，就都归人类共有，而没有人对于这种处在自然状态中的东西原来就具有排斥其余人类的私有所有权。"参见〔英〕洛克：《政府论》（下篇），叶启芳、瞿菊农译，商务印书馆 1964 年版，第 17 页。

② 〔英〕洛克：《政府论》（下篇），叶启芳、瞿菊农译，商务印书馆 1964 年版，第 18 页。

③ 〔英〕洛克：《政府论》（下篇），叶启芳、瞿菊农译，商务印书馆 1964 年版，第 18 页。

二是对内"以供我们享用为度",不能浪费。

基于时代的局限,洛克的"财产权劳动学说"仅针对有体物,他并没有提及知识产权。[1]甚至,洛克本人还曾反对过授予出版商著作权,他认为出版自由可以使人们获得更便宜、更好的书籍,任何人都应享有这一自由。[2]但这些都已无关紧要,重点是洛克所宣称的个人应对自己的劳动果实享有权利的自然法思想深刻地影响着知识产权理论的构建,很多论者都努力按照"财产权劳动学说"所提供的路径为知识产权的正当性寻求自然法上理论的支撑。有学者还得出了"与对有形财产权的正当性相比,财产权劳动理论更适合于对知识产权制度的佐证"[3]的结论。

以洛克的理论对商标权取得正当性的证成是以商标权的本质——商誉——为依归的。其逻辑起点是假设商标作为符号在自然状态下是没有价值的,属于原始共有,后来之所以成为私有财产,原因是这种符号与商品相结合在使用的过程中产生了标识作用,表彰了使用者的个性,而这种使用就是一种劳动。商标权所保护的不是符号,而是"人们看到某个标识后,在心理上所产生的联想,它在性质上是企业对它所使用的商标,经过努力的劳动塑造后,所传播的一种信念,这种信念产生后,自然就为这个标识及其表彰的商品创造特有的附加值"[4]。

---

[1] 有观点认为,洛克所说的"他的身体所从事的劳动和他的双手所进行的工作"一语中包含着"创造"与"劳动"的区分:"双手工作"的隐喻对应的是人类的"创造"活动,而"身体劳动"对应的恰好是商标权这样的普通所有权。参见黄汇:《商标权正当性自然法维度的解读——兼对中国〈商标法〉传统理论的澄清与反思》,《政法论坛》2014年第5期。该观点试图说明洛克的理论既可以论证专利权和著作权这样的创造性智力财产权的正当性,也可以论证商标权这样的标识性财产权的正当性,以回应"劳动/创造"二元理论对以洛克劳动学说解释知识产权制度的质疑。但是从洛克《政府论》(下篇)的内容来看,无法找到这种区分的充分依据。

[2] Justin Hughes, "Locke's 1694 Memorandum and More Incomplete Copyright Historiographies," *Cardozo Arts & Entertainment Law Journal* 27, 2009, pp. 555-580.

[3] 冯晓青:《知识产权法哲学》,中国人民公安大学出版社2003年版,第38页。

[4] 刘茂堂:《商标新论》,台北元照出版社2006年版,第10页。

商誉是通过劳动获取的，商标权也因此而得到了自然法的支撑。此刻，商标仅仅成了收获利益的工具。[①] 由此，论者可以得出的结论是：商标使用这一人类劳动是商标权得以成为私有权利的法理依据。简言之，使用才是商标权取得的合理依据。

2. 财产权劳动学说存在的障碍

客观地说，洛克的理论从商誉的角度论证商标权的劳动取得有其合理性，而且使商标权的法律保护更加"理直气壮"。洛克的理论还能够很好地解释下列商标现象。一是"第二含义"的理论，即：原来在公共领域中没有显著性的标识，经过使用人的劳动后，具有了来源区分作用，可以获得显著性，从而获得商标权。二是驰名商标保护。驰名商标即使没有注册，各国法律遵照《巴黎公约》的要求也承认其商标权利，甚至给予高于普通商标的强保护，原因也在于这类商标因为投入了更多的劳动，而理应获得更好的保护。三是不使用撤销制度。即使曾经获得过商标权，但后来长期不使用，没有劳动付出，也就没有保护的必要。从以上角度来说，使用取得制度比注册取得制度更符合公平、正义的价值目标。因而获得了以美国为代表的国家的商标法，以及很多学者的推崇。然而，洛克的理论本身就无懈可击吗？商标权真正是一种自然权利吗？使用取得的范式能够解决实际问题吗？

尽管"没有一个哲学家比洛克的思想更加深刻地影响了人类的精神和制度"[②]，但洛克的理论仍然充满了诸多令人不解的内容。比如，个人为什么可以未经其他共有人的同意而擅自将劳动与共有物相结合取得独占的财产权？个人凭劳动为什么就可以获得劳动与之相结合的物

---

① Edward S. Rogers, "Comments on the Modern Law of Unfair Trade," *ILL. L. Rev.* 3, 1909, p. 555.
② 〔美〕梯利：《西方哲学史》（下册），葛力译，商务印书馆1975年版，第95页。

体的整个价值的权利？① 个人在他人先占的土地中劳动，是否就可以成为拥有该土地上的物产，甚至该土地的依据呢？② 在如此等等的问题面前，洛克的劳动理论均无法给出一个圆满的解答。有学者甚至认为，劳动根本不能成为一个决定性的或者完整的论证财产合理性的基点。③ 就商标权取得而言，洛克的理论也存在着诸多的障碍。

第一，商标的历史沿革表明，商标权并非是一项自然权利。

回顾商标发展史可知，商标开始是作为工具出现的。在商标的早期观念中，标志充当着"所有权标记"或"史前属人标记"的工具作用。在中世纪的行会时期，标志虽然在公权力的积极参与下与商品结合得更为紧密，发挥了识别商品来源的作用，但商业标志仍然没能摆脱"工具"的窠臼，甚至开始成为一种"垄断特权"，其功能主要在于规制市场交易秩序，限制外来竞争，维持行会的垄断地位。为说服政府及大众接受有关商业标志的强制化要求，行会曾试图从道德层面赋予商标管理以正当性。为此，主要诉诸两种表达：一为监督产品质量，二为使公众免受欺诈。④ 工业革命后，商标作为财产的意味进一步增强，商人们要求对商标进行立法保护的呼声也日益强烈，但对商标的保护还是从防欺诈的角度进行的。此时，商标保护的正当性仍然是建立在维护商标的信息传播功能，即所谓的"信息传播模式"基础之上的。⑤

---

① 美国哲学家诺齐克（Nozick）就批评认为，重点不应放在劳动的投入上，而是通过劳动增加了价值，才使得个人对物取得所有权。参见 Robert Nozick, *Anarchy, State, and Utopia*, New York: Basic Books, Inc., Publishers, 1974, p. 175。美国学者黑廷格（Hettinger）也认为，劳动者将仅仅就其通过劳动增加的价值享有权利，而不是对产品的所有价值享有权利。参见易继明：《评财产权劳动学说》，《法学研究》2000 年第 3 期。

② 张恒山：《论财产所有权的必要性及正当性依据》，载高鸿钧主编：《清华法治论衡》（第 2 辑），清华大学出版社 2002 年版，第 164 页。

③ 〔澳〕彼得·德霍斯：《知识产权法哲学》，周林译，商务印书馆 2008 年版，第 59 页。

④ 黄海峰：《知识产权的话语与现实：版权、专利与商权史》，华中科技大学出版社 2011 年版，第 225 页。

⑤ Lionel Bently, "From Communication to Thing: Historical Aspects of the Conceptualisation of Trade Marks as Property," in Graeme B. Dinwoodie and Mark D. Janis (eds.), *Trademark Law and Theory: A Handbook of Contemporary Research*, Cheltenhom: Edward Elgar Publishing Ltd., 2008, p. 5.

到了19世纪中期以后,"商标是有价值的财产"的观念才为人们所逐渐接受。然而,人们对于商标是否是因为劳动而获得的财产本身仍有异议。如美国最高法院在1879年的一件商标案件中就认为商标这一创造物中没有明显的劳动,因而拒绝赋予其以财产地位。[①] 与其他财产权不同,商标权在多方面体现出了其独特的双重属性。时至今日,商标法大都也是以消费者的视角来构建的。商标法虽然被注入了更多的权利因素,但仍然承担着保护消费者利益,维护竞争秩序的工具性职能。一如有学者所说:"商标权形成的历史沿袭更多地使用了'信息'、'欺诈'、'利益'的语词。信息的产生、流动和甄别依赖媒介和受众,这跟劳动没有截然关系,欺诈考虑的是结果,也不涉及劳动的过程,利益讲求的是分配和占有,也与劳动无关。因此可以说历史溯源证实商标权的形成并没有考虑劳动的因素。"[②] 各国的商标法实践也表明,商标权的取得、维持、保护均深受商标观念、法律传统、经贸政策、国际环境等因素的影响,商标权与传统观念中的自然权利相去甚远。

第二,商誉的价值创建表明,取得商标权中的劳动具有复杂性。

按照洛克的理论,围绕着商标的劳动大体可以分为三类:一是商标设计和选择中的劳动;二是对商标予以注册的劳动;三是商标使用中的劳动。有观点认为,第一类劳动通常没有对他人产生有价值的东西,即使有,也属于著作权法保护的劳动范畴;如果商标选择于共有领域的固有符号,那就更非使共有领域资源财产化的劳动。第二类劳动只是履行法律的程序要求,也不是给社会增加任何价值的劳动。[③] 有必要指出的是,洛克的理论只是将财产和个人的劳动联系起来,揭示了劳动是私有财产权取得的正当依据,其对财产权的性质并未做类型

---

① 100 U. S. 82 (1879). 转引自冯晓青:《知识产权法哲学》,中国人民公安大学出版社2003年版,第40页。
② 李士林:《重新审视商标法的哲学基础》,《云南大学学报(法学版)》2013年第1期。
③ 戴彬:《论商标权的取得与消灭》,华东政法大学博士论文,2013年3月,第26页。

化的区分。另外，不管商标设计和选择本身是否具有创造性，其对设计和选择者而言都是劳动付出的结果[1]，该结果对他们来说也是有价值的。有趣的是，按照洛克的理论，如果针对商标这个标记而言，事情似乎到此为止，个人对该标记的权利已被证成。然而，问题并没有那样简单，因为商标权的复杂性决定了它针对的虽然是商标，实质上保护的却是商誉。诚如学者所言："如果仅仅把眼光放在商标设计上，是不可能找到商标保护正当性问题的答案的。"[2] 但商标与商誉的关系，有如学者所说，好像是连体双胞胎[3]，或者说是一枚硬币的正反面[4]，商标保护正当性的解答也必然撇不开商标本身。美国学者休斯（Hughes）在洛克理论的基础上提出了"价值增值"理论，认为"如果劳动者的劳动为他人生产了超过道德要求其生产的对他人有价值的东西，它就应得到相应的利益回报"[5]。按照该理论，商标设计、选择，以及商标注册中付出的劳动并不必然产生财产权，因为它们没能使"价值增值"。休斯的理论引入了社会价值的判断因素，能够合理说明为什么要排除商标设计、选择及商标注册中的财产权利，因而常被论者引作证明自己观点的依据。但是，休斯的理论即使运用于他在知识产权研究中的主要例证——著作权和专利——上，也存在一定的障碍。因为实践

---

[1] 有学者指出，确有一部分商标在设计时是大费了脑筋的，设计者需要考虑怎样才能不与已有标示雷同（乃至冲突），具有识别性，给公众一个明快的感觉，不会产生负面的（甚至荒唐的）歧义，等等。参见郑成思：《知识产权法》，法律出版社1997年版，第7页。即使是对未投入创造性劳动的商标而言，为了获得商标注册，设计者在申请之前也要进行商标查询，并根据查询结果或者重新选择标识，或者对原标识进行反复修改，以防止与在先注册商标发生冲突。从这个意义上说，这类商标也是付出了劳动的，且该劳动对这类商标是有价值的。

[2] 文学：《商标使用与商标保护研究》，法律出版社2008年版，第47页。

[3] J. Thomas McCarthy, *McCarthy on Trademarks and Unfair Competition*, New York: Clark Boardman Callaghan, 2008, §18: 2.

[4] 熊文聪：《商标合理使用：一个概念的检讨与澄清——以美国法的变迁为线索》，《法学家》2013年第5期。

[5] Justin Hughes, "The Philosophy of Intellectual Property," *Georgetown Law Journal* 77, 1988, pp. 287-294.

中有大量的作品和专利并没有产生实际的社会价值，却仍被赋予了财产权利。回到洛克的理论本身，它既未限定"劳动"的类型，也未将劳动限定在某一时点。以开垦土地为例，具体的开垦行为属于取得财产权的劳动，那么为开垦而打造工具的行为是不是呢？恐怕将它们结合起来才能更好地说明问题。同样，商标的设计、注册、使用是一个完整的过程，突出商标使用中劳动的价值并不能理所当然地否定另两个环节中劳动的价值。

对于商标使用中的劳动而言，其意义主要在于创建商誉。然而，商誉的创造并非完全来自于这一劳动。"商誉是'企业特质—顾客评价'的博弈互动、双向交流中信息整合的结果。"[①] 商誉的价值创建过程具有复杂性，有赖于企业中各个构成要素、各个分支系统、所处外部环境等多种影响因素之间协同效应的发挥。商誉的创建虽然依赖于经营者与利益相关者的联系互动[②]，但利益相关者，尤其是消费者的评价，往往起着决定性的作用。商誉的价值创建虽然和投入的劳动量有关，但劳动并非其唯一的资源要素，而且不同资源要素在其中所做的贡献也很难量化。在商誉的价值承载上，商标是最为重要的形式，但并不是唯一的形式，企业名称、产品包装，甚至是销售口号，如果在市场交往中被赋予了特殊的内涵和价值因素而起到识别作用，也会成为商誉的载体。另外，与物权相比，作为一种财产权利的商誉具有动态性、易变性，劳动付出量也无法评判商誉价值的大小。

第三，商标资源的有限性，与洛克的设想存在差异。

洛克的学说是建立在"资源富足的理论假定"[③] 上的。有观点认为，

---

① 谢晓尧：《论商誉》，《武汉大学学报（社会科学版）》2001 年第 5 期。
② 徐聪颖：《论商誉与商标的法律关系——兼论商标权的自由转让问题》，《政法学刊》2010 年第 1 期。
③ 〔美〕理查德·斯皮尔洛：《铁笼，还是乌托邦——网络空间的道德与法律》，李伦等译，北京大学出版社 2007 年版，第 92 页。

商标资源如同人类的"语言",永不匮乏。① 果真如此吗?暂且不论各民族的语言是否都能满足不同时代的表达要求,单就商标与"语言"的关系而言,并非语言要素的任何组合都能成为商标。商标至少要受以下条件限制:一是人文心理的限制。各民族的语言文字具有相对的稳定性,在这种稳定性的结构中并非任何搭配都能成为商标。在人们的心理中都喜欢使用寓意美好的文字、图形,而诸如"死""坏""劣"等文字,代表丑陋、邪恶等的图形都明确被排除在了使用之列。二是法律规定的限制。各国商标法几乎都规定,商标要具有显著性,不能与他人的商标相同或近似,这种近似包括音、形、义;不能使用通用名称;不能使用描述性词语;不能使用禁用性标志;不得与他人在先取得的合法权利相冲突;驰名商标的跨类保护使部分商标几乎成为专享;等等。除此之外,各国均对商标构成要素进行了规范。如我国在1987年9月就由国家语言文字工作委员会、国家工商行政管理局共同发布《关于商标用字规范化若干问题的通知》,对商标用字予以规范,要求:不得使用已被简化了的繁体字、不符合相关规定的简体字、已被淘汰的异体字;商标加注汉语拼音的,必须以普通话为标准;分词连写;等等。三是语言表达习惯的限制。以我国的商标为例,在商标的语言表达习惯中以二至三字者居多。我国《现代汉语词典》中共收录汉字13000多个,而汉字的注音即"声韵组合"理论上有800多个,但能和规范汉字实际对应的只有400多个。② 汉字的常用字有2500个,次常用字1000个。日常生活中,文字商标的用字主要就由这3500个字组成,加之人们大多喜好选用褒义词和中性词,其结果是超过50万个词组就易发生商标的相似与混淆。③ 截至2014年底,我国商标累计

---

① 黄汇:《商标权正当性自然法维度的解读——兼对中国〈商标法〉传统理论的澄清与反思》,《政法论坛》2014年第5期。
② 鲁川:《汉字注音字符》,《汉字文化》2012年第1期。
③ 邢冬生等:《浅论闲置商标的处置利用(一)》,《中华商标》2013年第12期。

注册量达 1002 万件，已连续 13 年位居世界第一。有学者分析指出，如此规模的注册量使我国的商标用词几近极限，在汉字中寻求新的组合来申请注册已显困难。① 以上限制表明，商标资源并非是取之不尽，用之不竭的。即使在一定时间内仍然可以做出选择，但要达到"足够的同样好"的条件也是困难的。正如有的学者所言："字母组合作为潜在的商标有着不同的价值，而最有价值的字母组合的供给并非完全弹性的。"②

第四，权利范围的确定困难，使洛克理论的适用价值大打折扣。

将劳动作为私有财产权的取得依据，必然会涉及权利范围的确定问题，尤其是当侵权指控发生的时候，权利范围的确定更是纠纷解决的前提。劳动能够准确标明因它而取得的财产权利客体吗？对于这一问题最有名的诘问是由美国哲学家诺齐克提出的：当我把我的一罐番茄汁倒入大海，我就因此而能够拥有大海吗？③ 显然，洛克的理论是不能给出合理解答的。"如果一种关于财产的劳动理论在说明有形物的边界时存在问题，那么涉及抽象物时，这些问题将被放大。"④ 原因主要在于，抽象物自身的边界本来就具有模糊性，而它却可能存在于一个或多个有形物中，仅以劳动这种形而上的概念来限定其权利的范围几乎是不可能的。

洛克的理论在权利范围确定上的困难，在商标权取得问题上被进一步地延伸、放大。在商品经济发展的早期，产品相对比较单一，生产和交换主要局限在较窄的地域范围，商标使用人比较容易回避与在先使用人的商标冲突。即使在不同地域市场使用相同或近似的商标，

---

① 邓舒馨：《让闲置商标活过来》，《中国消费者报》2014 年 9 月 5 日。
② 〔美〕威廉·M. 兰德斯、理查德·A. 波斯纳：《知识产权法的经济结构》，金海军译，北京大学出版社 2005 年版，第 230 页。
③ 〔美〕诺齐克：《无政府、国家与乌托邦》，何怀宏等译，中国社会科学出版社 1991 年版，第 179 页。
④ 〔澳〕彼得·德霍斯：《知识财产法哲学》，周林译，商务印书馆 2008 年版，第 63 页。

但由于交易范围的局限,很多时候也能相安无事。倘若发生了矛盾冲突,某个商标的使用主体及使用时间也还比较容易确认。但是随着商品经济的发展,竞争的进一步加剧,商品流通的地域限制被打破,相同或近似商标之间的矛盾冲突逐渐升级,人们事先所确定的"谁先使用,谁享有权利"的商标权取得原则的缺点也逐渐显现。表现在:(一)权利范围的不确定性。这里的权利范围包括地域范围和商品种类范围。就地域范围而言,商标权的效力理论上只应及于商标使用所到达的范围,不同的地域应当分别享有权利。然而,对于一类商品的国内市场来说,地域范围的界限是无法确定的。如果直接将地域范围扩大至全国市场,在商标权保护的早期是不可能的,而且按照劳动取得原则也是不公平的。就商品种类范围而言,商标权并非赋予商标使用人完全独占某一标识的权利,从理论上来说权利只及于其所使用的商品。然而,商品种类的界限并非清晰明确,在自然状态下商标权所及的商品种类也很难确定。[1](二)权利归属的不稳定性。商标使用本身无法形成一种类似于有形财产公示的效果,使用者对是否是最先使用人无法做出明确的判断,今天所享有的权利可能因为明天在先使用人的出现而被颠覆。这种不稳定性也成为使用取得原则的"致命弱点"。[2](三)权利证明的难操作性。从权利取得时间来说,商标使用人一般都不会为了预防以后可能发生的纠纷而保存最初使用的证据。当纠纷发生后,控辩双方的运气、诉讼技巧等因素成为权利确定的关键。不管最终判决结果如何,实际上均已偏离了使用取得制度的价值追求。

使用取得制度的以上缺点还可能带来以下问题:(一)制造了市场壁垒。商标的使用在一开始通常都是地方性的,商标权也只在某地域内享有。如果他人在另一地域对相同或近似标识也享有商标权,那么

---

[1] 正是因为如此,才有了商品的分类,并最终形成了国际分类。
[2] 王春燕:《商标保护法律框架的比较研究》,《法商研究》2001年第4期。

按照使用取得原则，双方就可能形成权利并存，由此也就会造成一方商品进入另一方市场的困难。（二）限制了商标转让。纯粹的使用取得原则要求商标经过使用产生商誉后才能获得权利，商标转让也必须连同商誉一同进行，不利于商标价值的最大限度发挥。（三）抑制了投资热情。使用取得的缺点造成商标使用人若想获得"无可争议"的权利，既要加强市场调查，又要保存先使用的证据，同时还要承担标识被他人抢先使用的前期投资风险。在这种情况下，商标使用人"难以形成对其商标权的确信，在进行投资决策时必然疑虑重重"[①]。

人类关于财产权取得的理论曾出现过古罗马时期的先占理论、洛克的劳动理论、卢梭的社会公认论、康德的人格理论、黑格尔的自由意志理论等等。然而，社会现象是纷繁复杂的，任何一种理论、学说在解释某种现象时都不可能完美无缺。就财产权取得的法律实践来说，其可能来自于劳动，也可能来自于先占，还可能来自于合约、交换、投资、继承，等等。洛克的理论虽然在解释商标权的取得上存在诸多障碍，但他强调劳动在财产权取得上的伦理作用还是值得肯定的。使用取得制度正是由于贯彻了这一自然法的规则，而为普世观念所认同。但是其所具有的先天性缺陷也是必须克服的，而且从某种意义上来说克服这种缺陷比承认这种规则还要重要。正是因为如此，在商标权的取得制度上出现了另外的途径。但不管结果如何，新的制度设计也永远无法摆脱"劳动"对价值判断的影响。

（二）功利主义财产理论之证成

1. 功利主义财产理论概述

功利主义（utilitarianism）作为一种思潮可谓源远流长，而作为一

[①] 彭学龙：《寻求注册与使用在商标确权中的合理平衡》，《法学研究》2010 年第 3 期。

种哲学思想主要风行于 19 世纪的英国。一般认为，功利主义的渊源可以追溯到 18 世纪苏格兰哲学家休谟（Hume），正是他"将产生幸福的倾向取名为功利，并且指出：人类的社会本能，使人们在判断一种行为的功利时，不但要看它对于人们自身幸福的影响，而且还要看它对于他人幸福的影响"①。然而，英国哲学家边沁（Bentham）却是第一个系统提出功利主义理论的人。

边沁的立论基础在于，"自然把人类置于两位主公——苦与乐——的主宰之下。只有它们才能指示我们应当干什么，我们想要干什么。是非标准，因果关系，俱由其定守。凡我们所行、所言、所思，无不由其支配：我们所能做的力图挣脱被支配地位的每项努力，都只会昭示和肯定这一点"②。由此，边沁认为，衡量某一行为正当性的标准自然是该行为所给人类带来的苦乐的大小。边沁反对自然权利学说，认为"断言有自然权利存在，这在逻辑上是荒谬的，在道德上是有害的"。边沁站在法律实证主义的立场上指出："权利是法律的产物，而且只能是法律的产物；没有法律就没有权利，没有与法律相反对的权利，没有先于法律存在的权利。"③ 在边沁之前，"自然法""契约论"常常被引用为法律正当性的理据。然而，"功利攻破了各种自然权利假设与学说，以及布莱克斯通的主张，边沁认为它们'废话连篇'"④。边沁提出，功利主义是法律上权利的真正根基，只有当法律符合功利主义的原则时才是值得人们遵守的。边沁所称的权利是和义务紧密相连的，一个人的权利就是另一个人的义务，法律就是要分配好权利与义务。边沁十分关注义务，他认为，对于权利，人们总会自觉地注意

---

① 〔英〕边沁：《政府片论》，沈叔平等译，商务印书馆 1995 年版，第 35 页。
② 〔英〕边沁：《道德与立法原理导论》，时殷弘译，商务印书馆 2000 年版，第 57 页。
③ 转引自余涌：《边沁论权利》，《道德与文明》2000 年第 2 期。
④ 〔英〕韦恩·莫里森：《法理学——从古希腊到后现代》，李桂林等译，武汉大学出版社 2003 年版，第 198 页。

到,但对于义务,却最需要提醒。① 在边沁看来,财产权"是一个好东西",因它"克服了懒惰、使迁徙民族定居、引发了对国家的爱和对后代的考虑"。② 使一个国家富裕的唯一办法是维护财产权利的神圣尊严。边沁将生计、富裕、平等和安全作为法律的目标,并指出,法律虽然不能指导人们致富,但却可以为之创造条件,激励人们占有更多的财富。③ 边沁认为:"财产只不过是期望的基础;从一个我们被认为占有的物中,作为我们和它的关系的结果,而获得一定好处的期望。没有形象、图画、可见的特征可以表达构成财产的关系。它是抽象的,而非物质的;它只不过是思想的产物。"④ 边沁的这一论述被认为打破了自布莱克斯通以来所通行的观点,即:将财产权从与物所直接对应的关系,改变为"基于物而产生的人与人之间的法律关系"⑤。边沁的思想大大拓展了后来者认识财产的视野。经过美国法学家霍菲尔德(W. N. Hohfeld)等的诠释,一种"非物质的,不是由支配物的权利所组成,而是由有价值的权利所组成"⑥ 的新的财产概念得以提出。

2. 功利主义财产理论的契合性

在边沁之后,功利主义为法律正当性的论证提供了一种新的视角。在知识产权领域更是如此。知识产权领域中自然权利与功利主义

---

① 〔英〕边沁:《政府片论》,沈叔平等译,商务印书馆1995年版,第21页。
② 徐国栋:《边沁的法典编纂思想与实践——以其〈民法典原理〉为中心》,《浙江社会科学》2009年第1期。
③ 〔美〕E. 博登海默:《法理学:法律哲学与法律方法》,邓正来译,中国政法大学出版社2004年版,第111页。
④ 〔美〕约翰·E. 克里贝特等:《财产法:案例与材料》(第7版),齐东祥、陈刚译,中国政法大学出版社2003年版,第5页。
⑤ 徐国栋:《边沁的法典编纂思想与实践——以其〈民法典原理〉为中心》,《浙江社会科学》2009年第1期。
⑥ 〔美〕肯尼斯·万德威尔德:《十九世纪的新财产:现代财产概念的发展》,王战强译,《经济社会体制比较》1995年第1期。

的争论由来已久。1769 年英国法院审理的"Millar v. Taylor"案[1]被认为是两种观点较早冲突的案件。在该案中法官们对于版权是自然权利还是法定权利存在不同的认识,而争议的实质主要在于是否存在无期限的文学产权。最终,认为"每个人都对自己的人身、生命、名誉、劳动及类似的东西享有财产权"的自然权利观点占据了上风。但此后在与上述案件相关联且相类似的"Donaldson v. Becket"案[2]中,法官们更多地考虑了公共利益维护、文学创作激励等功利性的因素,最后从确认假如永久性文学产权所带来的后果是不可接受的,则应否定这种权利存在的"结果性思维方式"出发,否决了作者的永久性权利,从而也终结了英国持续多年的文学产权大辩论。[3]同样的争论也出现在了美国的司法实践中。1834 年美国在"Wheaton v. Peters"案[4]中也遇到了版权期限的问题争论。美国最高法院最终认为,版权法并非是来确认已存在的权利,而是创设了权利,从而站在了功利主义的立场上。1918 年在美国最高法院审理的"International News Service v. Associated Press"案[5]中对于付出了劳动的新闻是否构成"准财产"再次发生了自然权利与功利主义的交锋。虽然劳动创造了财产权的自然权利思想占据了上风,但对该案的判决结果持异议的布兰迪斯(Brandeis)大法官认为,个人财产权的基本要素是一种排除他人享有的合法权利。如果这种财产是私人的,其排除权应是绝对的;如果这种财产影响到公共利益,其排除权就应受到限制。一种精神产品确实会耗费生产者的劳动和金钱,并具有他人愿意支付对价的价值,但这并不足以保证其齐备财产权的法律属性。按照法律的一般原则,人类

---

[1] Millar v. Taylor (1769) 4 Burr. 2303.
[2] Donaldson v. Becket (1774) 4 Burr. 2408, 2 Bro. P. C. 129.
[3] 易健雄:《技术发展与版权扩张》,法律出版社 2009 年版,第 66—74 页。
[4] Wheaton v. Peters, 33 U. S. (8 Pet.) 591 (1834).
[5] International News Service v. Associated Press, 248 U. S. 215 (1918).

最高贵的产品——知识、确定的真理、观念和思想,在与别人自愿交流后就像空气一样为大家所免费使用。只有在某些特殊情况下为公共政策所需要时,这些原本免费的无形产品才具有了财产的属性。同样持异议的霍姆斯大法官的见解更具功利主义的色彩:"财产权是法律的一种创造,它并非来源于价值……它实质上是法律所赋予的对他人干涉的排除。"按照以上两位大法官的说法,法律规定财产权是什么,财产权就应当是什么,决定是否赋予某种利益以财产权的因素不是逻辑上的,而是政治上的。① 到了1991年,美国最高法院在"Feist Publication, Inc., v. Rural Telephone Service Co."案② 中认为,即使在数据库的搜集、整理中付出了辛勤的劳动,但若其无独创性,仍然无法受到法律的保护。该判决意味着在美国版权客体问题上,"额头流汗"(sweat of the brow)的自然权利规则最终被否决,功利主义占据了上风。③

同样,功利主义与自然权利的交锋也存在于专利法领域。在美国的法律实践中,1836年《专利法》将注册制修改为审查制即蕴涵着自然权利影响的衰落和功利主义的兴起。此种变化被认为与1835年接任最高法院首席大法官的罗杰·塔尼(Roger Taney)不无关系。塔尼认为,财产权及由它所派生的权利来自于统治权,社会权利高于一切个人权利,个人权利要服从于治安权,治安权可以将财产权控制在公共利益范围之内。④ 塔尼的观点充满着功利主义的思考。无独有偶,1844年法国在《专利法》的修改中也删掉了自然权利的言辞,1978年又引

---

① 〔美〕肯尼斯·万德威尔德:《十九世纪的新财产:现代财产概念的发展》,王战强译,《经济社会体制比较》1995年第1期。
② Feist Publications, Inc. v. Rural Telephone Service Co., 499 U. S. 340 (1991).
③ 和育东:《从权利到功利:知识产权扩张的逻辑转换》,《知识产权》2014年第5期。
④ 〔美〕伯纳德·施瓦茨:《美国法律史》,王军等译,中国政法大学出版社1989年版,第40页。

入了实质审查制,均昭示着自然权利理论已淡出了其专利法领域。[1] 专利法领域的功利主义观念还体现在立法目的上。大多数国家都将专利制度作为一项公共的经济政策工具,用以激励产出更多的发明创造,最终目的是为了更好地增进社会福利。比如,美国国会制定《专利法》援引的是美国《宪法》中的"知识产权条款"。该条款就明确指出,授予专利以财产权的目的,是"为了促进科学和实用技艺的进步",而这本身就体现出了功利主义的思维。同样,1875年英国的专利立法也体现了这一思想。当时参与立法的贝尔珀(Belper)勋爵就认为:"一个发明人对于其发明并不拥有自然的或者原始的一种垄断权……专利的存在只可能以公共效用为依据而获得辩护。"[2] 我国的专利法也是如此,它在第1条就明确将"鼓励发明创造,推动发明创造的应用,提高创新能力,促进科学技术进步和经济社会发展"的功利主义考量作为了立法宗旨。

以上有关著作权法及专利法的理论与实践,显示了自然权利与功利主义理论在知识产权相关问题正当性证成中的此消彼长。从历史维度来看,自然权利与功利主义在不同的历史时期、不同的具体领域,跟随着法律或社会诉求的转换、人们观念的变更而扮演着不同的角色。就现代知识产权制度而言,人们更愿意相信其是一项公共政策,担负着有效配置智力资源、激励创新、促进社会福祉的使命。对功利主义价值目标的强调,并非意味着自然权利在现代语境中的彻底失败,但这至少说明了"前现代知识产权法在处理无体财产时使用了古典法理学的语言,而现代知识产权法则趋向于更加依赖于使用政治经济学和功利主义的话语和概念"[3]。

---

[1] 和育东:《从权利到功利:知识产权扩张的逻辑转换》,《知识产权》2014年第5期。
[2] 〔澳〕布拉德·谢尔曼、〔英〕莱昂内尔·本特利:《现代知识产权法的演进:英国的历程(1760—1911)》,金海军译,北京大学出版社2006年版,第207页。
[3] 〔澳〕布拉德·谢尔曼、〔英〕莱昂内尔·本特利:《现代知识产权法的演进:英国的历程(1760—1911)》,金海军译,北京大学出版社2006年版,第207页。

"自然权利理论赋予知识产权的正当性是先验的、向过去寻找依据，认为有劳动或经济利益就应当享有权利，功利主义哲学则是后果主义的、向未来寻找依据，认为倘若不用财产权来激励就无法产出相应的知识成果。"[1] 这一论述与商标权注册取得制度的功利主义选择非常契合。一如前文所述，从发展的历史沿革来看，商标最初是作为工具在使用的，即使后来公权力参与其中，工具主义色彩依然浓厚。从商标被赋予的功能来看，其基本的作用在于识别商品的来源，防止商品来源上的混淆和欺诈，这无疑也是一种功利性的选择。在现代语境中，商标又被赋予了两个效益目标：一是激励生产者提高产品质量；二是减少消费者的搜索成本。这两个目标也是从结果来衡量的，体现了实现社会整体利益最大化的功利主义倾向。总之，在商标权的问题上，人们的目光更多地集中于"后果主义"，强调法律所带来的"苦乐大小"。这种功利主义的选择恰恰为注册取得制度提供了用武之地。在调整商标权时法律所面临的首要问题，就是如何确定该财产。而使用取得制度在商标权利确定上的缺陷，使其无法很好地实现这一要求，注册取得制度却能很好地弥补此不足。正如有学者所描述的，"商标注册的先后次序决定了它的产权归属；核定使用的商品类别与核准使用的符号（音、形、义）共同决定了商标的产权边界。从此，个人不再承担论证商标权利的烦琐义务，权利的复杂信息通过一张载满数字符号、格式化的产权证书得以表述与固化。精致而权威的登记制度保证了市场主体对产权证书的信赖，使这一证书得以在市场上自由流通，并在复杂而精巧的供求机制下获得自己应有的身份"[2]。

有趣的是，英国引入注册制度还有另外一层功利主义的考量。由于在普通法上无法对商标明确予以界定，也不清楚哪些标记可以成为

---

[1] 和育东：《从权利到功利：知识产权扩张的逻辑转换》，《知识产权》2014 年第 5 期。
[2] 陈贤凯：《商标通用性的数字证成》，《知识产权》2013 年第 7 期。

商标，而且证明权利人对标记享有权利费用高昂，这些因素极大地影响了英国的商标制度对他国商人的吸引力，相应地也不利于对等保护英国商人的海外利益。"如果英国不对他国制造商提供注册权利的保护，它也就难以与他国协商双边商标保护条约。"[①] 至此，对注册取得制度的选择中又包含了国际贸易政策的因素。在这种因素的催动下，注册取得制度得到了更多的青睐，为多数双边或多边商标保护协定所采用，成为商标法制国际化的基础性制度。

三、注册取得制度的法经济学基础

（一）商标的经济功能

在法经济学的视野中，"公平"与"效率"被认为是构成当代法律价值的"车之两轮""鸟之双翼"。然而，"公平"与"效率"的含义却极其复杂，人们常将正义、平等、公道等概念与公平相联系，又常将效益、速度、效用等概念与效率相衔接。在经济学中，"公平"通常是指"得其所得，得其应得"；"效率"则一般是用来表示成本与收益、投入与产出之间的比率关系。公平与效率的关系问题由来已久，围绕着两者孰轻孰重、孰先孰后还产生了诸多的理论。[②] 作为法律价值而言，公平与效率本无优劣、先后之分，均应成为法律的追求目标，以实现公平与效率的和谐与最大化。然而，法律是由特定社会的经济基础所决定的，公平与效率的最优关系必然受到特定经济关系的影响和制约，有其一定的时空、范畴、领域等限制，呈现出历史性、局限性。从这

[①] Frank I. Schechter, *The Historical Foundations of Law Relating to Trade-Marks*, New York: Columbia University Press, 1925, p. 140.

[②] 如效率中心论、公平主导论、效率优先论、公平优先论、兼顾论等。

一角度出发，美国经济学家奥肯（Okun）曾断言，平等与效率，为了一方面，在一定程度上就要牺牲另一方。^①我国有学者也深刻地指出，公平与效率孰先孰后，不是理论问题而是实践问题。^②正因为如此，从西方历史来看，由重商主义到古典自由主义，再到凯恩斯主义，一直到新自由主义，对公平与效率的追求模式不断更迭。我国也在不同的历史时期，根据不同的经济形势、不同的价值观念，对公平与效率的关系提出过不同的政策要求。^③

新制度经济学的鼻祖科斯（Coase）指出："在市场上交易的东西不是经济学家常常设想的物质实体，而是一些行动的权利和法律制度确定的个人拥有的权利。"[④]该论述深刻地揭示了法律制度与经济制度之间的关系。在现代社会中，法律制度，尤其是经济法律制度，通过对经济主体权利义务的构造实质性地影响着经济行为的动机与偏好。法律已经构成经济行为的一种内在要素，深刻地影响着经济的运转，甚至在某些方面还起着"控制作用"。同样，作为一种经济法律制度的商标法，其经济目标是要清晰界定商标产权，进而实现商标权的有效利用、合理流转，以"追求社会福利最大化"[⑤]；其核心价值在于通过商标

---

① 〔美〕阿瑟·奥肯：《平等与效率——重大的抉择》，王奔洲译，华夏出版社1987年版，第80页。

② 强世功：《法理学视野中的公平与效率》，《中国法学》1994年第4期。

③ 这种政策要求较为集中地体现在分配政策上。新中国成立至改革开放，我国实际上实行的是"公平优先"的分配原则。1993年11月，党的第十四届中央委员会第三次全体会议在《中共中央关于建立社会主义市场经济体制若干问题的决定》中正式提出了"效率优先，兼顾公平"的分配原则。2005年10月，党的十六届五中全会公报则强调"更加注重社会公平"。2007年10月，党的十七大报告提出："把提高效率同促进社会公平结合起来"，"初次分配和再分配都要处理好效率和公平的关系，再分配更加注重公平"。2012年11月，党的十八大报告指出："初次分配和再分配都要兼顾效率和公平，再分配更加注重公平。"

④ 〔美〕罗纳德·高斯：《生产的制度结构》，银温泉译，《经济社会体制比较》1992年第3期。

⑤ 〔美〕理查德·A. 波斯纳：《法律的经济分析》，蒋兆康译，中国大百科全书出版社1997年版，第27页。

识别功能的发挥，防止消费者混淆，以"促进有效竞争"[①]。正是因为商标法深度介入了经济生活，其侧重点也自然落脚于商标的经济功能。

1. 经济功能之一：节约消费者的搜寻成本

科斯指出，"发现价格的工作"是有成本的。[②] 同样，在市场上发现心仪的商品，对于消费者而言也是有成本的，这个成本就是搜寻成本。"搜寻成本可以看成是参与者在交易中为了获得交易机会的信息而支付的成本，是一种信息成本，当然也是一种交易成本。"[③] 搜寻成本主要由两部分组成：一部分是"机会成本"，主要是调查不同市场以了解不同品牌商品的质量、性能和价格所付出的时间、精力成本；另一部分是为了获取商品信息而现实支出的成本，如收看电视广告费用、上网费用、购买消费指南费用、交通费用等。在现实生活中，不完全竞争是市场竞争的常态，消费者经常处于信息不对称的境况中。这就造成消费者的搜寻行为常常建立在有限信息基础之上，实际上不可能获取在完全信息假设条件之下的充分的"选择机会"，因而也无法达到完美市场所揭示的那种"无成本"就能发现"理想商品"及"公平价格"的理想状态。[④] 消费者的搜寻行为也存在着成本与收益的关系问题。一般而言，搜寻成本是边际递增的，而搜寻收益却是在开始的一段搜寻时间内递增，然后就开始递减。原因主要在于，如果消费者只做粗略搜寻，那么其花费的时间的机会成本就会很低。但是，其若要进行深层搜寻，支付的单位搜寻时间成本将会递增。另外，随着搜寻地域范

---

① 罗晓霞：《论商标法的多元价值与核心价值——从商标权的"行"与"禁"谈起》，《知识产权》2010年第2期。

② 〔美〕罗纳德·科斯：《企业的性质》，载盛洪主编：《现代制度经济学》（上卷），北京大学出版社2003年版，第106页。

③ 黄淳、何伟：《搜寻理论对不完全竞争市场效率的分析》，《产业经济评论》2002年第1卷第2辑。

④ 孙立坚：《降低"搜寻成本"，解决"供需两重性"》，《文汇报》2010年10月28日。

围的扩大，由此增加的交通费用等搜寻成本也将会递增。在初始时期，消费者行为的不确定性可因搜寻所获信息而极大地降低，故而可以提高"消费者剩余"，这对消费者而言是有效率的。但是，由于信息是有层次性的，随着获取深层次信息的难度加大，深层搜寻的成本自然也会加大，当搜寻进行到一定阶段之后，搜寻收益便开始递减。因而，追求信息的完全对称是不经济的。[①] 另外，对信息完全对称的追求是建立在消费者完全理性的假设基础之上的。然而，在现实生活中，面对海量的商品信息，人们常常连有限理性都难以保持。大多数情况下人们并不是去刻意收集大量的选择信息，而是非常简单的按照品牌（商标）做出购买的决策。"从需求直接到品牌的选择过程，节省了中间过程中为信息搜索而发生的交易费用和做出择优决策所花费的选择成本。"[②] 此时商标所起的作用对消费者而言无疑是有效率的。

商标节约消费者搜寻成本的经济功能是建立在商标的基本功能之上的。传统商标理论认为，商标具有区分商品来源、保证商品品质、广告宣传等三种基本功能。[③] 商标正是基于其基本功能的发挥，缓解了信息不对称，并为消费者带来了效率。"成功的商标就像信息包，它们降低了消费者的搜索成本，从而促进市场的有效运作。"[④] 商标的来源区分功能在这个"信息包"中居于核心地位，它将商品的特征与商标联系起来，在消费者与经营者之间架起了信息沟通的桥梁，使消费者面对琳琅满目的商品能够便捷地挑选出心仪的品种。这无疑为消费者简化了决策的过程，节省了选购的时间，降低了交易的成本，带来了时间的效益。当然，对于经营者来说商标并非商品来源区分功能的唯一

[①] 叶小梁、李东旻：《搜寻理论模型与网络搜寻行为探析》，《情报科学》2006年第11期。

[②] 孙曰瑶、刘华军：《选择与选择成本——品牌降低选择成本的机制分析》，《财经论丛》2008年第1期。

[③] W. R. Cornish, *Intellectual Property: Patents, Copyright, Trade Marks and Allied Rights*, London: Sweet & Maxwell, 1996, p. 527.

[④] Stephen L. Carter, "The Trouble with Trademark," *Yale Law Journal* 79, 1990, p. 759.

承担者，企业名称、商品名称、商品包装装潢等也能充当"替代品"。然而，企业名称、商品名称字数太多，商品包装装潢过于复杂，它们的记忆成本、信息传递成本均要高于商标。相比较而言，商标是一种承载商品信息的最简洁的信息符号，是"消费者了解商品来源、经营者标示商品来源的成本最低的商业标识，它节约了交易中的信息成本"[1]。商标的品质保证功能对于消费者的效率意义也是建立在商标的来源区分功能基础之上的，因为"只有商品来源的信息真实、可靠，消费者才能据此判断商品品质"[2]。同时，品质保护功能又强化甚至主导了来源区分功能的价值。对于一般消费品，消费者更关注的是品质和价格，且在消费的过程中通常会有一个"性价比"的衡量，在价格相差不大的情况下常将品质放在突出的位置。消费者的商品消费过程同时也是商品使用效果的验证过程。如果消费者在消费体验后对该商标商品不满意，当他具有同样的消费需求时，就可能会放弃该商品而选择其他品牌；如果满意，他就可能会延续基本相同的消费体验，继续选择该商标商品，甚至在口耳相传中免费宣传该品牌，帮助培育该商标的影响力。正如雅各布斯（Jacobs）所言："商标就是一种承诺。"[3] 此种承诺并不代表贴附某一商标的商品一定具有高质量，但可表明该商标商品源自同一经营者，具有大体相类似的品质。商标之所以具有节约搜索成本的经济功能，内在原因之一即在于商标能够提供商品品质的信息，而这些信息才是消费者重点关注、经营者重点培育的。商标的广告功能一方面巩固了消费者对某种商标商品的消费体验，进而"对再次购买起到了引导作用"[4]；另一方面"品牌广告是以商标为前提的——它们使得生产者

---

[1] 王鹏：《商标法律制度的经济学分析》，《知识产权》2013 年第 9 期。

[2] J. Thomas McCarthy, *McCarthy on Trademarks and Unfair Competition*, New York: Clark Boardman Callaghan, 2008, §3: 10.

[3] SA CNL-SUCAL NV v. HAG GF AG ("Hag II"), Case C-10/89, (1990) ECR I-3711.

[4] 吴汉东：《知识产权法学》，北京大学出版社 2011 年版，第 231 页。

易于向消费者确定其品牌"[1]，因而商标本身成了经营者广告宣传的对象，进而成为消费者"按图索骥"的主要工具。正如弗兰克福特（Franfurter）大法官所指出的那样，人们依据标记来购买商品，商标是引导消费者选择其所需商品的商业捷径，商标甚至还充当了消费者的需求向导。正是因为如此，商标所有人才费尽心思地利用人类的心理倾向，以适宜的标记所蕴含的吸引力来营造一种市场氛围，其目的就是要通过商标将其所标注的商品的吸引力传输给潜在消费者。[2] 当然，从理论上说，商标的广告宣传仍然需要花费经营者的经济成本，而且消费者为此也要付出时间等选择成本。但现代社会毕竟是一个商品种类浩如烟海、商业竞争异常激烈的社会，消费者利用广告宣传所付出的搜索成本相对于直接面对市场所付出的搜索成本来说仍然具有明显的效益优势。

商标在为消费者带来效率的同时，也为商品经营者带来了实际的利益。经过商品经营者对商标的使用，商标上的商誉价值得以凝聚，商标成了真正有意义的财产。从这一角度上说，对商标予以保护对经营者来说体现了公平。不仅如此，商品对于经营者来说也具有效率价值。一方面，使用商标的好处，类似于使用姓名而非以人的特征描述来指称个人，经营者对商品的指称由此变得简单。这就意味着商品的信息传递更为快捷，广告宣传成本也相对降低。另一方面，经营者与消费者之间存在着利益关联。消费者通过商标能够更准确、便利地定位商品，这对该商品的经营者来说意味着生产目的的实现。正因如此，"品牌通过降低消费者的选择成本降低了选择过程中的交易费用，提高了消费者的选择效率，并最终决定了企业的生产效率"[3]。

---

[1]〔美〕威廉·M. 兰德斯、理查德·A. 波斯纳：《知识产权法的经济结构》，金海军译，北京大学出版社 2005 年版，第 224 页。

[2] Mishawaka Rubber & Woolen Mfg. Co. v. S. S. Kresge Co., 316 U. S. 203, 205 (1942).

[3] 孙曰瑶、刘华军：《选择与选择成本——品牌降低选择成本的机制分析》，《财经论丛》2008 年第 1 期。

2. 经济功能之二：激励权利人提高商品质量

"在本质上，信誉机制乃是激励机制。"① 对于商品经营者而言，信誉就是商誉。商誉的主要载体是商标，商标的品质保证功能给消费者提供了一个追求长期利益的稳定预期——获得相同品质的商品，也给商品经营者提供了一个长期利益的稳定预期——售出更多商品，投资获得回报。"虽然商标在法律上对于商品的质量没有提供任何保证，可在经济上此种保证的确存在，且要依托消费者持久地发挥作用。"从这个意义上来说，消费者与经营者组成了一个利益共同体。根据经济理性的假设，"如果交易关系只进行一次，当事人在未来没有赌注，放弃当期收益就不值得，信誉就不会出现"②。然而，对于理性的消费者而言，他们无疑更愿意购买有良好品牌声誉的商品；对于理性的经营者而言，他们无疑希望在留住老客户的同时，吸引更多新客户，从而使企业更大更强。商品经营的实践也一再证明，经营者的商誉越好，为其商品带来的附加价值越高；新入市的商品经营者由于没有良好的商誉评价，更难得到消费者的信赖；在商誉的支撑下，商标的价值得以彰显，商标权转让、许可使用也成为商标权人获得利益的重要方式。反之，"如果商品的质量达不到消费者的预期时，商标则赋予了消费者一种报复手段"③，消费者"用脚投票"的结果必然是商品销量下降，经营者利益受损。在商誉机制的激励下，经营者与消费者之间不再限于"一次性博弈"，而是转化为了"重复博弈"。商标由此也带来了正效应，激励经营者在经营之初就将商品质量作为品牌培育的主要关注因素；对于品牌成功的经营者而言，其对品牌的付出也并非一劳永逸，

---

① 彭学龙：《信息经济学视角下的商标制度》，《知识产权》2012 年第 8 期。
② 张维迎：《法律制度的信誉基础》，《经济研究》2001 年第 1 期。
③ George A. Akerlof, "The Market for 'Lemons': Quality Uncertainty and the Market Mechanism," *The Quarterly Journal of Economics*, vol. 84, no. 3, 1970, p. 500.

良好商誉的保有仍然取决于维持所营商品的品质甚至造就更高品质的能力。因而，一个拥有较高价值商标的企业更不愿意降低其商品的质量，原因是这将使它在该商标上的投资受损。[①] 在这种情况下，商标实际上提供了一种经济上的诱因，激励商品经营者生产和提供更高品质的商品，从而增进了社会福利，实现了动态效率。[②]

知识产权以特定的信息为保护对象。[③] 从经济学的角度来说，信息是一种公共产品，在消费上具有非竞争性和非排他性特点。在自然状态下，"商标"只是一种单纯的符号，相对于私人产品的消费而言不能以私力方式从根本上排除他人使用，具有非排他性；某一经营者的使用也不会影响到他人的使用，具有非竞争性。从这个意义上说，商标与作品、专利存在着公共产品的共性。然而，商标与作品、专利所涉及的信息特征具有根本性差异。作品、专利信息可归类为创造性信息，作品强调"独创性"，专利强调"创造性"；而商标信息是一种识别性信息，强调"显著性"。创造性信息的价值在于信息产品本身，而不管它是否公开；识别性信息的价值在于校正市场信息不对称，帮助消费者决策，因而必须在市场上公开。著作权法和专利法的立法目的是为了激励人们创造出更多的信息产品，以"克服信息不足"；而商标法的立法目的却不是为了激励人们设计出或者使用更多的商业标识，而是"克服信息错误"，从而降低消费者的搜寻成本，进而激励经营者提供更多的优质商品。[④] 识别性信息的性质决定了自然状态下的单纯的符号只有与特定商品相联系成为"商标"，并且在市场上被公开使用，才能"蜕变"成为一种具有社会意义的信息符号。符号在与商品相结合实现"华丽转身"的同时，因其走向了市场，蕴含了利益便具有

---

① Benjamin Klein and Keith B. Leffler, "The Role of Market Forces in Assuring Contractual Performance," *Journal of Political Economy*, vol. 89, no. 4, 1981, pp. 615-641.
② 孙敏洁：《商标授权的经济学分析》，《中华商标》2012 年第 4 期。
③ 张玉敏：《知识产权法学》，法律出版社 2011 年版，第 14 页。
④ 李兆玉：《商标保护的理论基础》，《商场现代化》2006 年第 8 期。

了竞争性，从而成了一种"不纯粹"的公共产品。在某一经营者已经将该符号作为商标用来区分商品来源的情况下，他人为了获得竞争性利益，存在着以该符号为公共产品为由而将它使用于相同或近似商品上的逐利冲动。虽然这种使用不会对符号本身造成损害，但却使该符号传递的信息发生了指向错误，摧毁了消费者的信赖利益，造成了不劳而获的后果。而且，由于仿制他人商标的成本微乎其微，在没有法律保障的情况下，商标的价值越高，被他人仿冒的概率也就越大。如果法律不予禁止，这种坐享其成的行为不仅会使商标中所蕴含的信息资本受到损害，还会使早日培育出有价值商标的激励机制受到抑制。[1]另外，从经济学的角度上来说，"由于存在能够成为受益人而无须支付相应对价的激励，商标的在先使用者会失去信心，商标市场就不能提供有效率的结果，至少是静态有效率而动态无效率"[2]。总之，商誉激励机制的发挥，必须以法律对商标专用权的保护为前提。正因为如此，"商标制度对商品质量改进的内在刺激，为商标专有权的确立提供了正当性"[3]。

（二）使用取得制度的经济学弊端

1. 效率问题

科斯定理[4]表明，权利界定方式会因法律制度的不同而迥异，由此

---

[1] William M. Landes and Richard A. Posner, "Trademark Law: An Economic Perspective," *Journal of Law and Economics* 30, 1987, pp. 265-270.

[2] 付继存：《商标法的价值构造研究——以商标权的价值与形式为中心》，中国政法大学出版社 2012 年版，第 37—38 页。

[3] 冯晓青：《知识产权法哲学》，中国人民公安大学出版社 2003 年版，第 300 页。

[4] 学术界对"科斯定理"并没有一个统一的界定，学者根据科斯的学术观点总结出了不同的版本。科斯本人从来没有以"科斯定理"这一形式来概括自己的思想，他甚至并不同意别人将其思想概括成这一称谓。学术界引用最多的版本是下面这一种。"科斯第一定理"：只要交易费用为零，从效率角度来看，权利的最初分配是无关紧要的。"科斯第二定理"：如果交易费用不为零，权利的最初分配对效率会有重要影响。参见程承坪：《理解科斯定理》，《学术月刊》2009 年第 4 期。

还会造成交易成本的差异,进而会影响到经济效率。这一理论对于商标权取得制度的法律型构也具有重要的意义,因为它主要涉及的正是法律对商标权的界定问题。而产权之所以为经济学家重点关注,是因为其具有资源配置功能和激励功能。"产权制度的优劣对经济发展有着巨大的影响,不同的产权结构或产权制度安排,会产生不同的经济绩效,从而影响经济运行的效率。"[1]产权的激励作用对于商标权来说还具有特殊的意义,因为明晰的产权为企业提供了一个追求长期利益的稳定预期,从而为品牌及商誉的培育提供了动力。因此可以说,"产权是信誉的基础"[2]。

既然法律对于界定商标权是重要的,那么商标权取得制度的法律规定是否促进了交易成本的最小化,即法律所选择的权利确定模式是否具有效率增进作用,便成为考察其正当性的一个重要因素。然而,对于使用取得制度而言,它之所以从最早进入立法视野的模式到最终淡出多数国家商标法的舞台,根本原因即在于它在效率上的不足。

首先,如前文所述,使用取得制度无法确定商标使用的地域范围和商品种类,商标权利范围存在不确定性;无法形成权利公示的效果,商标权利归属存在不稳定;纠纷发生后难以确定谁先使用,权利证明存在难操作性。以上问题均反映出使用取得制度无法清晰界定产权,存在着致命的效率缺陷。诚如学者所叹,在单纯的使用取得制度下,商标权的"长度"不清,"宽度"不明,又何谈"高度"(对商标权的保护力度)呢?[3]

其次,使用取得制度还带来了资源浪费的问题。由于使用取得制度无法为商品经营者提供在先使用商标的查询依据,商品经营者在将某一标识作为商标使用之前,必须投入一定的人力财力对相关市场上相同或近似商标的使用情况进行搜寻、比对,由此增加了商品经营者

---

[1] 汪军民:《论法经济学建立的经济学基础》,《中南财经政法大学学报》2006年第6期。
[2] 张维迎:《产权是信誉的基础》,《国际商报》2002年6月25日。
[3] 戴彬:《试论优化我国的商标权取得制度》,《法制与社会》2013年第3期。

的"搜索成本"。而且，由于在开发和完全利用某一商标之间存在着一段时间，在此期间另一商品经营者可能正在开发与之相同的商标，但却并未意识到这一商标已有在先的商品经营者使用，从而致使某种重复成本仍然无法避免。① 另外，由于权利的不稳定性，商标使用人为了应对随时可能出现的权利挑战，必须为保留在先使用的证据而花费额外的成本。再者，使用取得制度坚持商标经过使用产生商誉后才形成权利，商标与商誉须臾不可分离，商标转让必须连同商誉一并进行，这就限制了商标的转让及许可使用，不符合"物尽其用"的效率原则，也会造成资源浪费。

第三，由于权利的不稳定性，商品经营者存在着产权的担忧，其"稳定预期"受到影响，追求"短平快"成为内生的选择，而正所谓"无恒产者无恒心"②，因而也就不愿意为建立商誉而做长期投资，资源的合理配置也就无从谈起。

2. 外部性问题

外部性作为一个经济学概念，最早由英国新古典学派的代表人物马歇尔（Marshall）和庇古（Pigou）在 20 世纪初提出，是指一个经济主体的生产或者消费活动对其他个体或总体的福利所产生的一种有利影响或不利影响。美国经济学家斯密德（Schmid）认为，外部性存在的本质实际上是一种权利的公共选择。谁拥有权利，谁就拥有资源使用的决策潜力，就拥有将成本转嫁给他人的潜力。一个人的权利就是其他人的成本，一个人的产权，就是抑制他人需求的强制能力。③

---

① 〔美〕威廉·M. 兰德斯、理查德·A. 波斯纳：《知识产权法的经济结构》，金海军译，北京大学出版社 2005 年版，第 232 页。
② 杨伯峻译注：《孟子译注》（上册），中华书局 1980 年版，第 117 页。
③ 〔美〕A. 爱伦·斯密德：《财产、权力和公共选择：对法和经济学的进一步思考》，黄祖辉等译，上海三联书店、上海人民出版社 2006 年版，第 12 页。

符号从公共产品转变成为私人拥有的商标权利，也是一种权利的公共选择。其结果是，商标法所确定的权利分配方式直接影响着相关利益群体各自的行为方式；"权利是法律赋予的施加成本（外部性）的资格"[①]，某人被赋予商标权利也就意味着公共选择允许他将一些成本（外部性）强加于他人。"权利的公共选择始终左右着外部性的方向与程度。"[②] 商标权取得模式的公共选择对权利人以外的其他个体的利益影响也存在着利弊差别，即其外部性有正负之分。商标权取得制度的构建，在外部性问题上就是尽力避免、减少负外部性的影响，实现利益的均衡。然而，对于使用取得与注册取得两种模式而言，都存在负外部性。注册取得的负外部性主要表现为不利于未注册商标使用人利益的保护，纵容"商标圈地""商标囤积"等行为增加了他人的商标使用成本，等等。本书后面还将对此专门分析，这里主要讨论使用取得的负外部性问题。

从负外部性的角度来看，纯粹的使用取得制度存在以下缺陷：

首先，对在先准备并付出劳动的商品经营者存在着不公平。并非任何词语、图形，或者组合均适合作为商标。商品经营者对于商标的选用大多经历了选择、设计的过程，有些还进行了前期的宣传，并投入了大量的资金。然而，从开发一个商标到真正在商业中使用，往往存在着时间的间隔。在此期间，另一商品经营者可能已率先使用该商标。在此情形下，依据使用取得制度，商标权显然应由先使用该商标者取得，结果导致在先准备使用者使用该商标的合理"预期"丧失，他围绕该商标所进行的设计、宣传、品牌形象塑造等前期投资也付之东流。存在"导致不经意和浪费性重复的风险"，正是纯粹使用取得制

[①] 胡元聪：《外部性概念的法学视野考察》，载李昌麟主编：《经济法论坛》第6卷，群众出版社2009年版，第140页。

[②] 李郁芳、李项峰：《地方政府环境规制的外部性分析——基于公共选择视角》，《财贸经济》2007年第3期。

度的负面之处。[①]

其次,对在后使用商标的商品经营者存在着不公平。由于商品经营常常受到地域的限制,加之信息传递的延迟性,商标使用人往往难以知晓相同商标或近似商标在其他地域及商品上的使用情况,很容易导致互不知晓情况下的重合使用现象的发生。这种现象在商品经济初期,交通落后、信息传播方式单一的情况下更容易出现。若严格依据纯粹的使用取得制度,即使后使用人对该商标商誉的形成也做出了重要贡献,后使用人仍无法对该商标主张权利,他付出的劳动也无法得到应有的回报。这种现象给使用取得制度的公平价值带来了挑战,"这种挑战导致主管机关和司法机关处于两难的境地,进而最终影响公平"[②]。

再者,对于在先使用人来说也并非全是福音。第一,不利于商标使用范围的拓展。依据使用取得制度,即使某商品经营者因为使用而获得了商标权,其效力范围所及也仅以实际使用的地域为限。当该经营者业务拓展到其他地域时,极可能受到该地他人因使用而获得的商标权的限制。第二,失权的潜在风险因制度本身而加剧。在重合使用相同商标或近似商标的权属纠纷中,查找出真正的在先使用人是解决问题的关键,但由于法律意识、管理疏忽等多方面原因,事实上的在先使用人很容易因举证不能而败诉,导致在后使用人取得商标权。从法律上说,虽然事实上的在先使用人自身存在一定过失,但使用取得原则的制度设计本身无疑从一开始就令其背负了不合理的负担,进而增加了其败诉的风险。

最后,对于消费者来说仍然存在着混淆的可能。为了解决前述制度设计对善意在后使用人的不公平问题,在先使用原则又设计了商标

[①] 〔美〕威廉·M. 兰德斯、理查德·A. 波斯纳:《知识产权法的经济结构》,金海军译,北京大学出版社 2005 年版,第 233 页。

[②] 刘春田:《商标法律的现代化》,《中华商标》2001 年第 12 期。

共存制度。在该制度下，商标权所及的地域范围可以通过商标使用人之间协商或者司法程序加以固定。这虽然顾及到了善意在后使用人的利益，可以避免并存商标使用人之间的权利冲突，但消费者是流动的，商品也是流动的，商标共存无疑会增加消费者混淆的可能性。① 这种可能性在网络环境下必将加剧，因为电子商务实际上已打破商品流通的地域限制，全国甚至跨国统一市场正在形成，如何使共存商标之间更加有区别成为商标共存制度必须应对的新问题。

（三）注册取得制度的经济学优势

诚如有的学者所言，使用取得制度具有内在缺陷，而这种缺陷恰是注册取得制度的优势，正是这种相对优势成为后者取代前者的内因。② 从经济学的角度来说，注册取得制度的相对优势主要体现在效率上。"在一个资源缺乏的世界，道德原则应当以效用原则为补充，在使用受财产权保护的客体时，以一种效用最大化的方式分配权利是非常必要的。"③ 注册取得制度的比较优势主要体现在以下方面：

首先，权利稳定、范围明确。产权的清晰界定与严格保护是市场交易行为能够顺利、有效进行的基础和前提。科斯指出："合法权利的初始界定会对经济制度的运行效率产生影响。"④ 而这种初始界定也是建立在产权清晰基础之上的。注册取得制度弥补了使用取得制度在这一问题上的缺憾，提供了促进运行效率的基础。注册取得制度将商标权利赋予最先提出注册申请的人，而认定最先提出者简单明了，减轻了

---

① 文学：《商标使用与商标保护研究》，法律出版社 2008 年版，第 175 页。
② 邓宏光：《商标法的理论基础——以商标显著性为中心》，法律出版社 2008 年版，第 83 页。
③ 谢冬伟：《中国商标法的效率与公平》，立信会计出版社 2012 年版，第 145 页。
④ 〔美〕罗纳德·哈里·科斯：《企业、市场和法律》，盛洪、陈郁译校，上海三联书店 1990 年版，第 92 页。

经营者的证据负担，提高了权利确定的效率。商标一经注册后除因法定事由，不会因时间先后问题而无效，权利稳定。商标权的效力范围、所涉商品种类范围、使用时间范围都是明确可查的。而且商标一旦获得注册，其地域效力范围在理论上及于全国，商标权人就可以在全国范围内获得禁止其他经营者使用的排他性权利。其效果是，商标注册就为商标权人破除了地域限制，为他在全国范围内拓展商业活动奠定了坚实的基础。这一点对商品经营者来说非常重要。正如美国经济学家诺斯（North）所强调的："有效率的组织需要在制度上做出安排和确立产权以便造成一种刺激，将个人的经济努力变成私人收益率接近社会收益率的活动。"[①] 制度对经济发展起着非常重要的作用，它能决定经济绩效。好的制度能够降低不确定性及交易费用，激励个人选择并约束经济主体行为，减少负外部性的发生，稳定经济主体对未来的预期。[②] 商标权取得制度属于制度建设中的正式制度范畴，而该制度的核心内容正是产权制度。注册取得制度为商品经营者在全国范围内确立了清晰、明确的产权，降低了业务拓展中的不确定性，减少了因为区域限制所带来的品牌变动、重塑等交易成本，降低了商标重合使用给消费者造成的混淆可能性及其他因权利不确定所产生的负外部性，有利于激励商品经营者积极开拓市场，塑造全国性甚至全球性品牌，在增进企业效益的同时，创造更大的社会福利。

其次，搜索简便、举证容易。信息被称为软资源，与经济之间存在相互作用的关系。在具体的经济生活中，信息还是行动的基础、决策的依据。随着社会经济的发展，人们也越来越重视信息资源的科学管理与合理分配。"在分配中，要做到在恰当的时候向恰当的对象提供恰当的信息。在管理中，要处理好集中与分散、节约与效率的关系，

[①]〔美〕道格拉斯·诺斯、罗伯特·托马斯：《西方世界的兴起》，厉以平、蔡磊译，华夏出版社1999年版，第5页。

[②] 沈伯平、沈卫平：《制度建设：中国经济增长的新源泉》，《江苏社会科学》2014年第6期。

达到信息共享、支持决策的目的。"[1] 注册取得制度的建立也正是为了达到这一目的。商标的主要作用即在于提供将商标权人的商品与他人商品相区别的信息。对于消费者来讲，他们当然希望某一商标与具体的商品经营者之间存在唯一的对应关系，以免发生信息错误造成混淆，无法选购到心仪的商品。对于诚信的商品经营者而言，他们也希望自己的商标与他人商标不相同，也不近似，从而使自己的商标能够真正实现对应关系，以利于培育商誉，并免于因使用与他人相同或近似的商标而遭受侵权指控的困扰。在此情形下，他人正在使用的商标本身对于某一商品经营者设计、选择商标而言也构成了重要的信息。该商品经营者需要搜寻、比对市场上已存商标的具体状况，目的在于有效规避他人商标，使各自商标之间存在足够的区别。然而，这个搜索过程也是需要成本的。在使用取得制度下，商标的信息搜寻主要是人工市场搜寻，由于信息分布的离散性，搜寻无法达到准确性、全面性、时效性的效果，而且成本高昂。而在注册取得制度下，所有注册商标都被集中在了一个有组织的信息系统中，商标搜寻活动更加高效，信息更为准确，成本也更为低廉。对于这个信息系统本身而言，虽然也需要付出建设和运行的成本，但相较于其所取得的经济效益和社会效益而言，无疑仍是有效率的。

而且，注册取得制度信息集中也给商标权人维权带来了便利。在使用取得制度下，商标权人要举示在先使用的证据，且不说证据种类多样、形式复杂，权利人常常由于"时过境迁"难以举证。在英美法系的假冒之诉中，权利人还要证明商标是否享有商誉，被告人是否具有欺诈的故意等，更是非常困难。在注册取得制度下，权利人只要举示了商标权利证书，即可初步认定其拥有商标权。这无疑也具有降低维权成本、提高经济效益的作用。

---

[1] 乌家培：《信息经济学若干问题》，《华侨大学学报（哲学社会科学版）》2002 年第 2 期。

再次，交易安全，监管方便。安全乃效率之前提，无安全则效率无意义。所谓交易安全，既表现为交易人对交易行为之合法性的信赖，又表现为交易人对交易行为之效力确定性的期待。[①] 注册取得制度在商标权移转的交易安全上存在着一定的制度优势。由于商标无法像有形财产那样可以采用独占的形式予以控制，因此在权利移转时也就难以采用交付的方式实现权利的有效、安全让渡。在单纯的使用取得制度下，商标的受让方、被许可方无法知晓该商标权是否存在瑕疵，甚至无从得知该商标权是否真实存在；商标权人在权利移转后还可以违反约定再次移转；在许可使用中，商标权人也存在着对被许可人擅自处分商标权的担忧；如此等等。在这种情况下，不仅商标权移转面临"魔怪证明"[②]的问题，交易安全无法保障，连商标权制度本身存在的价值都要受到严峻地挑战。相反，注册取得制度却为商标权的移转提供了确定的依据。除了注册本身具有权利证明作用外，注册簿还可以为商标的转让和许可明确权属，多数采用注册取得制度的国家也因此规定转让与许可需登记备案，并予以公示。如《欧洲共同体商标条例》第17条第6款规定，转让若未登记，受让人不得行使注册产生之权利。我国《商标法》第42条也规定，注册商标的转让若要发生法律效力，需经主管机关核准并予公告；第43条第3款还规定，商标许可应报主管机关备案并公告，否则，不得对抗善意第三人。实践中，各国的具体做法不管采取的是登记要件主义还是登记对抗主义，客观上对交易安全都起到了一定的保障作用。这种方式虽然增加了一定的登记成本，但从整个交易过程来看，交易人凭借注册簿就可以完成权属

---

① 孙鹏：《交易安全及其民商法保护论略》，《法律科学》1995年第5期。
② "魔怪证明"是后世法学家对曾经在罗马法上存在过的一种所有权证明方法的诙谐评价，即"只有魔怪才会要求对所有权加以证明，在这种情况下，原告一般必须先证明他是从X那里合法取得该物后，然后证明X是从Y那里合法地取得该物的，并且一直将他的权利追溯到原始的取得。如果只是临时考察一下某人所'拥有'的物，很难成功地进行这样的证明"。参见〔英〕巴里·尼古拉斯：《罗马法概论》，黄风译，法律出版社2000年版，第165页。

的查明，反而会缩短交易时间，降低交易成本，而且还可以减少诉争，最终提高效率，因而具有更大的经济意义。

商标权终究是一种制度产品，既关乎私权，又涉及公益，所以商标权的取得和行使必然要被纳入法律规制的视野。从各国商标立法的宗旨来看，其在强调商标权保护的同时，无不承担着保护消费者利益、维护公平竞争市场秩序的职能。例如，日本《商标法》第1条将保护消费者利益、促进产业发展与维护商标使用人信誉并列作为立法宗旨。我国台湾地区商标相关规定在第1条也将保障消费者利益、维护市场公平竞争、促进工商企业正常发展作为立法目的的重要内容。各国商标法为了履行好自己的职能，无不关注商标的管理问题，否则，商标法就失去了它作为法律的意义。同样，尽管有学者提出了我国商标法是"商标管理法"的批评[①]，但商标法在包括商标权取得等方面中的管理作用不能被否认。诚如其他学者所言，纳入国家法律监管，有利于将缺乏显著性的标识和虚假标识排除在商标使用之外；也有利于在保护权利人利益的同时，对其不当行为进行法律规制。[②] 在单纯的使用取得制度下，商标的信息是分散的，商标的基本情况、谁拥有商标权等信息虽然存在于市场中，但很难被收集、掌握，更不用说对之进行有效的监管。然而，在注册取得制度下，这些问题都变得相对简单，并使商标法立法宗旨的实现成为可能。这也是像美国这样坚持使用取得原则的国家引入注册制度的原因之一。

[①] 学者们有关"商标管理法"的微词主要是从我国商标立法强调管理、忽视私权的角度提出的，实际上它也并没有否认商标法在商标管理中的作用。参见邓宏光：《从公法到私法：我国〈商标法〉的应然转向——以我国〈商标法〉第三次修订为背景》，《知识产权》2010年第3期；韩景峰：《管理思维下我国商标法发展与变革之反思》，《知识产权》2011年第10期。

[②] 罗晓霞：《竞争政策视野下商标法理论研究——关系、协调及制度构建》，中国政法大学出版社2013年版，第52页。

第三章　商标权注册取得制度的功能与属性

> 如果说支配人类活动的自我利益是'蒸汽能源'的话，那么引导动力的，便是制度这台发动机。[①]
>
> ——约翰·洛克斯·康芒斯

一、注册取得制度的功能

如前所述，注册取得制度因与使用取得制度相比存在着优势，从而具有了正当性的理据。这些优势来自于商标注册的制度功能，因而有必要对该功能进行一番梳理。

（一）权利推定

权利推定是旨在解决权利证明问题的立法规范，在多数大陆法系国家民法典的物权部分有此规定。一般包括两种方式：不动产登记簿权利推定和占有权利推定，即不动产依据登记簿、动产依据占有来确定权利之归属。权利推定以权利的外观推定权利的主体、客体和存续，

---

① 转引自张宇燕：《经济发展与制度选择》，中国人民大学出版社1993年版，第254页。

让拥有权利外观之人"不证自明"地享有相应的物权，属于典型的法律技术。[①] 这一法律技术有效地解决了物权的确认问题。商标权的确认困难相较于物权有过之而无不及，因此采用与物权相似的法律技术成为一种自然的选择。然而，由于商标自身的可复制性和所载商誉的抽象性，商标权无法以占有商标的形式予以权利推定，登记（注册）也就成为唯一之选。这样，商标注册就在制度功能上承担起了权利推定的重任。在物权法上，"不动产已经登记者，即推定登记的物权状态与真实的物权具有一致性，并享有该登记所表示的实体法上的权利关系"[②]。在注册取得制度下，商标注册与不动产登记具有同等的效力。这就意味着，商标一经注册就具有了权利的推定力，注册簿上的登记人就应被认定为商标权人；在相同或者类似商品上，任何第三人既不能再次申请注册该标志，也不能未经同意使用该标志。这一点在采用注册取得制度的国家的商标法中一般都有明确的规定。例如，巴西《知识产权法》第129条规定，商标权经由注册获得。商标一旦被核准注册，注册人即有权在全国范围内予以专属使用。法国《知识产权法典》第L.713—1条也规定，就该商标和指定的商品及服务而言，商标注册赋予了其注册人以所有权。

不仅可以推定权利的主体，商标注册还可以推定权利的范围边界和保护的时间边界。根据各国现行的商标权制度范式，同样的标志可以因不同的商品经营者将其使用在不同的商品上而分别享有权利，而且这种权利均有时间限制。这种权利的独特安排，使注册在权利所涉商品种类、保护时间中的推定力具有了特殊的意义。注册证书上除了记载着商标权人外，还载明了该商标适用的商品种类范围和保护的时间期限。因为划定了商品的种类范围，从而明确了商标权人的"私人

[①] 常鹏翱：《物权法中的权利证明规范——比较法上的考察与分析》，《比较法研究》2006年第2期。

[②] 谢在全：《物权法》，中国政法大学出版社2011年版，第82页。

领地",有效地化解了单纯使用取得制度中商标权利范围的界定难题。因为划定了商标权受法律保护的开始时间,从而有效地化解了单纯使用取得制度中商标权利应当从哪一时刻起算的认定难题。不仅如此,时间边界的确定还为商标权是一种受到时间限制的权利的设计提供了技术可能。基于此,大多数国家法律规定,商标权是一种经过一定年限(一般为 10 年)后需要续展的权利。另外,注册证书上所载明的时间还关涉到商标权的稳定性。例如,依据我国《商标法》第 45 条的规定,在先权利人或利害关系人的无效宣告申请应当自商标注册之日起 5 年内提出,否则该商标即成为不可争议的商标;但对恶意注册的,驰名商标权人不受这一时间的限制。

  作为一种举证负担规范,物权法上的权利推定虽然对于权利归属问题的解决能起到减轻诉讼中的证明负担的作用,但并不具有终局性。[①] 原因在于,权利推定所陈述的状态毕竟不是明确无误的客观真实本身,而是法律技术所设计并认可的一种拟制真实,这就决定了所推定的权利并非必然是终局性的、"确定"的权利。也即权利推定仅仅意味着法律将某种权利初步配置给了符合特定条件的人,但这种基于技术考量所做的配置是可以因其他确实的证据而被推翻的。商标注册的权利推定意义也是如此。另外,虽然如学者所言,商标注册不像物权登记那样是从权利变动或权利继受的角度,而是从权利原始取得的角度来设置程序的[②],但注册在商标权的移转、继受中同样具有权利推定的作用。注册推定效力的上述特点在印度《商标法》第 31 条上有确切的反映。该条规定,商标的原始注册、商标转让和继受的变更注册,均只是表明商标有效性的初步证据。同样,我国《商标法》第 45 条规定的无效宣告制度也表明了注册权利推定的可推翻性,第四章所规定

---

 ① 朱广新:《论物权法上的权利推定》,《法律科学》2009 年第 3 期。
 ② 付继存:《商标法的价值构造研究:以商标权的价值与形式为中心》,中国政法大学出版社 2012 年版,第 215 页。

的"注册商标变更、转让和使用许可"中的相关程序也显示了注册在商标权移转、继受中所具有的权利推定作用。

在使用取得制度下，商标注册虽然不具有直接推定注册人享有商标权的功能，但仍然具有一定的权利推定效力。如前所述，美国联邦注册就具有推定所有权要求的效力。另外，经由联邦注册，还可以使该商标的约束力及于美国全境，尽管其影响可能仅局限于某个区域范围内。[①]

（二）权利公示

公示制度也是物权法中的一项基本制度，其主要功能在于，以一定的方法将物权的享有与变动公之于众，从而对第三人发生效力，以维护财产归属秩序、减少交易风险，保护权利人及第三人的利益。商标法是民法的重要构成，两者之间是部分与整体的关系；商标权作为一种民事财产权利，与物权处于同一逻辑层次，可以放在相同的角度去理解和把握。[②] 商标权与物权在权利属性上极为相似，均是一种绝对权和支配权，具有对世性和排他性。商标权人可以直接支配标的物，不需第三人行为的介入便可实现其利益，其义务主体是不特定的多数人，权利人以外的主体都不得侵害其权利。鉴于义务主体不特定，为交易安全计，很有必要在制度上设计出一种像物权那样的权利公示方法，将商标权状况以一定的物质形式表彰于外，让第三人知晓商标权的归属及范围大小，"据此得以透明，以期交易的确实"。不动产物权的公示方式为登记，动产物权的公示方式为占有，而商标权的公示方

[①] Arthur R. Miller and Michael H. Davis, *Intellectual Property: Patents, Trademarks and Copyrights*, St. Paul Minn.: West Publishing Company, 1990, p. 154.

[②] 刘春田：《民法原则与商标立法》，《知识产权》2010 年第 1 期；刘春田：《知识产权作为第一财产权利是民法学上的一个发现》，《知识产权》2015 年第 10 期。

法只能参照登记（注册）的方式。对于物权公示的性质，理论上存在着三种不同的学说："权利公示说""行为公示说"和"统一说"。[①] 对于商标注册的公示性质，采用"统一说"更符合商标权制度设计的初衷。商标权与物权一样也存在着静态与动态。商标权的静态，主要是指商标权的主体和权利客体，即商标权归属于谁，商标权所及的范围边界和时间边界。商标权的动态，主要是指商标权的移转、许可使用等权利的变动情况。商标权的公示不仅涉及商标权的动态安全，更涉及静态安全，两者不能偏废。如前所述，物权主要是从权利变动和继受角度来设置程序的，而商标权更关注权利的原始取得。物权客体遵循的是"一物一权"，其排他性以特定的物为界，该物只能由某个特定主体所有，第三人不能对其主张权利，而商标权客体存在可复制性，其排他性以所适用的商品种类为界，权利人不能对该标志实现绝对控制，第三人在不相同也不相似的商品上使用仍然可以主张权利。以上特性决定了在商标权领域"物上权利的公示"更具实质性的意义。商标立法首先就是要解决权利的取得以及边界问题，也即权利的归属与限制问题，因为这一问题是一切商标权法律关系的基础，并为标志使用人、相对人甚至消费者所重点关注。从这一角度来说，公示对于商标权具有建构意义[②]，尤其是在注册取得制度下，注册所发挥的权利公示作用首先保护了商标权的静态安全。在单纯使用取得制度下，如何让第三人知晓商标权人的权利信息，包括权利主体、客体和权利范围等，一直都是一个令人苦恼的问题。而随着以美国为代表的国家的商标立法对注册制度的引入，权利的公示得以实现，这一问题才真正得以解决。事实上，注册登记本身就意味着存储信息和允许公开使用这

[①] 对于物权公示，"权利公示说"认为是对物上权利的公示；"行为公示说"认为是对物权得丧变更之变动行为的公示；"统一说"则认为既是对物上权利的公示，也是对物权变动行为的公示。参见齐毅保：《论物权公示的性质和制度价值》，《中外法学》1997 年第 3 期。

[②] 梅夏英：《民法上公示制度的法律意义及其后果》，《法学家》2004 年第 2 期。

些信息。正像有的学者所评断的那样，以往主要受制于私人控制和个人记忆的那些知识产权法领域的知识，经由注册登记，具有了公共属性，并由此成为一种集体记忆或者公共记忆。[①]

自从商标权被作为一种财产权看待后，商标权的价值进一步提升，权利的转让、许可使用成为其价值实现的重要方式，商标财产的动态安全问题也就愈显突出。法律通过严格的审查程序赋予了注册一种"表面证据"（prima facie）的作用，并要求注册商标的续展、变更、转让、许可使用、撤销等重大事项均须向主管机关申请批准或备案并由其公告，从而使注册的权利公示功能再一次得以彰显。通过对注册的查询，相对人得以知晓商标权的存废、变动情况，使其既明确了交易对象又明确了商标的权属状况，有利于促进交易的开展和维护交易的安全。由此，商标注册的权利公示，既保护了商标权人在权利归属、权利范围等确认上的静态利益，又保护了"新的静态利益关系形成的流转过程及其有效性"[②]，实现了静态与动态的统一。

商标注册，又如不动产物权登记，均是国家公权干预私权的结果，均被法律赋予了表征财产权利状况的效力。而基于对国家公权的信任，两者均充当了"法律保证人"的角色，具有了公信力。依据权利公示的效果，商标权人凭借商标注册登记簿所载明的内容就足以证明其权利。原则上，该证明效果对于任何第三人都具效力。但是，商标注册与不动产物权登记相比，两者在效力上仍然存在着一定的差异。"在物权法上，因信赖不动产登记之善意第三人，已因物权行为而为物权变动之登记者，其变动的效力，不因原登记物权不实而受影响。"[③]这意味着，凡依据不动产登记所表征的权利做出的法律行为即具法律效力

[①] 〔澳〕布拉德·谢尔曼、〔英〕莱昂内尔·本特利：《现代知识产权法的演进：英国的历程（1760—1911）》，金海军译，北京大学出版社2006年版，第83—84页。

[②] 余俊：《商标注册制度功能的体系化思考》，《知识产权》2011年第8期。

[③] 谢在全：《物权法》，中国政法大学出版社2011年版，第83页。

并受到法律保护,纵然这种表征与实质权利并不符合。然而,商标注册与之存在差别。如果商标获得注册后,因法律行为发生商标权变动,对于信赖原注册的善意第三人而言,原注册的表征错误对他并不必然具有不受影响的效力。商标注册的公信力要受到一定的限制,它并不是绝对的合法性证明。原因在于,商标虽然与不动产一样都属于财产,但两者却存在着根本的区别。对于不动产而言,其系自然产品,在法律规制中重点关注的是其财产属性,只要权利人合法行使权利,一般不会对第三人的利益造成影响。然而,商标是一种制度产品,其除具有财产属性外,还具有信息传达功能,且该财产属性也是建立在这种传递商品信息功能基础之上的。另外,商标还涉及竞争秩序,影响公共道德,关乎公众交流。为此,在法律设计时自然对作为商标的标志本身以及权利的得丧变更提出了更多的要求。总而言之,标志并非是一种独立、自成的财产,只有当它与商品相联系时,才具有财产的价值并成为一种"复合财产"(compound property)。基于各种利益的衡量,相对于不动产登记,商标注册的公示效力在制度设计时实际上已被限缩。即使因为转让、许可使用等法律行为而使善意第三人获得了相应的商标权利,但这种权利也并非因为商标注册公示就必然不可动摇。实际上,即便是原始注册人,注册公示的结果也不必然表明其商标权已不容挑战;一般而言,只有符合法定的条件,并经过法定的期限(多数国家规定为 5 年),法律才赋予其商标如此之地位。

(三)秩序维持

登记注册赋予商标以"科层制财产"的属性,商标由此从私人行会的控制之下被解放出来,并被纳入公共视野。这一转变从实质上表明,国家已然走向前台,对源自商标的一些社会关系进行着法律干预和监管。原因主要在于,符号标志自从与商品相联系开始,它就不再简单地表现为一种私人产品,而是因关涉到其他人的利益,显示出公共产品的属性。不仅如此,符号还与文化相连。德国哲学家卡西尔(Cassirer)说过:"我们应当把人定义为符号的动物来取代把人定义为理性的动物。只有这样,我们才能指明人的独特之处,也才能理解对人开放的新路——通向文化之路。"① 当商标符号通过使用为公众所熟知的时候,即进入了公共话语领域,具有了文化功能。一旦商标符号进入公共领域,必然会出现不同主体的利益诉求与冲突;而当商标符号承载了文化功能的时候,也自然会遇到伦理判断与价值取舍的问题。一如有的学者所言:"商标诚为进步之因素,对社会亦属公益之表率。"② 然而,由于资本的趋利性,仅凭市场主体的自发行为不仅无法实现利益的调适与秩序的遵守,反而会造成更加无序、错乱的状态。此时,法律的干预成为秩序维持之必需,注册也随之体现出其应有的制度功能。凭借商标注册,国家摒弃了原来在商标管理上的自由放任主义,取而代之的是监督和调控。在维护公共利益的立场下,法律通过构建商标注册的合法性条件,主动为商标符号的选择划定了一些界限,甚至是列入了一些"禁忌",那些有违公共道德、会导致不当垄断以及将产生不良影响的标志,将被排除在商标注册的范围之外,以遏制不良标志对公共道德、公共文化等施加不良影响。例如,《巴黎公约》第6条之三设置了"关于国徽、官方标志和政府间组织的标志的禁例";德国《商标法》第8条规定,"违背公共政策和普遍接受的道德原则的商标""根据有关公共利益的其他规定,明显禁止使用的商标"不应获准注册,并且有"驳回的绝对理由"。我国《商标法》第10条也规定,"带有民族歧视性""有害于社会主义道德风尚"等不良性质的标志不得作为商标使用,更不允许获得注册。即使是坚持使用取得原则的美

---

① 〔德〕恩斯特·卡西尔:《人论》,甘阳译,上海译文出版社1985年版,第34页。
② 曾陈明汝:《商标法原理》,中国人民大学出版社2003年版,第11页。

国也认识到了商标注册在秩序维持上的制度价值,其《兰哈姆法》第1052条规定,如果标志包含不道德、欺骗或诽谤性内容,或含有对生者或死者、机构、信仰或国家象征有贬损或引起错误联想的内容,或包含使之蒙受鄙视或破坏其名誉的内容,则不能在主注册簿上获得注册。

(四)信息检索

如前所述,不论采用使用取得制度还是注册取得制度,商标都具有节约搜寻成本的经济功能。然而,从制度功能层面上来看,商标注册相较于自由使用在信息获取方面具有更为明显的制度优势。作为一种公共产品,信息具有生产成本高、非排他性的特点,私人往往不愿投资或者无力投资,该缺陷也就不能通过市场自身加以解决,而这一问题可能导致市场失灵,极大地影响市场效率。[1]对于商标信息而言,情况也是如此。在单纯使用取得制度下,由于商标信息分散、收集困难,加之商标权的地域性限制造成重合使用较多,商标节约搜寻成本的功能实际上没能得到更好的发挥。面对市场调节的乏力,公权的主动介入和适当干预成为一种必要。其方式就是通过"注册"这一制度的创设,搭建一个统一、权威、公开的商标信息检索平台,为公众提供有效的信息依据。商标注册制度类似于财产登记制度,而登记制度的存在,大大降低了交易的成本,尤其是获得必要信息的成本。[2]另外,这一制度还是权利推定、权利公示的基础,对于商标选用者、商标权人、市场竞争者、消费者都具有重要的意义。鉴于前文已有论述,在此不再赘述。

---

[1] 高希均、林祖嘉:《经济学的世界》(下),生活·读书·新知三联书店1999年版,第425页。

[2] 许明月、胡光志:《财产权登记法律制度研究》,中国社会科学出版社2002年版,第28页。

二、注册取得制度的属性

(一) 实体性权利与程序性权利之辨

1. 分歧概述

在注册取得制度下，通过注册获取的是一种什么样的权利，理论界存在不同的认识。一种观点认为，注册一经成功，权利人获取的就是实在的商标权，这是一种实体性权利。另一种观点则认为，商标注册给商标权人带来的不是财产性权利，而是一种程序性权利。[①] 进而有学者认为，商标注册只是一种程序机制，具有形式主义实质[②]；其作用仅是一种权利宣示，在价值上并不具有产生实质商标权的意义[③]。

2. 观点述评

一般认为，实体性权利是指"人依法享有的具有直接的实际意义的权利，它可以直接表现为一定的物质利益或精神利益"；程序性权利是指"人作为程序主体在实现实体权利或为保障实体权利不受侵犯时所享有的权利"。[④] 实体性权利是一种静态的权利，其所含涉的利益包括生命、自由、健康、人格、财产等等，体现的是人对于这些实体利益的合法拥有状态。程序性权利是一种"作为过程的权利"，关注的

[①] 该观点以李明德教授为代表，其认为这种程序性权利，或者说给商标权人带来的好处包括：推定全国有效、提供未使用商标的注册、获得反淡化保护、成为不可撤销商标、成为转让与许可的证据、获得更多的侵权救济、获得刑事救济和海关保护等八项内容。参见李明德：《商标注册在商标保护中的地位与作用》，《知识产权》2014年第5期。

[②] 付继存：《商标法的价值构造研究：以商标权的价值与形式为中心》，中国政法大学出版社2012年版，第211—215页。

[③] 董葆霖：《〈商标法〉修改的意义和应当关注的要点》，《学术论坛》2007年第4期。

[④] 徐亚文：《程序正义论》，山东人民出版社2004年版，第310页。

是实体权利如何行使、权利受到侵害时以什么样的方式来维护等内容。从工具性价值上说，实体性权利是目的，程序性权利则是手段。[①]但程序性权利仍然具有独立性，其最终目的可能是为了实现实体性权利，但却存在不直接指向具体实体性结果的情形，而本身追求的就是程序正义。因为程序性权利事关实体性权利的实现，因而学者们通常从权利救济尤其是诉权的角度来讨论该项权利。而事实上，程序性权利的范围广泛，既存在于法律程序层面，又存在于自然权利层面，甚至是作为一种基本的人权。[②]前述主张商标注册获取的权利是一种程序性权利的观点，一方面强调了注册相对于商标权取得的独立价值，另一方面也关注到了注册除了权利救济之外的更为广泛的内容。应该说，该观点站在财产权劳动理论的立场上，突出商标与商誉之间的关系，强调商标使用在权利取得中的作用，对于纠正"唯注册论"具有重要的意义。但是该观点忽略了注册取得制度下商标权的特点，存在以偏概全的缺陷。

首先，商标权是一项制度产品，注册体现的主要是一种法律技术。诚如某些学者所言，法是第二性的，以第一性的社会现实为调整对象。[③]对于商标权而言，其虽然在形式上表现为对某个商业标识在某类商品上的专有使用权，但在第一性的意义上，该权利来自于标识因实际使用所承载的商誉。抛离商誉，商标就丧失了法律保护的价值；离开了使用，商标就无法发挥所担负的功能。因而，从这一立场出发，仅进行了商标注册，而事实上并没使用的商业标识，不应算作商标，更无法谈及享有商标权。[④]单从这一角度论，使用取得制度无疑更加契合商标权在第一性上的要求，也更加符合"公正"这一普世价值观念。

---

① 王锡锌：《行政过程中相对人程序性权利研究》，《中国法学》2001年第4期。
② 丁建军：《公民程序性权利及其价值考量》，《山东社会科学》2006年第9期。
③ 李琛：《法的第二性原理与知识产权概念》，《中国人民大学学报》2004年第1期。
④ 刘春田：《商标与商标权辨析》，《知识产权》1998年第1期。

然而，法虽然要反映甚至遵照社会现实，但法毕竟是根据人的需求来建构的，而不是对社会现象的"简单描摹"。"在法的创制过程中，认识各种社会利益是法的创制活动的起点……对各种利益作出取舍和协调，是法的创制的关键。"[1]正如本书第二章所述，由于使用取得制度存在权利不确定等致命弱点，使注册取得制度在公共政策目标上占据了比较优势，而为大多数国家的商标立法所采纳。一如学者所言，作为第二性的商标立法，在建构商标权取得制度时予以了充分的技术性设计，而并未照搬第一性的社会现实。[2]因而可以这样认为，注册取得制度之所以在世界各国立法实践中被广泛采用，与其说是得益于它对第一性的社会现实的全面、真实的反映，不如说要归因于在商品经济条件下基于各种利益的取舍与协调，是将公正与效率作为双重价值目标并力图予以平衡后所做出的一种符合社会现实需求的"技术设计"。在注册取得制度下，注册固然体现了"表面证据"等程序性权利的内容，但其在制度功能上并非仅仅是为了权利的宣示，还具有权利推定的价值，而且这种权利推定恰是从权利原始取得的角度来构建的，而之所以这样构建又是由商标权的特殊性决定的。从实践来看，很多采用注册取得制度的国家的商标法也都明确规定了商品经营者通过注册来获取实体性权利。例如，巴西《知识产权法》第129条就规定，"申请人通过申请注册获得商标权。当申请人根据本法被核准注册商标权后，商标注册人被赋予在全国范围内专属使用该商标的权利"。法国《知识产权法典》第L.712—1条规定，经由注册取得商标所有权。德国《商标法》第4条也将商标注册作为商标受保护的原因之一。日本《商标法》第18条第（1）项规定，"商标权经设定注册而生效"。从这些国家的法律实践来看，不管其法律赋予未注册商标何种地位，但对于商

---

[1] 孙国华、朱景文：《法理学》，北京大学出版社1995年版，第67页。
[2] 彭学龙：《寻求注册与使用在商标确权中的合理平衡》，《法学研究》2010年第3期。

标因为注册而取得实体性权利是充分肯定的。就我国而言，注册取得商标权已然是历史传承，现行《商标法》仍然贯彻了这一原则。注册取得原则，尤其是纯粹的注册取得原则固然存在一定的缺陷，但商标权的特殊性以及注册取得制度所具有的比较优势，决定了商标权取得的正当性基础不能仅依靠洛克的财产权劳动学说。功利主义的考量从另一角度为注册取得权利提供了支持，这也是大多数国家坚持注册取得制度的原因所在。因而，在注册取得制度下，绝不能因为商标注册能够取得程序性权利，或者说注册取得实体性权利存在瑕疵，就要否定注册制度在取得实体性权利中的作用。

其次，从内容来看，商标权包括使用权和禁止权。使用权是指商标权人在核定使用的商品中使用核准注册的商标的"专用权"，又被称为商标权的积极权能。禁止权是指商标权人拥有禁止他人将与自己注册商标相同或者近似的标志使用于同一或者类似商品上的权利，又被称为商标权的消极权能。在注册取得模式下，商标一经注册，即使未曾使用，商标所有人也能获得这两项权能，其他商品经营者就有义务合理避让法律为该商标预留的空间，不与商标所有人的权利相冲突。使用权与禁止权是商标权不可分割的两个方面，其中使用权是基础，禁止权是保障。一般认为，使用权是一种实体权，禁止权是一种请求权。然而，从制度功能上看，请求权首先是实体法上的权利，其次才是实体与诉讼的桥梁。[1]受商标自身特性和功能的影响，商标所有人更关注商标的禁止权。世界知识产权组织也指出，商标的来源区分基本功能决定了商标权人必须享有制止商标混淆性使用的权利，以防止消费者被误导，这也正是注册所赋予的商标专用权的本质。[2]有趣的是，与著作权和专利权相比，商标权的特征在于"专用权"与"禁止权"的范围并不一致，后者的范

---

[1] 王洪亮，《实体请求权与诉讼请求权之辨——从物权确认请求权谈起》，《法律科学》2009 年第 2 期。

[2] WIPO, *Intellectual Property Reading Material*, 2 ed., 1998, p. 79. 转引自孔祥俊：《商标与不正当竞争法：原理和判例》，法律出版社 2009 年版，第 39 页。

围远大于前者。①造成这种状况的原因，直接来自于各国对商标权人禁止权的法律规定。而这种规定与注册制度的引入不无关系。因为只有注册制度才使商标权人的权利范围得以明确限定，商品分类才具有实质性的意义，扩大了的禁止权的行使才真正有了保障。为了弥补纯粹注册取得原则忽视未注册商标保护的缺陷，采用注册取得制度的国家纷纷赋予了在先使用的未注册商标一定的使用权，而其禁止权却受到了限制。禁止权是一种实体性权利，它的产生与注册制度不能说没有关系。

第三，在单纯使用取得原则下，商标只有真实使用在具体商品上才能使商标权人取得财产性权利，而且这种权利受到使用地域的限制。这就意味着，如果他人在乙地将相同的商标使用在相同商品上，由于甲地的商标权人没能获得在乙地的实体性权利，他也就没有权利禁止乙地的使用。但注册制度使这一现象得以彻底改变，其使商标权的地域效力延伸至全国范围，即使商标权人没有在某一区域使用过该商标，但他仍然依据注册获得了在全国范围内的排他性使用权。注册的这一作用还为使用取得制度的代表——美国——所借鉴，其《兰哈姆法》第1057条（c）款也规定，"一个商标的注册申请应构成对该商标的推定使用，授予其在注册的商品或服务上全国有效的优先权，以对抗其他人"。不仅如此，美国在1988年《兰哈姆法》修改中还新增添了"意图使用"这样一种申请注册的方式。尽管该种申请最终获准注册仍然离不开商标的真正使用，但根据《兰哈姆法》第1051条（d）款的规定②，注册申

---

① 王迁：《知识产权法教程》，中国人民大学出版社2009年版，第446页。
② 依照《兰哈姆法》第1051条（d）（2）款的规定，意图使用的申请人在收到专利商标局的准许通知书之日起的6个月内应当提交该商标已在商业中使用的宣誓声明，但6个月期满前，若申请人提出书面请求，专利商标局局长可将提交声明的期限延长6个月。除上述规定的延长期限外，若申请人的理由充分，专利商标局局长还可根据申请人的书面请求再次延长期限，但累计不得超过24个月。这样一来，意图使用的申请人从理论上说就可以获得不超过3年的期限来决定是否实际使用该商标。如此看来，这实际上与我国所采用的注册取得与注册后3年不使用撤销相结合的制度已非常接近。

请人可以获得累计不超过 36 个月的准备期限，而且一旦获得注册，根据《兰哈姆法》第 1057 条（c）款的规定也能获得全国优先权。从某种意义上说，美国商标法中的这些规定也如同采用了注册取得制度。正因为如此，有学者甚至认为："美国并不是纯粹的使用产生权利，而是使用与注册产生权利并存。"[①] 另外，注册对于驰名商标而言还具有特别的意义。依据《巴黎公约》第 6 条之二的规定，驰名商标的权利范围边界仅及于"用于相同或类似商品上"，但《TRIPS 协定》第 16 条第 3 款的规定却将注册的驰名商标的权利范围边界拓展到"不类似的商品或服务上"，即驰名商标因为注册而实现了"跨类保护"，或者说是"反淡化保护"。总之，注册扩大了商标权的权利范围，而这种权利无疑是实体性权利，而非论者所称的程序性权利。

综上，在注册取得制度下，否认注册能够取得实体性权利，实际上就否认了注册取得原则与使用取得原则之间的制度区别，并不符合相关国家商标法的现实逻辑，在理论上也存在诸多值得商榷之处。

（二）"授权"与"确权"之辨

1. 分歧概述

在注册取得制度下，要取得商标的专用权，必须经历一个先由行为人提出申请，再由商标主管行政机关审查、公告，并颁发权利证书的过程。这一过程是政治国家与民事主体互动的过程，其中政治国家的代表——行政机关——扮演了重要的角色，它最终决定着某个标志能否获准商标注册，从而决定了民事主体对某个标志是否享有被称为"商标专用权"的民事权利。在"注册—权利"的语境中，如何理解注册的本质，换言之，权利的取得与行政机关是何关系，成为一个

[①] 谢冬伟：《中国商标法的效率与公平》，立信会计出版社 2012 年版，第 15 页。

众说纷纭的问题。

针对这一问题,理论界出现了"授权说"与"确权说"的观点分野。授权说又可以分为绝对的授权说与相对的授权说。绝对的授权说认为,商标注册纯粹是一种国家授权行为,与注册之前商标是否实际使用没有任何关系,因而并非是对事先已经存在的商标权利的确认;行政机关核准商标注册的行为也非行政确权,而是"授予"或者说是"创设"商标专用权的行为。即使某商标在核准注册前已经实际使用,甚至具有了一定影响,其被核准注册依然属于授权行为,其所获取的在全国范围内有效的商标专用权与原来的使用无关,行政机关所颁发的权利证书并非是对现存或者先验权利的反映性确认。[①] 相对的授权说认为,商标专用权虽然最终出自国家的授权,但与商标的使用也存在一定的关系。该观点将知识产权产生的法律事实区分为民事主体的创造性行为与国家机关的授权行为,前者是权利取得的"源泉"(source),后者是权利产生的"根据"(origin)。由于知识产品的非物质性,民事主体不可能仅靠创造性行为就能有效地取得权利,而必须依靠国家法律,通过主管机关审查批准后授予专有权。[②] 根据该观点,在商标专用权的取得中,所谓的创造性行为应当理解为商标的使用行为,它是权利取得的基础,而商标主管行政机关的注册行为也至为关键,没有其授权就不能成就法律上的权利,此为权利取得的最终依据。

相反,确权说认为,商标专用权是民事主体自己创设的权利,具

[①] 孔祥俊:《商标的标识性与商标权保护的关系——兼及最高法院有关司法政策和判例的实证分析》,《人民司法·应用》2009年第15期。相似观点可参见袁博:《商标俗称的法律保护途径——"索爱"商标争议案评析》,《中华商标》2012年第5期;张捷:《注册商标公示的法定性探讨——兼论商标注册的证明力》,《人民司法·应用》2014年第21期。

[②] 吴汉东:《关于知识产权本体、主体与客体的重新认识》,《法学评论》2000年第5期。在该文中,吴汉东教授虽然是从知识产权原始取得的总体角度进行论述,没有直接论及商标权的取得,但其所指的知识产权明确包括了商标权。虽然他还认为并非所有的知识产权都属于国家授权,但只将著作权、商业秘密权和产地标记权明确予以了排除。

体又可以分为典型的确权说和特殊的确权说。典型的确权说认为，商标权保护的实质是商誉，而商标凝结商誉的过程正是商标使用的过程。真正导致对于某个商业标志予以商标权保护的原因在于它所蕴涵的创造性劳动，而非行政机关做出的行政行为。商标权的取得绝非源自法律，但因商标权具有垄断性，法律只是对权利取得额外规定了一些调控、干预的条件。行政机关的核准注册对商标权的取得并无实质性影响，其只是体现了对民事主体享有商标权这一法律事实的确认。[1] 特殊的确权说认为，商标专用权实质上来源于使用而非注册，但注册扩大了原有的权利范围，并使权利无争议得以可能。因此，商标注册行为并不是一种典型的行政确认行为，而是与行政确认具有共同的本质，是对既存事实的确认，并非凭空创设权利。[2]

对于行政机关的核准注册行为，学者们又试图从行政法的角度予以揭示，由此也产生了观点分歧。其中有一种观点认为，注册行为不属于行政行为。理由是，商标权属于私权。为了使民事主体所选商业标记不与他人的权利相冲突，有必要建立一套检索、确认和公示机制。这一职能开始是由行会履行的，随着现代登记制度的设立，国家借助行政手段参与其中。但从法律性质上说，这并非意味着公权介入私权领地，商标权的确立并不取决于政府的参与，政府只是充当了有社会公信力的机构的角色。其在核准注册中只是利用了行政机关的身份和名义而已，其行为在性质上纯属于依据民事法律的规定审查、确定和公示民事权利，法律并未赋予其行使行政行为的空间。[3] 但大多数学者认为核准商标注册的行为属于行政机关实施的一种具体行政行为，只是在具体归类上存在行政确认与行政许可的不同认识。依据我国《行政许可法》第2条的规

---

[1] 沈俊杰：《商标局核准注册商标行为定性之争——是商标授权，还是商标确权》，载黄武双主编：《知识产权法研究（第10卷）》，北京大学出版社2013年版，第250页。

[2] 郑其斌：《论商标权的本质》，人民法院出版社2009年版，第153—155页。

[3] 刘春田：《民法原则与商标立法》，《知识产权》2010年第1期。

定，行政许可是指行政机关根据行政相对人的申请，经依法审查，准予其从事特定活动的行为。特定活动的从事之所以需要获得行政机关的许可，是因为这些活动存在着"法律上的一般性禁止"，在获得许可之前无法得到法律的支持。通说认为，行政确认是指行政机关依法对有关法律事实或者法律关系进行审核、鉴别，以确定、认可、证明等方式对行政相对人的法律地位、权利义务予以认定的行政行为。行政许可是一种授益行为，行政相对人因许可而获得了从事特定活动的权利或资格，而"行政确认不直接创设新的权利义务或者法律关系"。[①] 行政许可的法律效果具有后及性，但无前溯性，而行政确认的法律效果却具前溯性。[②] 总之，两者的重要区别体现在，行政许可的结果是赋予新权利，而行政确认仅是对既有权利的认证与宣告。

在行政法的语境中，前述授权说与确权说分别可以找到各自的代表。其中，行政许可符合授权说的核心思想，"是唯一可以代表'授权说'观点的法理依据"[③]。而"确权说"正是行政确认法理思想的体现。由此，授权说与确权说之争也就自然转化成了"行政许可说"与"行政确认说"之争。

2. 观点述评

首先，行政机关的核准注册行为应当属于行政行为。理由是：第一，核准注册行为目前在大多数国家还是一项必须由商标行政主管机关行使的公权力。[④] 注册制度本质上是一种登记制度。诚如论者所言，

---

① 马怀德主编：《行政法与行政诉讼法》，中国法制出版社 2010 年版，第 194 页。
② 罗豪才、湛中乐主编：《行政法学》，北京大学出版社 2012 年版，第 217 页。
③ 沈俊杰：《商标局核准注册商标行为定性之争——是商标授权，还是商标确权》，载黄武双主编：《知识产权法研究（第 10 卷）》，北京大学出版社 2013 年版，第 249 页。
④ 在全球化的推动下，商标的核准注册也存在着借鉴美国"公众专利评审"制度的可能，呈现出私营化、去行政化的苗头。果真如此的话，商标的核准注册也就真的可能不再属于行政行为了。参见杜颖、王国立：《知识产权行政授权及确权行为的性质解析》，《法学》2011 年第 8 期。

这项制度最初是由行会行使的，并仍然可以由具有公信力的社会中介机构来承担。但是由于这项制度具有社会治理功能，而为政治国家所青睐。政治国家的接手使事情发生了变化，登记制度在一定程度上成了公权力通往私人交易生活的"权利引流器"，是国家权力植入社会交易生活的一个"楔子"。[1]从而，登记也就成为公法上的行为[2]。在商标法领域，核准注册作为公权已实际介入到私权领地，尤其是在采用注册取得制度的国家，行政机关的核准已实实在在地影响着商标权的取得。在核准的过程中，商标注册申请人虽然也积极参与其中，但最终决定仍然体现的是行政机关的意志。第二，核准注册行为是国家行政权力的一部分，体现出一定的强制性。作为法律的一种实施方式，行政行为是法律在相应领域、事项上的表现，其强制性正体现了法律的强制性。[3]此种强制性，对行政主体而言表现为作意思表示的法定性，而不以意思自治为原则；对行政相对人而言表现为其不予配合就会导致强制执行或者无法获得权利。在商标核准注册中，商标行政主管机关必须依照法律规定的条件、标准、形式、程序等实施审查、核准行为，其所呈现的强制性自不待言。对于商标注册申请人而言，各国法律均规定了注册商标的构成要素、显著性要求、禁止注册之情形、注册的具体程序、争议的解决方式等等，申请人必须按照法律的规定提交符合条件的申请，否则他想获取的商标专用权就无法得到法律的认可，由此也体现出了强制性。以上特征均显示出商标核准注册行为属于具体行政行为，也正是基于此，很多国家还专门构建了商标授权确权的具体行政程序。

其次，对于核准注册行为的性质，之所以出现是授权还是确权，

---

[1] 李凤章：《登记限度论——以不动产登记制为中心》，法律出版社2007年版，第21页。
[2] 王泽鉴：《民法物权·第1册，通则、所有权》，中国政法大学出版社2001年版，第79页。
[3] 姜明安主编：《行政法与行政诉讼法》，北京大学出版社、高等教育出版社2005年版，第177页。

抑或说是属于行政许可还是行政确认的争议，其原因在于商标权自身的复杂性，观点分歧的缘由在于论者所持的不同立场。

持"行政确认说"者认为，商标权在注册之前就已因使用而存在，商标注册仅是对已经产生的市场利益的法律确认。[①]商标的财产属性虽然体现于商标符号，但又不是符号本身，符号只是外衣，真正有财产价值的是其所隐含的商誉。商誉才是商标被视为财产，最终成为权利，并被法律保护的真实原因。商标使用的意义之所以为各国商标法所一再强调，也正是源于它们均认同商标唯有使用才会承载商誉，而唯有承载商誉才有保护必要的基本伦理价值观念。以上观点多是站在自然权利立场上的，它们从商誉出发，将使用作为商标权取得的基础，无疑具有理论上的伦理道德优势。但也不能因此而忽略在商标权取得问题上的功利主义考量。如前所述，对于商标权取得的正当性，自然权利观念只能提供有限的论证，商标注册是带有明显建构痕迹的制度安排，该制度下的商标专用权很难以自然权利观念予以证成，而有赖于功利主义的视角。[②]在大多数采用注册取得制度的国家中，通过行政机关的注册，申请人能够取得商标权利是一项不争的事实。同样，我国商标法也未将实际使用作为商标注册的前提和基础，注册却成为获得商标专用权的首要方式。依据行政法的理论，行政确认并不创设新的权利义务，而只是对业已存在的权利的认证与宣告。"行政确认说"对于多数国家通过注册赋予未使用商标以权利这一现象并不能给予圆满

[①] 徐家力：《〈商标法〉的定位反思》，载中国社会科学院知识产权中心、中国知识产权培训中心编：《〈商标法〉修订中的若干问题》，知识产权出版社 2011 年版，第 27 页。相似观点参见阳平：《商标行政授权行为是一种"备案"》，《中华商标》2004 年第 7 期；杜颖、王国立：《知识产权行政授权及确权行为的性质解析》，《法学》2011 年第 8 期。

[②] 徐家力：《〈商标法〉的定位反思》，载中国社会科学院知识产权中心、中国知识产权培训中心编：《〈商标法〉修订中的若干问题》，知识产权出版社 2011 年版，第 27 页。相似观点参见阳平：《商标行政授权行为是一种"备案"》，《中华商标》2004 年第 7 期；杜颖、王国立：《知识产权行政授权及确权行为的性质解析》，《法学》2011 年第 8 期。

的解释。有观点认为,行政机关是对商标申请这一民事法律行为的行政确认,具体来说就是确认商标申请是否符合商标注册的条件。[1]该观点似乎为"行政确认说"找到了新的确认对象的支撑,但行政确认的目的并非是为了评判行政相对人是否实施了某种行为或者行为本身如何,而是要确定行政相对人是否具备某种法律地位,是否享有某种权利,应否承担某种义务。就商标注册而言,其目的是要确定申请人是否享有商标权利,而非仅评判商标申请行为本身。姑且不论该观点所得出的"注册商标权产生于商标申请这一民事法律行为"的结论是否妥当,事实上它已严重偏离了"行政确认说"的初衷。并且,从商标专用权的内涵看,它包括使用权和禁止权。但相对于使用权,商标权人更看重的是禁止权。在注册取得模式下,商品经营者虽然可以自由拣选和使用商标,但在全国范围内的禁止权却是通过注册获取的。而且这种禁止权已远远超过了他所使用的标志本身,他人使用近似的标志如果有造成消费者混淆之虞,也在被禁之列。这种实体性权利是未注册商标持有人所不具有的,这绝非是对既有权利的确认,而是一种新权利的授予。[2]

客观地说,"行政确认说"以自然权利理论作为商标权取得的理据,占领了道德的制高点;而"行政许可说"以功利主义理论论证商标权取得的价值选择,具有实证法的依据。如果说"行政确认说"奉行的是理想主义,那么"行政许可说"遵循的就是现实主义。由于所处的立场、角度不同,不宜对两种观点做出孰优孰劣的评判。然而,对于商标注册取得制度的型构,两种观点都有适用的空间。从实证法的角度上来说,现今商标法对商标权的取得大体可以分为使用取得与注册取得两种模式。美国《兰哈姆法》是使用取得的代表,其与采用

---

[1] 冯术杰:《论注册商标的权利产生机制》,《知识产权》2013 年第 5 期。
[2] 唐艳、王烈琦:《对知识产权行政授权行为性质的再探讨》,《知识产权》2015 年第 1 期。

注册取得制度的商标法之不同在于，注册不是创设新的权利取得路径，而是对通过使用业已产生的普通法上的商标权予以制定法上的确认。[①]这与论者所称的行政确认不谋而合。如果否认注册取得模式下的注册能够取得新的实体性权利，也就抹杀了两种模式之间的制度区别，这是不符合客观实际的。另外，商标常常被描述为是一种垄断[②]，商标权在历史上更被称为"特权"。而这种"特权"是以国家为基础的、受规则支配的干涉他人的消极自由的特权，或者称为抑制自由的特权。[③]商业标志来自于公共领域，本来大家都有使用的自由，任何人不得垄断，这应当是"法律上的一般禁止"，但是由于商标可以区别产品的来源，基于功利的选择，法律允许符合条件的人垄断使用，这不就是一种"解禁"吗？对于"行政确认说"而言，其强调使用的作用，这无疑切中了注册取得的命脉。注册取得制度所存在的问题都与"使用"有关，对其所进行的改革也多围绕着"使用"展开，从该意义上说，"行政确认说"为注册取得制度指明了优化的方向和路径。并且，行政许可与行政确认虽然存在区别，但也存在现实的关联性：有时同一行为既有行政许可性质又具有确认性质；有时行政确认是许可的前置程序，这种情况下的确认是准行政行为；有时确认是基于已完成许可的授权。[④]对于商标核准注册行为来说，其本身就具有区别于一般具体行政行为的特殊性。既承认商标注册的赋权性质，又强调注册后商标的实际使用，恐怕才是注册取得制度发展、完善的正确道路。

---

① Arthur R. Miller and Michael H. Davis, *Intellectual Property: Patents, Trademarks and Copyright*, St. Paul Minn.: West Publishing Company, 1990, pp. 153-154.

② 参见 Artype, Inc. v. Zappulla, 228 F. 2d 695, 696-697 (2d Cir. 1956)。

③ 〔澳〕彼得·德霍斯：《知识财产法哲学》，周林译，商务印书馆 2008 年版，第 221 页。

④ 罗豪才、湛中乐主编：《行政法学》，北京大学出版社 2012 年版，第 216 页。

第四章　商标权注册取得制度的运行机理

> 我们有必要把一个制度确定各种权利义务的基本原则,与如何为了某些特定目标而最好地利用这个制度的策略和准则区别开来。[①]
>
> ——约翰·罗尔斯

一、注册取得的要件

(一) 商标构成要素

1. 构成要素的设定

如本书第三章所述,商标注册取得制度具有秩序维持功能,采取设置商标注册合法性要件的方式,主动为商标符号的选择划定了界限。基于这一逻辑进路,采用注册取得制度国家的商标法一般都要首先设定商标的构成要素。对构成要素的设定主要考虑了以下三个因素。

第一,是否能为消费者所感知。商标的意义主要在于其具有识别商品来源的功能。商标功能实现的前提是消费者能够感知、记忆用作

---

① 〔美〕约翰·罗尔斯:《正义论》,何怀宏等译,中国社会科学出版社1988年版,第56页。

商标的标识，由此可感知性自然也就成为商标构成要素的首要条件。

第二，是否会造成不适当的垄断。商标权在一定意义上是对特定符号的垄断使用权，而这些符号均来自于"公共领地"。注册取得制度在设定商标构成要素时必须考虑私权与公益的利益平衡，如果某一构成要素为他人垄断必然会损害公众利益或破坏竞争秩序，该要素的使用就应受到一定的限制。有些国家否认单一颜色的可注册性，也正是主要基于这种考虑。

第三，是否适合登记注册。权利公示、信息检索均是注册取得制度的重要功能，而其实现的前提在于注册制度能够将相关标识登记在册，便于社会公众检索和查询。如果构成要素或其组合无法登记在册，注册取得也就失去了证据依托，这种构成要素也就无法成就注册取得制度上的所谓商标。

对于商标的构成要素，各国商标法的规定大体一致，但又有所区别。英国《商标法》要求商标是能够以图示表示的标记，尤其是由文字（包括人名）、图形、字母、数字、商品形状或商品包装构成。日本《商标法》将商标限定为文字、图形、符号、立体图形或其组合或其与色彩的组合。法国《知识产权法典》将商标限定为可用书面表达的标记，主要包括：各种形式的文字、音响标记、图形标记。意大利《商标法》也规定，凡可以用图形表现的新标识，尤其是文字（包括人名）、设计、字母、数字、声音、商品形状或商品包装的形状、颜色组合或色调，均可作为商标注册。德国《商标法》却规定，任何标记，尤其是文字（包括人名）、字母、图样、数字、声音标志、三维图形（包括商品或其包装的形状）以及其他包装（包括色彩或色彩的组合），均可作为商标获得保护。而印度《商标法》明确禁止注册化学元素名作为商标注册。

商标观念的嬗变和科学技术的发展深刻地影响商标构成要素的范围。总体来看，商标经历了从平面到立体再到商业外观，从商品商标到服务商标，从传统商标到非传统商标，从普通商标到特殊构成商标，从物理空间到网络域名的多元演进。① 而每一种演进背后都隐藏着观念变化和科技进步对商标构成要素影响的影子。其中最为典型的例子是，相关国家对声音和气味能否作为商标构成要素的态度转变。在传统的观念中，商标必须具有可视性，因而不承认视觉感知以外的要素的可注册性，主要原因在于担忧可视性以外的要素不易登记与识别。但是随着科学技术的发展，用于记录、识别声音和气味的声谱图、气相色谱分析等技术的出现，使以上令人担忧的难题和障碍得以化解。另外，非视觉商标迎合了现代商业所追求的轰动性和差别化效应，使其成为一种时尚的选择。于是，非视觉商标得到越来越多国家的承认。例如声音商标在前述法、意、德等国商标法中均得到了明确的认可，气味商标在澳大利亚《商标法》中也得到承认。TPP还明确要求不能以视觉上的可感知性作为注册的条件，也不能以仅由声音构成为由而拒绝商标注册，并应尽最大努力注册气味商标。但一国的商标构成要素终究要受到本国商标观念的影响，各国均有权基于本国的实际自主决定其具体内容。《TRIPS协定》就规定，成员国可要求把"标记应系视觉可感知"作为注册条件。例如，日本《商标法》实际上就限定商标只能由可视性要素构成。我国的商标构成要素也经历了一个变化的过程：在1982年《商标法》中构成要素仅限于文字、图形或者其组合，2001年《商标法》拓展为"可视性标志"，2013年《商标法》进一步拓展为"任何标志"。其中，通过《商标法》的第三次修改，我国的商标构成要素范围已与国际发展的总体趋势基本吻合，但这之中也贯穿着自身实际的考量。具体表现在，一方面，删除了可视性的要求，拓宽了可注册为商标的要素范围，顺应了商标构成要素不断扩张的国际趋势；另一方面，明确规定增加的要素仅

---

① 杜颖：《社会进步与商标观念：商标法律制度的过去、现在和未来》，北京大学出版社2012年版，第57页。

限于相对成熟、可行的声音,而没有全部接纳所谓的新型商标,兼顾了我国经济生活的实际需要及可操作性。这正反映出我国《商标法》对商标构成要素问题既开放又谨慎的态度。[①]

2. 单一颜色的可注册性

颜色作为商标的构成要素,被多数国家的商标法予以明确肯定。但对于单一颜色的可注册性,各国却态度不一。例如,法国、意大利均强调颜色的排列、组合或色调才能获得商标注册,日本甚至要求色彩必须与其他要素相组合才能注册为商标,但德国、澳大利亚等国却对颜色如何注册为商标没有限制,实际上认可了单一颜色的可注册性。欧洲法院在案件审理中也承认单一颜色的可注册性,只是认为单一颜色没有经过使用就具有显著性的可能性非常小。[②]

美国对单一颜色商标的态度经历了一个曲折的过程。美国法院早期对此一直持否定的立场,所形成的代表性观点主要有颜色用尽(或者匮乏)理论、色差混淆理论、颜色功能性理论等。美国最高法院于1995年在"Qualitex Co. v. Jacobson Products Co."案[③]中详细分析了注册保护单一色颜色商标的利弊得失,认可单一颜色能够作为受注册保护的商标,从而解决了在该问题上长期存在的分歧与争论。对于颜色用尽理论,美国最高法院认为,这只是基于偶然发生的情况所做出的推理,在大多数情况下,其他人都可以找到替代颜色。即使出现了所谓颜色可能用尽的情况,功能性原则也会发生作用,以阻止某一颜色被独占使用。美国最高法院否认在判断混淆时颜色具有特殊性,认为在判断文字商标混淆时法院也会遇到相似的棘手问题,颜色并不是特例。美国最高法院还认为,功能性原则对颜色注册为商标不构成绝对

[①] 金武卫:《〈商标法〉第三次修改回顾与总结》,《知识产权》2013年第10期。
[②] Libertel Groep BV v. Benelux Merkenbureau (Case C-104/01) (2004) FSR 4, 65.
[③] Qualitex Co. v. Jacobson Products Co., 514 U. S. 159 (1995).

障碍，因为多数情况下颜色的作用是非功能性的。如果颜色的确是商品所呈现出的天然属性，或者颜色会影响商品的成本或质量，那么就不应当允许经营者通过注册来独享该颜色。但这种情况也属于偶然发生的情况，即使出现也可由功能性原则来排除，而不应以此否定单一颜色的可注册性。至此，美国最高法院实际上完全否定了上述支撑单一颜色不具有可注册性的三种代表性理论。

事实上，我国学界认为单一颜色不可注册的观点也主要是基于上述三种理论。例如，在我国《商标法》第三次修改时本来曾经考虑增加单一颜色商标，但由于有意见认为单一颜色种类有限，允许申请注册会造成对某一颜色的使用垄断，妨碍其他经营者的正常使用，因而最终未能直接认可单一颜色的可注册性。[1] 论者们的担忧不是完全没有道理，但他们忽略了商标构成要素最终要成为注册商标还需要接受"显著性"和"非功能性"的审核，而"显著性"和"非功能性"的制度设计能够有效地维护自由竞争和公共利益。因而，没有必要为这些似是而非的担忧而否定单一颜色的可注册性。好在我国《商标法》第8条关于商标构成要素的开放性规定，为单一颜色注册为商标留下了可以适用的空间。但对单一颜色商标"非功能性"规定的缺失，确实需要加以弥补。

（二）显著性

1. 显著性与可注册性

商标的最基本功能是识别商品的来源，保护商标的出发点与落脚点正在于其来源识别功能。显著性是商标的本质属性，也是注册取得制度具体运行时必须考察的核心问题。《巴黎公约》明确规定，对缺乏显著特征的商标，可以拒绝注册或使之无效。《TRIPS协定》也明确要

---

[1] 金武卫：《〈商标法〉第三次修改回顾与总结》，《知识产权》2013年第10期。

求,标记或标记组合只有具有来源区分作用,才能获得商标注册。在采用注册取得制度的国家中,商标法有关商标的定义,都将标记的区别功能予以重点强调。不仅如此,很多国家的商标法还专门提出了显著性的要求。例如,法国《知识产权法典》第 L.711—2 条对缺乏显著性的标记予以了排除;英国《商标法》第 3 条规定,显著性的缺乏构成拒绝商标注册的绝对事由;我国《商标法》第 11 条同样也将欠缺显著性的标志排除在可注册范围之外。

关于如何判断标志的显著性,各国商标法均无明文规定,通常由实践规则来解决。在实践中,判断一个标志是否具有显著性,首先要考察标志与商品之间的联系。总体来说,联系越紧密,显著性越弱;反之,则显著性越强。另外,要将标志作为一个整体来判断,即使某个构成要素不具有显著性,但如果各要素的组合能够产生识别作用,也应认定具有显著性。标志的目标人群,即相关公众关于标志的认知对显著性的判断也具有重要的影响。有些商品只针对特定的消费人群,对该商品标志显著性的判断也应以该特定人群的认知为主要依据。事实上,此处所言的相关公众的认知并非是其实际认知,而只是审查人员的主观判断,且这种判断还是对相关公众未来反应的预先推测,由于缺乏客观、真实的市场调查结果做支撑,因而难免会出现差错。有鉴于此,采用注册取得制度的国家一般都会另外设置异议程序、无效(或撤销)程序来加以弥补。

2. 描述性标志的显著性

根据商标与所标识商品的关系,通说将商标标识分为臆造性标志、任意性标志、暗示性标志、描述性标志和通用标志五种类型。[①] 一般认

[①] 该分类源自 1976 年美国第二巡回法院的亨利·弗兰德利(Henry Friendly)法官。参见 Abercrombie & Fitch Co. v. Hunting World, Inc., 537 F. 2d 4 (2d Cir. 1976)。

为，由前三类标志构成的商标本身即具有显著性，无需经过使用即可获得注册。而描述性标志由于仅描述了商品的功能、质量、成分、用途等特征，消费者不会将其与特定的商品来源相联系，无法起到识别来源的作用，即不具有内在的显著性，因而不能获得注册。另外，描述性标志通常是经营者在商业活动中用来说明自己商品的词汇，如果允许个人仅以申请在先而予以垄断，有失公允，不予注册也是商标显著性审查中公共利益原则的要求。但是描述性标志经过长时期、大范围的使用，可以获得"第二含义"。所谓"第二含义"是指对商品的名称、质量、图形、原料、用途、功能、数量等特点予以直接表达的描述性标志，经过商品经营者的长期使用后，产生了不同于原描述性含义的新含义，从而具有了商品来源区分功能。[①] 具有了"第二含义"也就取得了显著性，能够起到识别来源的作用，也就具备了注册的基础条件。由此，各国商标立法在将描述性标志纳入拒绝注册事由的同时，均认可其在经过使用获得显著性后可予注册，以体现对使用者投资付出的尊重。例如，德国《商标法》第 8 条第 3 款规定，在注册日之前描述性标志因使用而成为所申请商品在相关商业领域内的区别性标志的，可以获得商标注册。日本《商标法》第 3 条第 2 款规定，虽然属于前款规定的描述性标志，但如果消费者依据这些标志的使用结果能够区分出其是特定主体之商标时，可以获准注册。我国《商标法》第 11 条对此也做了相似的规定。[②]

3. 通用标志的显著性

对于通用标志能否像描述性标志一样获得注册，存在不同的认识。

[①] 张耕：《试论"第二含义"商标》，《现代法学》1997 年第 6 期。
[②] 我国的商标立法原来对"第二含义"持否定态度，在 1982 年《商标法》及 1993 年的修订中均明确规定，"直接表示商品的质量、主要原料、功能、用途、重量、数量及其他特点的"不得作为商标标志使用，直到 2001 年修订中才承认这些标志可以通过使用获得显著性。

有学者认为，通用标志非但不存在固有的显著性，也不能经由使用获得显著性，如果允许注册反而会产生反竞争的效果。[1]也有学者认为，通用标志能否具有商标意义，取决于其两种"指代"（生产者与产品）在消费者那里的博弈，如果在消费者的认识中产品的概念很弱，生产者的概念很强，则通用名称具有商标意义。[2]但是，当通用标志充满商标意义时，该标志的通用含义就会停止。[3]各国商标立法对待该问题的态度迥异。法国《知识产权法典》第L.711—2条、英国《商标法》第3条和意大利《商标法》第19条规定，在提交注册申请之日前已经因使用而获得显著性的通用名称可以作为商标注册。但日本《商标法》第3条和韩国《商标法》第6条则均将通用名称排除出使用获得显著性的情形。美国《兰哈姆法》第1052条在明确描述性标志能够通过使用获得"第二含义"而进行注册的同时，未对通用标志进行类似规定。我国的立法态度存在一个转变的过程。1982年、1993年《商标法》均在第8条规定，通用名称不能作为商标使用。而2001年、2013年《商标法》均在第11条规定，通用名称经过使用倘若具有了显著性，也准许作为商标注册。

通用名称经由使用获得显著性的可能性，至少从理论上说是存在的。另外，对通用名称的界定并没有一个绝对明确的标准。以我国为例，虽然2005年《商标审查及审理标准》中规定通用名称是指国家标准、行业标准规定的或者约定俗成的商品的名称，包括全称、简称、缩写、俗称，但具体认定并非简单明了。尤其是对约定俗成的名称而言，是否构成通用名称更多依靠的是主观判断，其中消费者的判断更是必须考虑的内容。从这个意义上说，一些国家的立法之所以采用肯

---

[1] 邓宏光:《商标法的理论基础——以商标显著性为中心》,法律出版社2008年版,第32页;文学:《商标使用与商标保护研究》,法律出版社2008年版,第20页。

[2] 杜颖:《通用名称的商标权问题研究》,《法学家》2007年第3期。

[3] J. Thomas McCarthy, *McCarthy on Trademarks and Unfair Competition*, New York: Clark Boardman Callaghan, 2008, §12: 51.

定的态度正反映出其逻辑上的严谨性。当然，否定者担心的问题确实也是存在的。不过好在这一问题在实践中并不突出，因为"通用名称几乎是不可能通过使用而产生'第二含义'，从而获得显著性的"。①

4. 显著性的丧失

商标的显著性并非一成不变。正如霍姆斯所云："语词并非晶体般通透且稳定，其仅是现实思想的外衣，会随着语境和时间的变化而不断变换色彩与内容。"② 商标的显著性也是如此，它既可以因为正确使用而在市场中获得和强化，也可以因为不当使用而在市场中退化或丧失，这一切均取决于消费者的认知和评价。商标显著性丧失的最终表现是原本用来区分来源的标志蜕化成了该种商品自身的代称，也即成为所标识商品的通用名称。历史上，这类事例多次上演。如"Aspirin"（阿司匹林）、"Thermos"（热水瓶）、"Cellophane"（玻璃纸）、"雪花"③、"优盘"等等。既然商标已成为通用名称，无论曾经在识别性上获得过怎样的成功，都不能阻止其他经营者使用该名称称谓其商品，该商标因为丧失了区分商品来源的基本功能，也就失去了存在的依据。有鉴于此，采用注册取得制度的国家大多规定了显著性丧失之商标的退出机制。例如，《欧洲共同体商标条例》第50条规定，倘若出自商标权人的作为或不作为，使商标已成为通用名称，则该商标可以被撤销。法国《知识产权法典》第L.714—6条规定，商标所有人因其所为而使其商标在商业中成为该商品或服务的常用名称者，丧失商标权。德、意、英、俄、日等国《商标法》也均将商标成为通用名称作为商标撤

---

① 王迁：《知识产权法教程》，中国人民大学出版社2009年版，第409页。
② Towne v. Eisner, 245 U. S. 418, 425 (1918).
③ "雪花"原为安徽省合肥面粉厂于1985年注册的商标，注册号为236846，核准使用商品为第42类（当时的国内分类），即面粉，但后来成为一种业内公认的面粉商品通用名称——"雪花粉"。参见北京市第一中级人民法院（2003）一中民初字第1004号民事判决书。

销（或无效）的理由。

商标显著性丧失的原因是多样的，既有商品经营者自身的原因，如所选择的标志显著性本来就弱，在使用中未对商标与商品名称进行有效区分，对消费者用商标指代商品名称未进行正确引导等；也有商品经营者之外的原因，如竞争者将经营者的商标当作商品名称使用而未被及时制止，相关机构误将商标作为商品通用名称收录入字典、百科全书等工具书；等等。对商标显著性的丧失所导致的商标权丧失，存在两种不同的归责原则：一种是以美国为代表的无过错原则，即只要商标成为商品的通用名称，不管是谁造成的，一律可予撤销[1]；另一种是以欧盟为代表的过错原则，即只有当商标成为商品的通用名称是由于商标权人的作为或者不作为所引起时，才予撤销。两种不同的归责原则分别站在了公众利益与商标权人利益的立场上，但无过错原则应当更为可取。如本书第二章所述，商标权既涉及私权也涉及公益，商标法在保护权利人利益的同时，还要保护消费者的利益。就商标的显著性而言，其不仅关涉商标权人的利益，对消费者来说也意义重大。只有具有显著性的商标才能使消费者真正实现"认牌购物"，而显著性的丧失必将对消费者权益的保护产生不利的影响。另外，对于商标权人而言，维护商标的区分功能原本就是他的职责所在、利益所系。商标显著性的丧失即使出自于权利人自身以外的原因，也与他怠于维护权利存在一定的联系，实行无过错原则有利于促使商标权人积极地维持商标的显著性。退一步说，如果同类商品的经营者已经普遍使用某商标指代该类商品，且为消费者所习惯，即使造成这种局面的原因不是出自于商标权人的使用和管理不当，保留该商标的实际价值也不大。[2]

---

[1] 黄晖：《商标法》，法律出版社 2004 年版，第 263 页。
[2] 王迁：《知识产权法教程》，中国人民大学出版社 2009 年版，第 411 页。

我国《商标法》在第三次修改中首次明确了商标显著性丧失及法律后果，从而使相关问题的规定更为完善。依据其第 49 条第 2 款的规定，注册商标沦为商品通用名称的，任何人均有权申请撤销。该规定并未拘泥于显著性丧失的缘由，实际上也采用的是无过错原则。

（三）非功能性

1. 商标功能性的判断

具有功能性的标志无法获得注册和保护，几乎成为各国商标法的共识。其原因主要在于，如果对该类标志予以商标法保护，将会造成过度垄断而不利于竞争的局面。因而，相关国家在规定注册取得要件时也有意将功能性的标志排除在外。例如，法国《知识产权法典》第 L.711—2 条第 2 款规定，纯由商品性质或功能所决定的、赋予商品以基本价值的外形所构成的标记缺乏显著性。意大利《商标法》第 18 条第 1 款第 3 项规定，完全由因商品性质而必然具有的形状、取得某一技术性成果所必需的形状或者为商品带来实质性价值的形状所构成的标志，不符合商标注册的条件。《欧洲共同体商标条例》第 7 条第 1 款（e）项、英国《商标法》第 3 条第 2 款、日本《商标法》第 4 条第 1 款第 18 项，也都有大体相同的规定。但各国对非功能性与显著性关系的认识并不统一，例如，法国《知识产权法典》将功能性标志规定在缺乏显著性的类型中，包括《欧洲共同体商标条例》、英国《商标法》在内的大多数国家和地区的商标法将非功能性作为与显著性并列的要件。而事实上，非功能性与显著性体现的是不同的价值选择，两者并非是具有包含关系的要件。显著性强调的是标志要能够发挥出来源识别作用，而非功能性则强调的是具有功能性的标志不能以获得商标权的方式而得到垄断性使用。缺乏显著性的标志经过长期使用在产生"第二含义"后仍可获得商标注册，而功能性的标志虽然经过长期使用客观上也可能产生来源识别作用,但法律并不承认这种识别作用的商标意义,从而将其排除在可注册的范围之外,"这反映了立法者在为商标注册规定条件时的政策取向"①。基于此,即使是法国《知识产权法典》也明确否定功能性标志的显著性可以通过使用取得。至此,维护自由竞争的价值考量与商标权获取相比占据了上风,一个标志(特别是立体标志)只有在不妨碍竞争、不造成不当垄断的前提下,法律才承认它具有识别来源、表彰商誉的功能。因而,从逻辑上说,一旦判断出某标志具有功能性,再探讨它是否具有显著性也就没有必要了。②

从多数国家商标法的规定来看,功能性可以细分为性质功能性、实用功能性和美学功能性三种类型。伴随着非功能性理论的发展,对于某个标志是否具有功能性的判断出现过不同的标准,尤其以美国的实践最具典型意义。1938 年《美国侵权法重述(第二次)》第 742 条规定了"实用性"标准,即如果商品特征影响了商品的用途、作用、性能,或者促进了对商品的加工制造、处理、使用,或者节省了相关费用,就是功能性的,否则就是非功能性的。该标准实际上将"功能性"等同于"实用性",严格执行的结果将是所有具有实用价值的商品特征,不论是否会给竞争带来实质性影响,均无法获得商标法保护。1952 年美国第九巡回上诉法院在有着"美学功能性第一案"之称的"Pagliero v. Wallace China Co., Ltd."案中,采用的是"重要因素"标准,即"商品的相关图案倘若构成其获得商业成功的重要因素,出于自由竞争的需要,且在无版权或专利保护的前提下,应当准许模仿"③。该标准虽然考虑到了商品特征在竞争中的作用,但由于过于笼统,且会得出商品的外观设计越吸引人,在商业上因之取得的成功越大,反

---

① 王迁:《知识产权法教程》,中国人民大学出版社 2009 年版,第 417 页。
② 杜颖:《商标法中的功能性原则——以美国法为中心的初步分析》,《比较法研究》2009 年第 1 期。
③ Pagliero v. Wallace China Co., Ltd., 198 F. 2d 339 (9th Cir. 1952).

而越不能予以商标法保护的荒谬结论，因而饱受攻击。1982年美国联邦关税及专利上诉法院在"In re Morton-Norwich Products, Inc."案中又确立了"竞争性"标准，其将功能性区分为事实功能性和法律功能性，认为如果商品特征具有实用性，只能说明其具有事实功能性，这并不妨碍法律上将其作为来源识别标志予以保护；而只有当商品特征既具有实用性又优于其他的替代设计，从而会使商标申请人获得阻碍市场竞争的优势，该特征才具有法律功能性，从而不能获得商标法的保护。[1]"竞争性"标准将商品特征对竞争的影响作为判断其是否具有功能性的主要依据，回到了商标法设置非功能性要件的本旨，较好地平衡了商标权利人利益与自由竞争价值之间的关系，成为美国司法实践中的主流标准，并得到了美国《反不正当竞争法重述》（第三版）的支持。[2] 1995年美国最高法院在"Qualitex Co. v. Jacobson Products Co."一案中对"竞争性"标准再次予以肯定，认为假如一项商品特征对于商品的用途或性能至关重要，或者说影响到商品的质量或成本，它被专用后会使其他竞争者处于一种与商业信誉无关的明显不利境地，则它就具有功能性。[3] 我国司法实践中也存在以"竞争性"标准判断功能性的案例。如北京市高级人民法院在"三维标志方形瓶"商标案[4]中就认为，涉案方形瓶商标即便被其他包装所替代，也不会影响核定使用的商品（食用调味品）的价值，并不涉及美学功能性的问题。

尽管"竞争性"标准获得了更多的认同，但在具体案件的判断中

---

[1] In re Morton-Norwich Products, Inc., 671 F. 2d 1332, 213 USPQ 13 (CCPA 1982).
[2] 美国《反不正当竞争法重述》（第三版）第17条规定："设计特征是功能性的……如果该设计对于相关产品或服务的制造、销售或者用途而言，负载了某种与识别商品来源无关的利益，这些利益会对其他竞争者进行有效的市场竞争产生重要的影响，而且不能实际上经由其他替代设计获得。"转引自凌宗亮：《论立体商标的非功能性——兼谈我国〈商标法〉第12条的完善》，《电子知识产权》2010年第3期。
[3] Qualitex Co. v. Jacobson Products Co., 514 U. S. 159 (1995).
[4] 北京市高级人民法院（2012）高行终字第1750号行政判决书。

也并非易事。美国第九巡回上诉法院曾在"Disc Golf Association, Inc. v. Champion Discs, Inc."案中就功能性的判断提出过四条具体的标准：（1）设计是否具有实用效能；（2）是否存在可选择的替代性设计；（3）广告中是否利用该设计的实用性特点来招徕消费者；（4）设计是否来源于相对便宜或简单的方法制作。[①] 这些标准都与商品自身的性质相关，需要结合个案的情况加以判断和把握，而其中的关键又在于替代选择的判定。为了防止对商品特征提供过于宽松的商标法保护，在具体判定时既要考虑替代选择的数量，又要考虑替代选择的质量。具体而言，替代选择应当是其他竞争者可以实际获取的，并具有相当的数量，而且该替代选择从性能或效果上说与申请注册的商品特征大体相当，其他竞争者在选择时也不会不适当地增加其生产成本。

2. 适用对象的拓展

商标法对非功能性要件适用对象的认识存在一个逐渐发现的过程，这也和人们对商标构成要素的认识存在关联。商标最初是平面的，而由文字、图形、图文组合等要素构成的平面商标一般不会具有功能性，因而非功能性问题一开始并没有引起关注，更别说被纳入注册取得的要件。随着人们商标观念的嬗变，商品形状、包装等商品外观成为识别商品来源的标记，对之予以保护的实践需求进而推动了商标立法的发展。最早是法国，其在1857年就明确规定保护立体商标。然而，对商品形状、包装等立体标志予以法律保护后马上就带来了新的问题。由于在物理形态上有些立体标志本来就是商品性质所具形状，或者特定技术效果所需形状，而这些形状与商品本身难以分离，一旦被获准注册，势必使该商品经营者获得对该商品外形甚或是商品本身事实上的垄断权利，这极大地影响了竞争秩序，也和专利法对实用设

[①] Disc Golf Association, Inc. v. Champion Discs, Inc., 158 F. 3d 1002 (9th Cir. 1998).

计只提供有限时间保护的规定相冲突。于是，欧洲各国开始从防止技术垄断的角度对立体商标的注册予以限制。美国法院在 1904 年审理的"Marvel Co. v. Pearl"一案中也提出，如果商品特征是该商品实际功能发挥所必需或者本来就是用于提高商品效能的，不能予以商标法保护。[1] 如今，将非功能性作为立体商标注册取得的要件，已成为采用注册取得制度的国家商标立法之通例。

非功能性要件的适用对象是否可以适用于除立体商标之外的其他标志，采用注册取得制度的国家的现行商标法大都未予明确的规定，反而是采用使用取得制度的美国走在了前面。1946 年美国《兰哈姆法》实施后，其商标构成要素进一步拓展，颜色、声音、气味等都允许被注册为商标，非功能性的要求针对这些非传统商标找到了新的适用对象。《兰哈姆法》第 1052 条（e）款规定，构成商标的要素包含的内容是作为一个整体具有功能性的，不允许注册。从美国的商标实践来看，非传统商标的注册主要把握两个总的原则：一是非功能性，二是显著性。[2] 最引人注目的是美国对于颜色，尤其是单一颜色注册商标的态度。美国最高法院 1995 年在前述"Qualitex Co. v. Jacobson Products Co."一案中既肯定了单一颜色可以成为受注册保护的商标，同时对颜色可能具有的功能性进行了详细的评述。对于声音标志，美国也有判例认为，假如其对于商品的使用或功能来说不可或缺，或者影响到商品的质量或成本，就会因具有功能性而无法获得保护。[3] 同样，对于气味标志，《美国商标审查指南》（简称 TMEP）就认为，其以非功能性的方式使用时方能获准注册；诸如香水的气味等具有实用目的的气味，因具有功能性而不能获准注册。

---

[1] Marvel Co. v. Pearl, 133 F. 160, 161 (2d Cir. 1904).

[2] Midge Hyman and Hannah Chung, "Registration and Enforceability of Non-Traditional Trademarks in the United States," *The Computer & Internet Lawyer* 11, 2005, pp. 27-29.

[3] Inwood Laboratories, Inc. v. Ives Laboratories, Inc., 456 U.S. 844 (1982).

相对于美国而言，很多采取注册取得制度的国家对商标构成要素的认识相对保守。虽然近些年来非传统商标逐渐被相关国家的商标法所接纳，但对非功能性的认识并没有同步跟进，具体表现就是其非功能性的限定还仅针对"形状""包装""三维标志"等代表立体商标的术语。以欧盟为例，《欧洲共同体商标条例》仅规定了立体商标的非功能性问题，而没能涉及其他类型的非传统商标，甚至未将颜色、声音、气味纳入商标的构成要素。在实践中，欧盟虽然没有完全排斥颜色、声音、气味等的注册，但由于"在其他类型非传统商标的审查注册方面缺乏具体的功能性限制评判标准"，因而多是从显著性要件的角度解决"合理竞争需要"的问题。① 虽然我国《商标法》经第三次修改后，把颜色、声音、气味等都列为商标构成的要素，但对非功能性的限定仍旧仅规定了"三维标志"。有学者还认为，除了立体商标、商业外观、商品包装、颜色外，其他标志的客观构成本身限制了其表现力，从而与商标的功能性无缘。② 然而，事实并非如此。颜色、声音、气味恰恰就是因为它们先天所可能具有的功能性问题才在很长时间内受到注册取得标准的排斥，一旦解禁，对其予以非功能性审查本是题中应有之义。显著性审查虽然也能解决一定的问题，但其与非功能性所承担的旨趣不同、效果迥异，具有显著性并不代表具有非功能性，两者无法混同。值得注意的是，欧盟已意识到相关的问题，在 2015 年 12 月 15 日通过的新《商标指令》第 3 条中明确将颜色、声音列为商标的构成要素，第 4 条 1（e）款中将之前仅适用于立体商标的非功能性规定修改为适用于一切可能具有功能性的标志。③ 这一修改表明，非功

---

① 湛茜：《欧美非传统商标注册比较研究》，《金陵法律评论》2010 年第 1 期。
② 杜颖：《商标法中的功能性原则——以美国法为中心的初步分析》，《比较法研究》2009 年第 1 期。
③ http://eur-lex.europa.eu/legal-content/EN/TXT/?uri=CELEX:32015L2436，2016 年 1 月 7 日最后访问。

能性适用对象的拓展在欧盟国家已是大势所趋。因而，我国《商标法》在适当时机对非功能性的适用对象做出相应地调整，也是非常必要的。

（四）合法性

1. 拒绝注册的法定事由

各国商标法与相关国际公约对拒绝商标注册的法定事由大多予以了明示。该事由的具体内容包括两类：一类是拒绝注册的绝对事由，另一类是拒绝注册的相对事由。拒绝注册的绝对事由所涉及的标志又可以分为三种类型：一种是不符合商标构成要素的标志，此类标志不具备作为商标的基本资格；另一种是有违公共秩序和善良风俗的标志，此类标志不仅不能作为商标注册，也不能作为商标使用；再一类是欠缺显著性或者具有功能性的标志，此类标志不能通过注册取得权利，但欠缺显著性的标志可因使用产生"第二含义"后获得注册。对于商标的构成要素，以及欠缺显著性和具有功能性的标志，前文已有探讨，此处不再赘述。而拒绝注册的相对事由主要是解决与他人在先权利冲突的私益问题，后文将会涉及。此处重点探讨有违公共秩序和善良风俗的标志。

如前文所述，商标不仅关涉商标权人利益，还关涉社会公共利益，具有社会公益属性和公共管理属性。站在维护公共利益的立场上，注册取得制度通过构建商标注册的合法性要件，主动设置"禁忌"，发挥"过滤"功能，将那些有违公共道德、具有不良影响的标志排除在权利取得的范围之外，为在商标领域内确立和维护健康的公共道德秩序、公平的市场竞争秩序提供严谨、科学的制度规范。基于此，《巴黎公约》第6条之三列出了"关于国徽、官方标志和政府组织的标志的禁例"，在第6条之五又明确规定拒绝注册有违社会道德、公共秩序，以及具有欺骗性的商标。《欧洲共同体商标条例》第7条第1款也规定，有违善良风俗与公共秩序的商标、具有欺骗性质的商标、未经主管机关认可应按照《巴黎公约》第6条之三被拒绝注册的商标等构成驳回注册的绝对事由而不得给予注册。英、法、德、中等国的商标法基于基本相同的立法精神也明确规定了因违反公共秩序和善良风俗而不得注册为商标的标志。① 具体来说，主要涉及以下内容：

第一，特定的官方标志。包括与本国或外国以及政府间国际组织的名称、旗帜、徽记等象征国家或国际组织的标志相同或者近似的标志，以及与表明实施控制、予以保证的官方标志、检验印记相同或者近似的标志。由于《巴黎公约》第6条之三规定各成员有权自行认定代表国家的其他标志，各国所限定的官方标志并不一致。另外，上述官方标志也并非完全是"禁区"，因为根据《巴黎公约》第6条之三的规定，如果经过该官方标志的主管当局许可或者对该标志的使用不会误导公众时，也可以获准注册或使用。

第二，国际条约所保护的非官方徽记。这是指同"红十字""红新月"的名称、标志相同或者近似的标志。这主要是为了履行《改善战地武装部队伤者病者境遇之日内瓦公约》的义务。

第三，容易引起对商品质量、产地等产生误解的欺骗性标志。欺骗消费者大众的标志不得注册为商标，主要是基于对社会公众利益和正常交易秩序予以保护的考虑。具体包括：（1）欺骗性的商品性质标志。该标志对所标示商品的品质、功能等特点做出了超过本来程度的示意，容易诱导公众产生错误认识。（2）欺骗性的地理来源标志。该标志特意标示了商品的产地来源，但事实虚假，误导了公众。

第四，有损公共秩序、道德风尚，以及具有其他不良影响的标志。商业标志不得损害国家主权、民族尊严，不得违反道德原则、价值观

---

① 详见法国《知识产权法典》第L.711—3条，德国《商标法》第8条第2款第4—9项，意大利《商标法》第18条，日本《商标法》第4条第1款，俄罗斯《商标法》第6条第2—5款，南非《商标法》第10条，英国《商标法》第3、4条，我国《商标法》第10条。

念,不得诋毁风俗习惯、宗教信仰,亦不得给公共秩序、社会公德带来其他不良影响。各国商标法大多规定了违反公共秩序和道德风尚的标志不得注册为商标,但具体内容、判断标准却都比较模糊,需要各国结合各自的政治制度、社会体制、文化传统、民族风俗、宗教信仰等在具体案件做个别判断。我国《商标法》第10条第1款也规定,"带有民族歧视性""有害于社会主义道德风尚或者有其他不良影响"的标志不得作为商标使用,但对于如何认定,尤其是如何判断"有其他不良影响"的标志,理论与实践中分歧较大。

2. 何为"有其他不良影响"的标志?

从我国《商标法》规定来看,"其他不良影响"这一用语的内涵与外延均非清晰、明确。最高人民法院《关于审理商标授权确权行政案件若干问题的意见》与国家工商总局《商标审查标准》对之予以了基本相同的界定,具体是指,标志或者其构成要素对我国政治、经济、文化、宗教、民族等社会公共利益和公共秩序产生消极的、负面的影响的标志或者其构成要素。但各自界定所涵盖的具体范围并不完全一致。《商标审查标准》将"容易误导公众"的标志,以及"由企业名称构成或者包含企业名称,该名称与申请人名义存在实质性差异,容易使公众发生商品或者服务来源误认"的标志,也包含在了"其他不良影响"的范围中。而这两种情形恰恰有从"特定民事权益"出发的嫌疑。最高人民法院则认为,仅属损害"特定民事权益"的情形,不应纳入该规定中。[①]

然而,司法实践中却大量存在着以"特定民事权益"认定为构成

---

① 最高人民法院《关于审理商标授权确权行政案件若干问题的意见》第3条规定:"如果有关标志的注册仅损害特定民事权益,由于商标法已经另行规定了救济方式和相应程序,不宜认定其属于具有其他不良影响的情形。"

"其他不良影响"的案例。其中,最为典型的莫过于抢注姓名、企业名称的商标案件。如"郭晶晶"商标案[①]、"刘德华"商标案[②]、"李兴发"商标案[③]等,相关法院的判决均明确将"误导公众""易致消费者混淆误认"等情形认定为属于"有其他不良影响"。相反,也有法院判决持否定态度。如在"亚平YAPING及图"商标案[④]中,二审法院判决就认为,即使相关公众认为涉案商标与邓亚萍存在一定关联,这也只涉及其个人民事权益,而不关涉社会公共秩序或者公共利益,不属于"有其他不良影响"的情形。在"邦德007 BOND"商标案[⑤]中,二审法院判决也认为,"007""JAMESBOND"作为在先知名的电影人物角色名称应当拥有在先权利而得到保护,但诉争商标不属于"有其他不良影响"调整的内容。在"IVERSON及图"商标案[⑥]中,法院判决更是明确指出,相关公众虽然可能会因误认为诉争商标与篮球明星Iverson存在关联而利益受损,但此绝非《商标法》第10条第1款第(8)项规制的公共利益。不然,《商标法》其他条款(如第13条)所涉及的情形将均可适用于该项规定予以调整,这显然与《商标法》的立法逻辑不符。在"乔丹QIAODAN及图"商标案[⑦]中,法院判决也指出,"有其他不良影响"通常是指该标志本身——一般不包括其作为商标使用时——可能导致的混淆误认。如果有关标志的注册仅损害特定民事权益,不宜认定其属于该情形。诉争商标在使用中会否造成混淆误认,也不属于《商标法》第10条第1款第(8)项调整的范围。以上判决反映出法院对同一问题看法上的摇摆,但将"特定民事权益"认定为

---

① 北京市高级人民法院(2010)高行终字第766号行政判决书。
② 北京市第一中级人民法院(2011)一中知行初字第2272号行政判决书。
③ 最高人民法院(2012)知行字第11号行政裁定书。
④ 北京市高级人民法院(2011)高行终字第168号行政判决书。
⑤ 北京市高级人民法院(2011)高行终字第374号行政判决书。
⑥ 北京市第一中级人民法院(2012)一中知行初字第1384号行政判决书。
⑦ 北京市高级人民法院(2015)高行(知)终字第1037号行政判决书。

构成"其他不良影响"的观点却得到了最高人民法院《关于审理商标授权确权行政案件若干问题的规定（征求意见稿）》的肯定。[①]2015年3月11日，北京知识产权法院在"微信"商标案[②]中也认为，如果标志作为商标注册和使用，会给广大消费者以误导，则会对公共利益造成消极影响，因而也应属于"有其他不良影响"调整之情形。同时还认为，商标注册核准与否的判定，除需尊重申请在先的事实状态外，还应考虑公共利益以及业已形成的稳定市场秩序。

以上判决对于"其他不良影响"的判定都是从公共利益的角度出发的，应该说这一进路符合拒绝注册绝对事由的设置初衷。但学者们对于《商标法》第10条第1款第（8）项规定的"其他不良影响"与该款中其他项的关系，存在着分歧。有观点认为，此为不予商标注册的兜底条款。[③]也有观点认为，其并非兜底条款，仅是指与有害于社会主义道德风尚相类似的，可能对社会公共秩序和公共利益产生消极、负面影响的情形。[④]事实上，上述分歧完全是因为立法技术所造成的，两种观点对于其是排除有违社会公共利益和公共秩序的标志的兜底性规定并无大的歧见，而分歧的焦点主要在于，对"其他不良影响"是

[①] 最高人民法院于2014年10月14日公布的《关于审理商标授权确权行政案件若干问题的规定（征求意见稿）》第5条第2、3款规定："商标评审委员会在驳回复审程序中，认为他人未经许可将公众人物姓名等申请注册为商标，可能造成其他不良影响而不予核准注册的，人民法院予以支持；未经继承人许可将已死亡自然人姓名申请注册为商标，导致社会公众将标识有该商标的商品与该自然人产生联系等，可以认定为'其他不良影响'。"

[②] 北京知识产权法院（2014）京知行初字第67号行政判决书。在该案中，商标申请公开的滞后性被认为是造成当事人使用冲突的主要原因。这个问题在我国商标注册实践中确实存在，原因在于申请日与初步审定公告日的不一致。有研究显示，在2014年之前能够查询到的商标申请信息大约滞后实际申请日6个月左右。申请日对于商标权取得、在先权利认定等都具有基础性的意义，公开的滞后性不仅不利于其制度功能的发挥，还会造成很多的矛盾。因而，商标申请后及时、有效的公开也是注册取得制度建构时应当考虑的内容。

[③] 饶亚东、蒋利玮：《对〈商标法〉中"其他不良影响"的理解和适用》，《中华商标》2010年第11期。

[④] 孔祥俊、夏君丽、周云川：《〈关于审理商标授权确权行政案件若干问题的意见〉的理解与适用》，《人民司法·应用》2010年第11期。

以标志或标志的要素本身作为判断的标准，还是可以扩张到使用该标志可能带来的消极后果，以及"误导公众"是否构成此处的危害公共利益，存在不同的认识。

公共利益的含义有多种解释，内容和对象都具有不确定性，在很多情况下是一个模棱两可、似是而非的概念。在众多的界定中，德国学者纽曼所提出的"不确定多数人的利益"为公共利益的观点，仍被广为承认。[①] 我国学者在论及"其他不良影响"中的公共利益时也多是依据该观点来研判的。从该观点出发，《商标法》本身就是一部关涉公共利益的法律，因为其第1条在立法目的中除明确要保障生产、经营者的利益外，还强调保障消费者的利益，而此处的"消费者"也可以被理解为"不确定多数人"。如果真是这样的话，商标领域所涉及的任何问题似乎都能以"公共利益"的名义予以评判，但事实并非如此。以商标侵权为例，其也会损害"已经形成的稳定市场秩序"，尤其以侵害驰名商标为甚，但《商标法》对此却是从"特定民事权益"的角度予以规范的。另外，从公共利益的角度评判也并非都能够解决实际问题。以"微信"商标案为例，如果说腾讯公司的"微信"标志因对广大消费者产生了识别性而涉及公共利益[②]，那么在先申请原则作为我国商标注册取得制度的基本原则，有如大厦的根基，事关商标秩序的稳定，将涉及更大的公共利益。在两者存在冲突的时候，法院凭什么做出牺牲后者的决定？对这一问题没能给出令人信服的阐释，正是"微信"商标案一审判决产生巨大争议的原因所在。事实上，《商标法》所要维护的公共利益内容复杂、形式多样，这就要求"不同的公共利

[①] 陈新民：《德国公法学基础理论》（上），山东人民出版社2001年版，第186页。

[②] 对此有学者也提出质疑。如孔祥俊教授就认为，"商标的大规模使用所涉及的消费者利益，性质上仍属于反射利益，其能否以及多大程度上构成公共利益和公共秩序，确实值得研究，至少不能简单地将大量使用与公共利益划等号"。参见孔祥俊：《论商标法的体系性适用——在〈商标法〉第8条基础上的展开》，《知识产权》2015年第6期。

益的维护，需要适用不同的游戏规则来实现"①。就《商标法》第 10 条第 1 款所涉及的公共利益而言，其应当属于更为"纯粹"的、有关善恶等价值判断的公共利益的内容，因为涉及国家尊严、国际形象、社会监管、公益慈善、民族政策、公序良俗等国家一般利益及社会一般道德准则，而为法律所直接保护。作为拒绝注册的绝对事由，其所涉及的标志不仅禁止作为商标注册，而且禁止作为商标使用；不仅禁止申请注册人使用，而且禁止其他主体使用。而是否应予禁止的判断是以标志或者标志的构成要素为考察对象的。对此，《关于审理商标授权确权行政案件若干问题的意见》与《商标审查标准》均有明确的规定，而且也与立法部门的条文解读意见相吻合。② 事实上，这一判断对象也非我国所独创。据有的学者研究，《巴黎公约》官方指南也指出，为了避免公序良俗条款过于膨胀，在判断某一标志是否违反道德与公共秩序时，除该标志的"个体特点"外，其他因素都不应纳入考量的范围。③ 英国权威的商标法注释书也认为，拒绝注册绝对事由只关注标志的本身特质，不关注申请行为所处的环境及申请人使用该符号的方式。德国、美国的商标法权威注释书也将对公序良俗问题的检验集中在了标志本身。④ 这正反映出以上各国对拒绝注册绝对事由中所涉公共利益的取舍。违反此种公共利益的标志都是违反基本价值观念的标志，一般不直接涉及私人利益，因而任何人都有权提出异议。审查机关也要围绕标志或标志的构成要素主动进行注册前的实质性审查，其目的在

---

① 张韬略、张伟君：《〈商标法〉维护公共利益的路径选择——兼谈禁止"具有不良影响"标志注册条款的适用》，《知识产权》2015 年第 4 期。

② 参见全国人民代表大会常务委员会法制工作委员会编：《中华人民共和国商标法释义》，法律出版社 2013 年版，第 27 页。

③ 参见魏立舟：《〈巴黎公约〉告诉你：为什么"微信"案判错了？》，http://zhihedongfang.com/article-8772/，2015 年 9 月 4 日最后访问。

④ 参见魏立舟：《"公共利益"告诉你：为什么"微信"案判错了？》，http://zhihedongfang.com/article-8921/，2015 年 9 月 4 日最后访问。

于维护基本的社会秩序和价值体系，而非用来排除产源误认，更非用来解决在先申请注册商标与在后使用商标之间的利益冲突。"其他不良影响"的规定作为兜底性条款，所调整的公共利益也应与《商标法》第 10 条第 1 款规定的他项相当，如此才符合体系性解释的原则。

对于消费者的利益，除了《商标法》第 10 条第 1 款第（6）项规定的"欺骗性标志"外[1]，实际上是通过间接的形式予以保护的。《商标法》为此构建了在先权利保护、侵权行为制止等制度规则。由于分工不同，各种规则应当各安其命、各司其职，否则就会给本来就极为复杂的公共利益保护造成矛盾和冲突。以前述"郭晶晶"商标案等涉及姓名权的案件为例，本可适用在先权利保护的规定加以解决，却适用了"其他不良影响"的规定，不仅使"公共利益"的认定泛化，也冲击了《商标法》的立法逻辑，使相关规定形同虚设。"微信"商标案的判决结果，更是直接冲击着在先申请原则，让学者发出了"我国的注册取得商标权体制将名存实亡"的惊呼。[2] 需要指出的是，由于我国间接保护形式还不完善，有些判决基于"实质性解决纠纷"的思路，在有关规定不能自洽的情况下引用"其他不良影响"的所谓兜底性规定，虽属无奈之举，但也绝非权宜之计。因为此举"有害法律调整的确定性和有悖立法目的，也使法律规定之间的逻辑关系不协调"[3]。因而，对于"其他不良影响"的理解与把握应当回归到最高人民法院的相关规

---

[1] "欺骗性标志"应限于具有欺骗性而有违公序良俗的标志。对于既具有欺骗性，又有可能与他人在先权利相冲突的标志，不应由《商标法》第 10 条第 1 款第（6）项来评判。例如，欺骗性使用"地理标志"误导公众的情形，本来也属于前述"欺骗性的地理来源标志"，但因为该类标志存在在先权人或利害关系人，而被排除在绝对拒绝注册事由之外，只能依据《商标法》第 16 条的规定予以评判。《商标法》第 33 条规定，对此类标志的注册异议只能由在先权人或利害关系人提出，也佐证了这一点。

[2] 王太平：《论商标注册申请及其拒绝——兼评"微信"商标纠纷案》，《知识产权》2015 年第 4 期。

[3] 孔祥俊：《论商标法的体系性适用——在〈商标法〉第 8 条基础上的展开》，《知识产权》2015 年第 6 期。

定中来，将损害"特定民事权益"的情形严格排除在外，以恢复其制度原貌。与此同时，还应当完善并正确理解间接形式的保护规则，以使相关问题得以妥善解决。

（五）在先性

在注册取得制度下，商标权的取得除了遵守在先申请原则外，还不得侵犯他人在先民事权利，在先性也就成为商标注册有效性的一个必要条件。在先性的主要功能在于解决可能出现的权利冲突。具体来说，在先申请原则明确了商标权获取的基本秩序，以防止由于在先使用时间的难以确认，以及申请注册时间的顺序差异而造成的商标权利归属的不确定及混乱；不得侵犯他人在先权利原则明确了商标权并非是一种特殊的权利，其与其他财产权利一样处于平等被保护的地位，除非自身具有在先性，申请注册时应当主动避让他人的在先权利，以避免因权利取得原则上的差异而造成的权利冲突。

不得侵犯他人在先权利原则实际上是从反面提出的在先性要求。《巴黎公约》第6条之五规定，具有侵犯第三人既得权性质的标志，不得作为商标注册。《TRIPS协定》第16条第1款也规定，任何已有的在先权不得因商标权而受损。法、德、意、英、日等国均在各自的商标法中对此做出了具体的规定，所涉及的在先权利的内容主要有三大类：一是在先商标权利，具体包括在先注册商标及驰名商标、在先申请的商标、同日申请在先使用的商标、在先初步审定的商标、被代理人或被代表人的商标、在先使用并有一定影响的商标等；二是在先民事权利，具体包括著作权，外观设计等工业产权，姓名权、肖像权等人身权，企业名称权等；三是其他民事权益，如原产地名称、网络域名、商品化形象、知名商品包装等。

我国《商标法》未对在先权利的具体内容予以明确，但从实践中的理解来看,大体也包括以上内容。值得讨论的是与人身权保护有关的两个问题:一是自然人去世后,其姓名权、肖像权是否还构成在先权利;二是自己的姓名与名人的姓名相同时,以该姓名申请商标注册的行为是否侵犯在先权利。① 如前述的"李兴发"商标案、"刘德华"商标案分别属于以上情形。对之如何评判,我国《商标法》目前还没有现成的答案,实践中考虑到其与通常理解的在先权利存在差距,而常求助于"其他不良影响"条款。但是如前文分析,这是不符合该条款立法原旨的。自然人死亡后,虽然不应当作为民事主体享有权利并承担义务,但是法律在例外的情况下仍需要对公民死亡后的某些利益进行保护。② 知识产权领域,最为典型的例子是,著作财产权在作者死亡后50年内仍然受到保护,署名权等著作人身权则不受保护期限的限制。从商标法的角度看,将死者的姓名、肖像申请注册为商标,是觊觎其中所蕴含的商业价值,该行为侵犯或者说主要侵犯的是与死者身份相联系的财产利益。这种财产利益不是由商标申请人后续劳动创造的,而是在其申请商标注册之前就已存在的,是他人的一种在先权益。自然人死亡后,其财产权利和利益应当依据继承法而产生新的归属。同样,基于死者的姓名、肖像而产生的财产利益也应归属于其继承人,其继承人可以依据不得侵犯他人在先权利的原则阻截未经其同意的商标注册。从比较法的角度看,相关国家的商标法对死者姓名、肖像的注册也有类似的规定。巴西《知识产权法》第124条规定,个人的姓名或签字、家庭名字与父名,或他人的肖像、知名人士的笔名或昵称,

---

① 对于这种在先权利的性质,存在不同的认识。有人认为是姓名权,也有人认为是他人将其姓名进行商业化利用的在先权利,即国外所称的"姓名商品化权"。如果从人格权与财产权分野的角度看,商品化权更符合商标法所调整的财产权的性质,但我国目前并没有承认这一权利。因而,本书采用的仍是姓名权。

② 王利明:《民法总则研究》,中国人民大学出版社2003年版,第339页。

以及个人艺名,除非获得相应权利人或继承人的同意或许可,不得注册为商标。印度《商标法》第14条"使用在世或新近去世者的姓名和肖像"规定,申请注册的商标虚假暗示与任何在世的人或与死亡日期在商标注册申请日之前20年内的人有联系的,商标局长应要求申请人提供由该在世者或死者的法定代表人对商标中出现的联系出具同意书,否则可拒绝继续办理该申请。意大利《商标法》第21条第1款规定:个人肖像注册为商标须经本人同意;本人死亡后,须经其配偶及子女的同意;如无配偶或子女,或配偶和子女死亡后,须经其父母或其他尊亲属同意;如无父母或其他尊亲属,或在他们死亡后,须经其至第4代(含第4代)的其他亲戚同意。第2款规定,除注册申请人姓名以外的人名,只要其使用无损于有此姓名者的声誉、信用或尊严,即可以注册为商标。但是,意大利专利商标局有权对此要求按第1款关于注册须经同意的规定办理。第3款规定,人名如果为人所熟知,只有权利人或经权利人同意,或经第1款所规定的人同意,才能注册为商标。从以上规定来看,有关国家实际上将此类商标是否准许注册的决定权赋予了死者的相关亲属,而非由商标审查机关单方面从违反公序良俗的角度直接予以排除。

对于相同姓名的注册,因为涉及自己姓名权的行使,问题似乎更为复杂,相关国家的商标法也未提供可资参考的答案。但对此仍可以从他人姓名的市场知名度、行为人的主观目的等角度予以评价。事实上,将姓名注册为商标使用并非公民正当权利行使之必需。在实践中,相同姓名的注册争议一般也发生在另一方为名人的情形中。由于该名人的姓名具有一定的知名度,因而蕴涵着较大的商业价值。然而,这一商业价值与该名人的劳动和付出密切相关,将其归属于名人自己是正当、合理的。注册申请人在与该名人相关的商品上注册姓名标志,定然存在着觊觎该商业价值的嫌疑。如果不能合理解释除姓名相同以外的其他原因,可以认定其具有侵犯他人在先权利的故意,而"利用重名而故意混同,亦为侵害姓名权"[①]。

二、注册取得的运行机制

注册取得制度决定了商标权并不是一种自动产生的权利。在注册取得制度的运行中,各国除了明确前述的商标构成要件外,还通过构建以审查、异议、无效宣告为中心的运行机制,对商标权的取得予以审核、监督,以使其符合制度设计的要求。

(一)商标审查

1. 商标审查的内容

由商标主管机关对申请商标进行审查,以决定是否准予注册,是注册取得制度机制运行的第一关口。商标审查主要从两个方面展开。一是形式审查,即对提请注册的申请是否符合商标法规定的形式性要件予以审查,以决定是否受理该申请。审查的具体内容包括:申请主体是符合商标法律规定,要求核定的商品或服务的分类是否准确,商标图样是否符合要求,申请规费是否缴纳等内容。二是实质审查,即对提请注册的标志是否符合商标法规定的实质性要件予以审查,以决定是否准予注册。审查的具体内容包括:申请商标是否包含拒绝注册绝对事由,是否与拒绝注册相对事由中的在先商标相冲突。

---

① 吴学智:《商标侵犯名人姓名权问题探讨》,《西北第二民族学院学报(哲学社会科学版)》2007年第5期。

2. 审查模式选择

目前，采用注册取得制度的国家，大多要对申请商标进行是否包含拒绝注册绝对事由的实质审查[①]，以发挥注册取得制度的秩序维持功能。具体来说，要审查标识是否符合商标的构成要素，是否有违公共秩序和善良风俗，是否具有功能性，是否具有显著性等内容。对此，各国的模式大同小异。但随着商标私权意识的进一步增强，以及商标审查积压问题日益凸显，审查相对事由，即审查申请商标是否与在先商标权利相冲突的传统做法受到了挑战。尤其是在《欧洲共同体商标条例》取消相对事由审查后，出现了相对事由审查的两种模式。一种是主动审查制，即注册主管机关在依职权主动对在先商标（包括在先申请商标和在先注册商标）予以检索、比对后，直接驳回与在先商标存在冲突的申请商标，仅对与在先商标无冲突的申请商标予以核准并公告。我国、澳大利亚、日本、韩国等即采用主动审查制。另一种是不主动审查制，即注册主管机关只对拒绝注册绝对事由进行审查，不存在该事由的申请商标均会被核准并公告，对在先商标权利冲突问题不主动审查，而另行设置商标异议程序或无效程序来解决。法国、瑞典、英国、德国等即采用不主动审查制。[②]

[①] 据有的学者研究，采用注册取得制度的国家中，也存在不对商标注册申请进行实质审查，对凡符合形式要件的申请均准予注册的所谓"备案制国家"，如法国、奥地利、比利时、荷兰、卢森堡及意大利等国。参见文学：《商标使用与商标保护研究》，法律出版社2008年版，第185页。但至少从法国《知识产权法典》和意大利《商标法》中相关规定来看，并不能得出两国不进行实质审查的结论。如法国《知识产权法典》第L.712—7条规定，注册申请遇有下列情事即予驳回：a）申请符合L.711—2条规定的条件（缺乏显著性）；b）根据L.711—3条不能作为商标的（违反公共秩序或社会公德等情形）。意大利《商标法》第29条第1款规定，对于形式审查认定合格的申请，审查时应确认事项：……（2）看文字、设计或标识能否依据本法第16条、第17条第1款第（1）项、第18条第1款第（1—5）项、第21条被注册为商标；第2款规定，凡不符合上述条件的，意大利专利商标局应驳回申请。而上述条款中不仅包括拒绝注册绝对事由，甚至包括如涉及个人姓名权与肖像权这类通常理解的拒绝注册相对事由。

[②] 瑞典、英国分别从2006、2007年才开始采用不主动审查制。德国虽然采用的是不主动审查制，但依据其《商标法》第37条第4款的规定，专利局对申请商标与其已知的在先驰名商标相冲突时应予审查，并要驳回该申请，只不过审查是在绝对拒绝注册事由下进行的。

欧洲国家之所以普遍采用不主动审查制，与《欧洲共同体商标条例》的规定有很大关系。由于在欧盟内存在着欧共体商标和成员国商标两套注册制度的竞争，而《欧洲共同体商标条例》采用不主动审查制后必将提高注册的效率、成功率，并会降低注册的成本，为了增强本国注册的吸引力，成员国从功利目的出发自然会倾向于放弃原来的主动审查制，转为效仿欧共体商标注册审查制度。不仅如此，欧盟委员会也有统一成员国商标审查程序的意图。2013 年 3 月，欧盟委员会正式推出欧盟商标系统的改革法案，目标之一就是简化和统一商标注册程序。欧盟委员会认为，依职权审查相对事由会增加申请人的经济负担，延长商标审查的周期，对商标注册造成不必要的障碍。因而，在其推出的《商标指令修改提案》第 41 条中就规定，在商标注册审查中，各成员国仅应依职权对商标是否存在拒绝注册的绝对事由予以审查。但也有人对欧盟的这种做法提出质疑，认为取消依职权审查相对事由的理由并不充分，甚至有"越俎代庖"之嫌，因为有些成员国之所以选择依职权对之予以审查是为了保证其核准注册商标的相对效力，有其在权衡管理质量与管理效率的基础上的政策考虑。[①]

事实上，具体采用主动审查制抑或是不主动审查制，既与一国的历史传统相关，也与一国所面临的现实问题相关，两种制度本身没有必然的优劣之分。[②] 客观地说，不主动审查制凸显了商标权的私权属性，且对于提高在先商标权利冲突判断的准确性、避免注册簿中的"死亡"商标成为注册障碍、提高商标注册的行政效率等具有制度优势。但一如本书多次强调的，商标权虽然是一项私权，但商标权的行使和保护还关系到消费者利益和市场竞争秩序。主动审查制并不是说不尊重私

[①] Annette Kur, "The EU Trademark Reform Package-(Too) Bold a Step ahead or back to Status Quo?" *Marq. Intell. Prop. L. Rev.* 19, 2015, p. 15. 转引自刘海虹：《欧盟商标法改革方案评析》，《知识产权》2015 年第 8 期。

[②] 谢冬伟：《中国商标法的效率与公平》，立信会计出版社 2012 年版，第 154 页。

权，而只是在有关私权的拒绝注册相对事由中有选择性地对在先商标权利进行主动审查，有保护消费者利益和维护市场竞争秩序的政策考量。申请商标应当具备显著性，不得与在先商标权利相冲突，是商标权合法存在的基本前提。主动审查有利于克服权利人在相同或近似商标发现上的滞后性，事先排除不符合显著性要求的商标注册，既有利于扼制恶意注册，也可以帮助善意注册申请人及早发现在先权利，避免其在对该商标进行大规模使用后被宣布无效。更为重要的是，此方式可以有效防止存在冲突的并存注册所造成的消费者混淆和市场混乱。另外，经过主动审查的商标注册簿也将更为"纯净"，注册商标的可靠性与稳定性更具保障，商标注册的权威性更高，也更能发挥信息检索和权利公示的制度功能。再者，主动审查虽然会耗费一定的审查成本，但其可以减少后续的异议、无效成本，社会效益并不一定比不主动审查差，甚至还会更好。

其实，不主动审查制也注意到了权利人在相同或近似商标发现上的滞后性问题。为了弥补这一缺憾，《欧洲共同体商标条例》还专门规定了查询通知制度。[①] 英国在2007年采用不主动审查制之后，其审查程序也要求，当审查官在审查过程中发现新申请商标与在先商标相冲突，在新申请商标公告后要将在先商标查询报告发送给在先商标权人或者以英国作为指定国之一的在先国际商标权人。[②] 这一制度虽然会减少在先商标权人由于疏忽造成的延误异议情况的发生，但也必然会使不主动审查制提高审查效率、缩短审查周期的目标大打折扣。这个事例一方面表明任何制度都需要相关的配套制度辅助，另一方面也表明并不存在一套十全十美的制度。在我国恶意抢注等现象仍比较严重的

---

① 详见《欧洲共同体商标条例》第39条第6款："共同体商标申请应在协调局将查询报告送交申请人之日起1个月期限届满之后公告。一俟公告，协调局应将共同体商标申请公告通知在共同体查询报告中引证的在先的共同体商标所有人或共同体商标申请人。"

② 张俊琴：《英国调整商标异议制度》，《中华商标》2007年第11期。

情况下，选择主动审查制度也许不失为一种基于国情出发的明智选择。但我国商标注册效率不高、"死亡"商标清理困难等问题，仍需要有效的配套措施加以解决。

（二）商标异议

商标异议程序是注册取得制度运行机制中的重要环节，其通过赋予社会公众或者利害关系人以监督权，对商标注册提出异议，以帮助审查机关发现和纠正商标审查中的失误，提高商标注册的公正性、准确性，更好地维护公共利益和保护在先权利。采用注册取得制度的国家或地区大都设有商标异议程序，具体设置方式虽然并不统一，但一般均包括异议理由、异议人资格、不服异议结果的救济等方面的内容。

1. 设置方式

根据异议程序设置于商标注册之前与之后的不同，学者们将异议程序的设置方式分为异议前置和异议后置。异议前置的代表性国家或地区有欧盟、英国、法国等，异议后置的代表性国家或地区有德国、日本、我国台湾地区等。异议程序的不同设置方式，实际上源于各国各地区商标立法对商标申请人与利害关系人或者社会公众之间的利益平衡的不同考虑[①]，与商标审查程序所采用的审查模式也关系紧密。仅审查拒绝注册绝对事由的商标法更倾向于采用异议前置的模式，因为这样可以弥补其不主动审查拒绝注册相对事由对利害关系人利益保护的不足，并且可以为注册簿的"纯净"提供一定的支持。异议前置实际上也是上述欧盟、英国等商标法所设置的查询通知制度的对应结果。对拒绝注册相对事由进行主动审查的商标法采用异议后置模式的理由

---

① 王芸芸：《论我国商标异议制度的改革》，《知识产权法研究》第9卷，第168页。

更为充分，因为全面审查的结果已经较好地保障了利害关系人和社会公众的利益，注册簿也更为"纯净"，此时可以将注意力更多地投入到缩短注册审查周期，加强申请人利益保护中去。但单从这两种设置方式本身来说，各有利弊：异议前置虽然有利于维护注册商标效力的稳定性，但必然会因为异议期的设置而从制度层面上延长注册审查的周期[1]；异议后置虽然有利于缩短注册审查周期，但相对来说不利于维护注册商标效力的稳定性。德国和我国的异议设置方式似乎没有太多地考虑所选择的商标审查模式。德国《商标法》虽然选择的是只审查绝对事由的模式，在1995年之前也采用的是异议前置的方式，但为了进一步提高商标注册的效率，改为了异议后置。我国《商标法》虽然选择的是主动审查模式，但为了追求商标注册的稳定性，在第三次修改前仍然采用的是异议前置。

对于我国《商标法》应当选择什么样的设置方式，学者们存在不同的认识。一种观点认为，异议前置更有利于减少商标注册后的争议，维持注册的稳定性，因而应当保留这种设置方式。[2] 另一种观点认为，在维持相对事由审查的前提下，为了缩短审查周期，应当学习日本采用异议后置的方式以为"改良"。[3] 第三种观点认为，原则上宜采用日本的后置方式，但考虑到无效程序与后置的异议程序存在着重叠的问题，宜将两者"合置"，或者说将异议程序废除。[4] 采用何种异议设置

---

[1] 日本1996年之前采用异议前置的实践和我国2004年至2006年的实践表明，异议成立量占全部审定量的比例都不足1%。这就意味着，超过99%的已审定商标因为不足1%的商标异议，而要按照商标法有关异议期的规定推迟几个月时间（日本为2个月，我国为3个月）才能获得注册。参见周俊强：《商标异议程序立法研究——兼论我国商标异议程序的改革》，《知识产权》2010年第2期。

[2] 汪泽、徐琳：《商标异议制度比较研究》，《中华商标》2011年第2期。

[3] 文学：《革命还是改良：商标法相对理由审查制度的改革》，《中华商标》2008年第5期。

[4] 周俊强：《商标异议程序立法研究——兼论我国商标异议程序的改革》，《知识产权》2010年第2期；孔祥俊：《我国现行商标法律制度若干问题的探讨》，《知识产权》2010年第1期；王芸芸：《论我国商标异议制度的改革》，《知识产权法研究》第9卷，第177页。

方式应当是维护注册稳定性与提高注册效率的综合考量结果。第一种观点虽然有利于注册秩序的稳定，但在我国已经采用全面审查模式，又对相对事由设置了无效程序的情况下，两次实质审查的设置方式所带来的效率低下确实容易引起人们的诟病。第二种观点虽然使商标注册至少加快了3个月时间，但后置的异议程序与无效程序发生了事实上的功能重叠，异议后置的正当性因而存疑。第三种观点试图理顺异议程序与无效程序的关系，但其实质上废除了异议程序，这将意味着商标注册程序成了商标主管机关的独角戏，社会公众和在先权利人均失去了在商标注册中发声的机会，不利于问题商标的及时发现。在权衡各方利益的基础上，《商标法》第三次修改选择了更具特色的设置方式，即一方面保留了异议程序，并且仍然前置；另一方面修改了异议的处理方式，商标局不再对异议做出裁定，而是在对异议提出的事实和理由予以调查核实后直接做出是否准予商标注册的决定，进而又取消了原来所对应设置的商标评审委员会复审和行政诉讼程序。[1] 这一改变事实上使异议程序"从商标审查过程中的一个独立的程序变成了商标局审查商标申请的内部程序"[2]，既保留了异议程序的部分监督功能以提高商标审查、授权质量，又较好地解决了因异议程序复杂、冗长所造成的注册效率低下问题。但令人不解的是，既然此时的异议程序仅起到帮助商标局发现问题的作用，那为什么还要给商标局12个月，特殊情况下还可延长6个月的审查时间？事实上，异议程序改革所追求的缩短注册审查周期的初衷在此已被打了折扣。

2. 异议理由与异议人资格

从各国各地区立法来看，对异议理由和异议人资格的限定并不一

---

[1] 详见《商标法》第33条，第35条第1、2款。
[2] 金武卫：《〈商标法〉第三次修改回顾与总结》，《知识产权》2013年第10期。

致。欧盟、德国、法国将异议理由限定于与在先商标相冲突，异议人也因此限定于在先商标权人及利害关系人，而均不接受以著作权、外观设计专利权等在先权利的异议理由，这些权利冲突问题只能通过注册后的无效（或撤销）程序来解决。英国的异议理由事实上可以根据拒绝注册的绝对事由和拒绝注册的相对事由做出区分，对前者任何人都可提出异议，对后者限定于在先权利人及利害关系人。其所涉相对事由也不限于在先商标权，著作权、姓名权等其他在先权利的所有人及利害关系人也准许基于权利冲突对商标的注册提出异议。我国台湾地区和日本对异议理由与异议人资格都没有做出限定，任何人均有权基于绝对事由或者任何相对事由提出异议。

相对来说，欧盟、法国、德国所限定的内容过于狭窄，它们事实上将异议程序仅作为在先商标权人的救济程序，把违反绝对事由和存在其他权利冲突的情形排除在外，这不利于及时清除问题商标。而我国台湾地区和日本对基于相对事由提出的异议未加以异议人资格限制，则容易滋生"恶意异议"。我国《商标法》在第三次修改之前，对异议理由和异议人资格也都没有限定。实践中多次发生有人利用该漏洞，恶意对竞争对手的商标申请提出异议，故意拖延其获取商标权的时间；甚至还有人以提出异议作要挟，企图通过"协商解决"，谋取不法利益。为了扼制恶意异议，并实现公共利益与私人利益保护的平衡，我国在《商标法》第三次修改中采用了与英国相同的模式，任何人都可以基于绝对事由提出异议，但基于相对事由只能由在先权利人及利害关系人提出。[①]

3. 异议裁定及不服时的救济

异议如果成立，裁定的结果会根据异议程序设置方式的不同而呈

---

① 详见《商标法》第33条。

现差异,对被异议人的商标或是不予注册(异议前置)或是予以撤销(异议后置)。不服异议结果的救济方式对于异议程序的效率具有直接的影响。德、英、法、日等国家采用"行政一审"的模式,即对异议结果不服可以直接向法院提起诉讼。以德国为例,异议人对德国专利商标局做出的裁定不服,只能直接向联邦专利法院提起诉讼,而联邦专利法院做出的判决除因法律问题可以上诉外,直接生效。因而,绝大多数商标异议案件都会通过行政一审、司法一审得以解决。欧盟和我国台湾地区则采用的是"行政两审"模式。欧盟的商标异议由内部市场协调局(简称 OHIM)下设的异议处先行裁定,并可以向内部市场协调局下设的上诉委员会上诉。我国台湾地区的商标异议由台湾经济事务主管部门下设的"智慧财产"管理机构先行裁定,并可以向台湾经济事务主管部门下设的"诉愿审议委员会"上诉。在欧盟和我国台湾地区,经过"行政两审"异议人仍不服的,还可以诉至法院。显而易见,"行政两审"模式注重公正,而"行政一审"模式更富效率。

我国《商标法》在第三次修改之前,也采用的是"行政两审"模式。商标局先要对注册异议进行审查并做出裁定;对商标局所做裁定不服的,异议人有权向商标评审委员会申请复审;对复审决定仍旧不服的,才可以提起行政诉讼。实践中,商标局对异议进行审查后做出裁定大约需要 20 个月,商标评审委员会进行复审大约又需要 18 个月,如果异议人再提起行政诉讼,最终确定是否准予商标注册的时间一般需要 5 年左右,有的甚至长达七八年。[①] 如此复杂、冗长的异议程序,不仅影响了商标价值的市场形成,对于行政与司法资源来说也是巨大的浪费。为了改变这种状况,如前所述,《商标法》在第三次修改中删除了商标局对商标异议做出裁定的环节,规定商标局对商标注册异议进行调查核实后在公告期满之日 18 个月内必须直接做出准予或者不予

---

① 金武卫:《〈商标法〉第三次修改回顾与总结》,《知识产权》2013 年第 10 期。

注册的决定。异议程序到此结束，异议人不服的，既不能申请商标评审委员会复审，也不能提起行政诉讼，而只能通过请求宣告该注册商标无效加以解决。这种修改后的设置类似于"行政一审"模式，其最大的不同是取消了司法审查程序。根据《TRIPS 协定》第 62 条第 5 款的规定，对在当事人之间的异议程序中所做终局行政决定，成员国还应提供司法或准司法审查的机会。但若异议不成立，且异议程序的依据可通过无效诉讼解决，则无需再提供此机会。我国的这种修改无疑也是符合《TRIPS 协定》相关要求的。

（三）商标无效

商标无效制度是采用注册取得制度的国家对已经取得商标权的标志予以再监督的制度，其通过法定程序将本不具备注册条件的注册商标归于消灭，对于纠正商标注册中的失误，保证权利取得上的正确性具有重要的意义。

1. 无效与撤销

商标无效制度的后果是可使原来已取得的商标权归于消灭[1]，这一点与商标撤销制度存在相似之处。因而，我国《商标法》在第三次修改之前，没有区分无效与撤销，甚至将无效归入撤销之中。[2] 事实上，两者是不同的制度，区别甚大。具体表现如下：其一，事由与性质不同。商标被宣告无效的事由是所注册的标志本身违反了法律规定的禁止性规定或者侵犯了他人的在先权利，本就不应当获得商标权，无效

---

[1] 从商标权利消灭的角度看，商标被无效、商标被撤销、保护期限届满而不续展、权利人申请注销等，均可构成其原因。

[2] 我国的商标无效制度在 1950 年《商标注册暂行条例》中被归入第 5 章"异议程序"中，在 1963 年《商标管理条例》、1982 年《商标法》及 1993 年、2001 年的两次修正中都被归入了商标撤销制度。

制度是对这种"不当注册"行为的补救,这是一种对商标权取得的事后监督。而商标被撤销的事由是商标获得注册后,商标权人未履行商标使用义务,违反规定使用,或者使用不当使商标丧失显著性,而商标权获得本身是合法正当的,撤销制度是对这种"不当使用"行为的惩罚,这是一种对商标权正确行使的事后监督。其二,时限不同。多数国家一般将申请商标无效宣告的时限分为两种情形:符合拒绝注册绝对事由的,任何时间均可提起;符合拒绝注册相对事由的,大多要求在商标注册后5年内提起,以维护商标秩序的稳定。而各国对申请商标撤销均无时间限定,有撤销事由发生即可申请撤销。其三,溯及力不同。注册商标一旦被宣告无效,其商标权将被视为自始不存在,即宣告无效的决定具有溯及既往的效力。但是,为了维护基于原商标权而产生的法律关系的稳定性,依据我国《商标法》第47条第2款的规定,宣告无效的决定,对商标权被宣告无效前人民法院、工商行政部门做出且已经执行的有关商标侵权纠纷的裁决、已经履行的商标转让、许可使用合同均不具追溯效力。但因被无效宣告人恶意所致损失,仍需赔偿。而注册商标被撤销的,撤销的决定不具有溯及力,所获商标权从撤销决定做出之日起终止效力。其四,制度功能不同。无效制度不仅具有监督商标权取得的纠错功能,还具有维护在先权利人利益的权利救济功能,以及在先权利人默许使用后的权利确定功能。[①]而撤销制度主要体现的是商标管理功能、秩序维持功能,以及后文将论及的对注册取得制度的优化功能。

正是因为无效制度与撤销制度存在着重大区别,多数国家和地区的商标法对两者予以了明确区分。如《欧洲共同体商标条例》在第6章中对商标无效与撤销的事由、程序和后果予以了区分。德国《商标法》在第3章"放弃权利、撤销和无效;注销程序"中对无效和撤销

---

① 曹博:《商标注册无效制度的体系化研究》,《知识产权》2015年第4期。

的申请事由、程序内容、法律后果予以了区分。同样，英国、日本、韩国等国的商标法也对商标无效与撤销进行了分类规定。有鉴于无效制度与撤销制度的区别，我国《商标法》在第三次修改时借鉴国外立法经验，将原第5章所规定的"注册商标争议的裁定"更正为"注册商标的无效宣告"，同时在第6章"商标使用的管理"中进一步完善了撤销事由和程序，从而实现了无效制度与撤销制度的科学区分。

2. 无效事由与申请人资格

从各国商标立法来看，所规定的无效事由与商标审查、商标异议基本上保持了体系上的一致性，即可以分为两类：一类是因拒绝注册绝对事由而被宣告无效，另一类是因拒绝注册相对事由而被宣告无效。但此处的相对事由已不限于在先商标权，而涵盖了广泛的在先权利。当然，基于不同的立法思考，各国商标法所规定的无效宣告法定事由并非完全相同。比如，德国、意大利等国将包括与著作权、工业产权在内的在先权利的冲突规定为无效宣告的相对事由，但日本却将与著作权、专利权、实用新型权、外观设计权的冲突排除在了"无效商标注册的复审"之外。日本《商标法》第29条单独规定，注册商标若与在先的这些权利相抵触时，"不得在指定商品或指定服务中相抵触的部分上使用该形态的注册商标"，而非宣告该注册商标无效。

正是因为存在着绝对事由与相对事由的分类，商标无效宣告也就分为了依职权宣告和依申请宣告。对于违反绝对事由的情形，商标主管机关可依职权审查后主动宣告，也可以由任何人向其提出无效宣告的申请，以体现对公共利益的保护。对于违反相对事由的情形，由于涉及相关民事主体的私人利益，商标主管机关不能主动宣告，其他民事主体也无权申请宣告，而只能由在先权利人或利害关系人提出请求，以体现对私权的尊重。

我国《商标法》经第三次修改后，对无效事由与申请人资格的设置在总体上与多数国家大同小异。值得注意的是，该法在第44条中仍然保留了"以欺骗手段或者其他不正当手段取得注册的"之规定。该规定源于1993年《商标法》第27条第1款[①]和1995年《商标法实施细则》第25条第1款[②]，2001年《商标法》第41条将其与商标无效绝对事由的情形并列规定，现行《商标法》第44条依然如此，但对该规定的理解却长期困扰着我国商标行政执法和司法审查。在2001年《商标法》的适用中，有观点认为其是所有法定撤销（现为无效）事由的兜底条款，也有观点将其理解为侵犯私权外的撤销事由（绝对事由）的兜底条款。[③] 从现行《商标法》来看，其第44条和第45条分别对商标无效的绝对事由和相对事由做出规定，而上述以不正当手段获取注册的情形被规定在了第44条中，因而，将该规定理解为与商标无效绝对事由相类似的情形不会再有大的争议。但不能因此而将该规定理解为绝对事由的兜底条款。如前所述，违反公共利益的兜底条款应为《商标法》第10条第1款第8项，再设置兜底条款似无必要。另外，从文义解释来看，该规定所列情形明显评价的是取得商标注册的手段的非法性，其立法目的在于维护商标注册行为的良好秩序。因而说，此规定与该条其他并列的规定一样具有独立的内容。[④]

[①] 该款规定："已经注册的商标，违反本法第8条规定的，或者是以欺骗手段或者其他不正当手段取得注册的，由商标局撤销该注册商标；其他单位或者个人可以请求商标评审委员会裁定撤销该注册商标。"

[②] 该款规定："下列行为属于《商标法》第27条第1款所指的以欺骗手段或者其他不正当手段取得注册的行为：（1）虚构、隐瞒事实真相或者伪造申请书件及有关文件进行注册的；（2）违反诚实信用原则，以复制、模仿、翻译等方式，将他人已为公众熟知的商标进行注册的；（3）未经授权，代理人以其名义将被代理人的商标进行注册的；（4）侵犯他人合法的在先权利进行注册的；（5）以其他不正当手段取得注册的。"

[③] 详见孔祥俊：《商标与不正当竞争法：原理和判例》，法律出版社2009年版，第126页。

[④] 按照权威部门的解读，"以欺骗手段或者其他不正当手段取得注册的"主要指两种情形："第一，以欺骗手段取得商标注册的。所谓欺骗手段，是指申请人采取虚构、隐瞒事实真相，或者伪造申请书及有关文件等方式，取得商标注册。第二，以其他不正当手段取得商标注册。所谓以其他不正当手段，是指申请人采取欺骗方式以外的其他不正当方法，如通过给经办人好处等方式，取得商标注册。"参见《中华人民共和国商标法释义》，http://www.npc.gov.cn/npc/flsyywd/minshang/2013-12/24/content_1819925.htm，2015年10月13日最后访问。

3. 无效宣告的司法审查

《TRIPS 协定》第 41 条第 4 款规定，诉讼当事人对于行政的终局决定应当享有提交司法当局复审的机会。为了符合这一要求，各国均建立了无效宣告司法审查制度。具体来说主要有两种模式：一种是民事诉讼模式。如在德国，对专利商标局做出的商标无效宣告，当事人可以向联邦专利法院提起上诉。法院将依照民事诉讼原则，对此类案件进行事实审和法律审，审理后通常直接做出是否准予注册的判决。除因涉及公共利益或者重要的法律问题而受法院邀请参加外，德国专利商标局一般不参与不服其决定的案件的诉讼。另一种是行政诉讼模式。如在欧盟，对欧洲商标局做出的商标无效宣告，当事人可以向该局内设的上诉委员会提起上诉，上诉后仍不服的还可以诉至法院。法院依照行政诉讼的原则审理此类案件，作为被告的欧洲商标局必须针对原告的诉讼理由进行答辩，法院也要基于原告的诉讼理由审查上诉委员会所做的具体行政行为是否恰当，既要进行事实审，也要进行法律审。[①]

模式选择上的分歧源于无效宣告案件性质的复杂性。假如将此类案件理解为行政相对人与商标行政主管机关之间的纠纷，那么选择行政诉讼模式自然具有合理性；假如将此类案件理解为是平等民事主体之间的纠纷，则选择民事诉讼模式无疑更具正当性。不同的模式选择在我国的法律背景下会产生迥异的诉讼效果：按行政诉讼模式，假如认定商标行政主管机关的无效宣告裁决不合法，法院只能做出撤销或者部分撤销被诉行政行为并责令重做的判决，而不能直接判决维持注册或者宣告注册无效；按民事诉讼模式，法院则可以根据当事人的举

[①] 国家工商行政管理总局商标评审委员会：《商标司法审查制度赴欧洲考察团考察报告》，《中华商标》2005 年第 1 期。

证情况，直接对商标权的效力做出结论。在行政诉讼模式中，法院仅审查行政行为的合法性、合理性，无法实现民事纠纷的最终解决，甚至可能导致循环诉讼。民事诉讼模式虽然既可避免商标评审委员会成为被告的尴尬，又可以直接解决民事纠纷，具有一定的合理性，但却有违行政行为公定力原理。

我国与欧盟一样，选择的是行政诉讼模式。在我国法律传统中一直将商标无效宣告行为定性为行政确认，认为由此产生的争议是行政机关在行使行政职能过程中与行政相对人之间发生的争议，属于行政纠纷。但事实并非完全如此。对于以注册商标违反拒绝注册相对事由申请宣告注册无效的情形，更多涉及的是在先权利人与商标注册人这一对平等主体之间的民事纠纷，商标评审委员会实际上是以第三人身份在履行裁决民事争议的准司法职能，其行为具有行政裁决的性质。所谓行政裁决，是指针对平等主体之间发生的与履行合同无关，但与行政管理活动密切相关的民事纠纷，行政机关依照法律规范的授权予以审查，并做出裁决的行为。对当事人不服行政机关以第三人身份所做裁决的案件是否属于行政诉讼范围，在我国一直是一个有争议的问题：一种意见认为这只构成民事诉讼案件，另一种意见认为应属于行政诉讼案件。[①] 司法实践中也曾一度以民事权益纠纷受理行政裁决案件，但后来又改变了态度。[②] 目前，持行政裁决案件应当作为行政案件受理的观点虽然仍为主流，但围绕这一

---

① 参见姜明安主编：《行政法与行政诉讼法》，北京大学出版社、高等教育出版社 2005 年版，第 485 页。

② 1987 年，最高人民法院在《关于人民法院审理案件如何适用〈土地管理法〉第 13 条〈森林法〉第 14 条规定的批复》第 1 条中规定："当事人对人民政府处理不服的，可以向人民法院起诉。此类案件虽经人民政府作过处理，但其性质仍属民事权益纠纷，人民法院审理此类案件仍应以原争议双方为诉讼当事人。"1991 年，最高人民法院改变了上述批复的态度，在《关于贯彻执行〈中华人民共和国行政诉讼法〉若干问题的意见（试行）》第 7 条中规定："公民、法人或者其他组织对人民政府或者其主管部门有关土地、矿产、森林等资源的所有权或者使用权归属的处理决定不服，依法向人民法院起诉的，人民法院应作为行政案件受理。"

问题的争论并未平息。

从上述分歧来看,商标无效宣告的司法审查模式选择已绝非单纯属于《商标法》的问题,它还涉及行政裁决审查模式的重塑。虽然从目前来看,我国《商标法》所选择的模式是与我国现行的行政裁决审查模式相适应的,但囿于行政裁决审查模式本身存在改进的余地,因而这一问题仍需深入研究。除了有学者所提出的赋予法院对行政裁决以司法变更权等方案可供选择外,日本解决行政裁决诉讼纠纷的"形式当事人诉讼"模式也值得参考。日本的行政诉讼中有一种被称为"公法上的当事人诉讼"的类型,其有两种形式:一种是"形式当事人诉讼",即与行政裁决相关,并且依据法律规定应当将该裁决形成或确认的法律关系中所涉及的对方当事人作为被告的诉讼;另一种是"实质当事人诉讼",即以公法上的法律关系为对象的诉讼。具体来说,"形式当事人诉讼"是这样一种诉讼:对特定的民事纠纷,特定行政机关可以依据法律授权做出行政裁决;但当事人即该行政裁决的相对人可以根据个别法的规定直接就该民事纠纷以另外一方当事人为被告进行起诉,而不必先以行政诉讼排除该行政裁决的公定力。[①] 日本的商标无效司法审查实践正是采用的这种诉讼模式。日本特许厅审判部作为有权的行政机关相当于居中的审判者,首先要对当事人的商标无效宣告申请做出行政裁决,该裁决具有准司法性质,并被视为一审。当事人如果对特许厅做出的裁决不服,有权上诉至知识产权高等法院。此时,案件虽然针对的是行政裁决所确认的法律关系,但相互对抗的双方实际上是商标权人与无效宣告申请人,两者事实上在诉讼中充当着原告和被告的角色,争议的实质也是民事权益,在性质上也更接近于民事诉讼。而如果因对特许厅做出的驳回注册申请等决定不服提起诉

---

① 王天华:《日本的"公法上的当事人诉讼"——脱离传统行政诉讼模式的一个路径》,《比较法研究》2008 年第 3 期。

讼，则被告为特许厅长官，案件性质属于行政诉讼。[①] 基于这种思路，可以将我国《商标法》中商标局主动宣告无效产生的诉讼归类为"实质当事人诉讼"，将在先权利人或利害关系人提请商标评审委员会宣告无效产生的诉讼归类为"形式当事人诉讼"，进而分别适用不同的诉讼模式。但这种设想有赖于我国行政裁决司法审查模式的整体调整，殊非易事。

[①]〔日〕森智香子、广濑文彦、森康晃：《日本商标法实务》，北京林达刘知识产权代理事务所译，知识产权出版社2012年版，第85页。

第五章　我国商标权注册取得制度的完善

法律是一种不断完善的实践。[①]

——罗纳德·德沃金

一、注册取得制度的弊端

（一）恶意抢注

与商标注册取得制度相伴而生的是商标抢注现象。[②] 其主要原因在于，在注册取得制度下，一般同时实行的是先申请原则，即不同主体在相同或者类似商品上申请使用相同或者近似商标时，商标专用权由在先申请者取得。该原则的设计初衷主要是为了鼓励那些在商业中使用已久的商标尽快去申请注册，以防止丧失法律保护的机会。[③] 另外，也是为了鼓励市场主体尽快通过注册在全国范围内获得商标使用上的

[①] 〔美〕德沃金：《法律帝国》，李常青译，中国大百科全书出版社1996年版，第40页。

[②] 曹新明：《商标抢注之正当性研究——以"樊记"商标抢注为例》，《法治研究》2011年第9期。

[③] 郑友德：《知识产权与公平竞争的博弈：以多维创新为坐标》，法律出版社2011年版，第392页。

排他权,以便安心从事生产经营,从而促进产业发展。因而可以说,商标注册取得制度所采取的先申请原则,本质上是鼓励商标抢注的。[①] 这就意味着,对于商标抢注行为不能一概给予否定性评价。但不可否认的是,在单纯的注册取得制度下,法律只保护在先注册的商标,而对该商标在申请注册前是否使用在所不问,这就为一些投机取巧者将他人在先使用而未注册的商标通过恶意抢先注册据为己有提供了制度空间。[②] 在现实生活中,恶意抢注主要基于三种目的:一是觊觎他人品牌上已经蕴藏的商誉,抢注以后"搭便车""傍名牌"自己使用;二是自己并不使用,而是以胁迫赎回或者高价转卖等方式谋取利益;三是作为市场竞争的一种策略,通过抢注树立起"商标篱笆"将竞争对手阻击在某个市场之外。

恶意抢注现象在采用注册取得制度的国家均有存在,在我国还非常突出。据曾经专门审理此类案件的北京第一中级人民法院统计,该院审理的商标类行政案件从2002年的19件猛升至2011年的2043件,十年间上升近110倍,其中大量的案件是由恶意抢注引起的。[③] 另据国家工商总局通报,2013年该局共处理恶意抢注案件1826件,同比增长127.4%。[④] 例如,金鼎轩科贸公司在第42类服务上抢注金鼎轩酒楼

---

① 李扬:《我国商标抢注法律界限之重新划定》,《法商研究》2012年第3期。
② "商标抢注"的含义有广义与狭义之分。广义的"商标抢注"包括未经许可将他人享有在先权利(如著作权、姓名权、外观设计专利权、商号权等)的标识申请注册为商标的行为,以及未经许可将他人在先使用的未注册商标申请注册的行为;狭义的"商标抢注"仅指后一种行为。本书此处所称的恶意抢注主要是从狭义的角度论述的。事实上,在使用取得制度下,也存在商标抢注现象。因而,美国《兰哈姆法》第1052条规定:如果申请注册的商标包含与特定在世人物相同的姓名、肖像,包含他人在美国在先使用且尚未放弃的商标或商号相似的商标,以致其使用在申请人的商品上与之相关时易造成混淆、误认或欺骗等情形,应当驳回其注册申请。第1063条规定,任何人确信一个商标在主注册簿上的注册会使其受到损害,可在缴纳了规定的费用后,在规定的期限内向专利商标局提出异议。第1064条规定,注册是以欺骗性手段获得,在注册之日起五年内任何人都可以申请撤销注册。在注册取得制度下,由于对申请注册的商标缺乏使用的要求,商标抢注现象更为多发。
③ 曾谦:《商标恶意抢注诉讼十年增百倍》,《北京日报》2012年8月29日。
④ 《二〇一三年全国市场主体发展分析》,《中国工商报》2014年2月27日。

公司"金鼎轩"商标案[①]和郑成功酒业公司抢注衡水老白干公司"福兴隆"商标案[②]，就是典型的代表。商标恶意抢注不仅在国内市场主体之间发生，在国际层面上也屡见不鲜。由于商标权的地域性限制，通过注册在一国获得的商标权并不具有域外效力，要想在其他国家获得商标保护就必须在该国也获得注册。由此便造成以下一种情况，即当一个商标在一国已具较高知名度但未在他国取得注册时，他国的市场主体就有可能为了攫取商誉或者阻击该商标拥有者而抢注该商标。在国际竞争中，我国的驰名商标多次发生被外国企业抢注的现象。例如，1999年1月，博世—西门子集团公司在德国抢注了青岛海信集团公司的"Hisense"商标；2001年6月，西门子欧司朗公司在欧洲18个国家抢注了厦门东林电子公司的"Firefly"（萤火虫）商标；2006年3月，德国OKAI公司抢注了北京王致和食品公司的"王致和"商标；等等。同样，我国企业抢注外国商标的现象也时有发生。例如，盛能投资有限公司在"服装、鞋"等商品上抢注日本株式会社良品计画的"无印良品"商标[③]；吉利集团有限公司在"摩托车、小汽车"等商品上抢注英国路华公司的"陆虎"商标[④]；东之声电器有限公司在"扩音器喇叭、车辆用收音机"等商品上抢注美国高思公司的"KOSS及图"商标[⑤]；等等。

　　商标恶意抢注行为盗用了他人商誉，追求的是不劳而获，明显违背了诚实信用原则和基本的商业道德，是一种不正当竞争行为。它首先侵害了在先使用人的利益，在先使用人可能因此而不能再使用原来的标志，使其原来的投入付之东流，也可能因此而被阻挡在某个市场

[①] 北京市高级人民法院（2005）高行终字第42号行政判决书。
[②] 北京市高级人民法院（2011）高行终字第463号行政判决书。
[③] 北京市高级人民法院（2007）高行终字第16号行政判决书。
[④] 北京市第一中级人民法院（2011）一中知行初字第1043号行政判决书。
[⑤] 北京市第一中级人民法院（2011）一中知行初字第3223号行政判决书。

之外，丧失发展机会。恶意抢注还是一种典型的寻租现象。为了降低损失，在先使用人或者高价回购被抢注商标，或者投入大量的人力物力应对诉讼。但由此所产生的费用并不产生任何社会产品。[①] 其结果必然是鼓励投机，窒息诚实经营的市场主体。对于消费者而言，恶意抢注一旦成功，随着在先使用者的退出，其基于"认牌购物"而建立起来的信赖利益也就失去了依托，最终可能因受到"蒙骗"而利益受损。更重要的是，恶意抢注严重损害了商标注册和使用秩序，冲击了注册取得制度的正当性基础，使该制度发生异化，注册成为权利的等同物，追求注册变成了目的本身。[②]

（二）商标圈占

在注册取得制度下，商标权的取得不以商标的实际使用为前提，这也为商标圈占提供了可乘之机，一些投机取巧者就会将处于社会公共领域的符号，通过商标注册据为己有。然而，其真正目的不是在于自己使用，而是为了高价转让或者阻碍他人使用。这种现象在单纯的使用取得制度下是很难存在的。因为该制度要求商标权的取得要以使用为前提，被囤积的标识要想取得商标权也必须全部在相应的商品上使用，由此所要付出的代价远不像申请注册那样简便和成本低廉。另外，被囤积的标识也不可能成为其他商品经营者取得商标权的障碍，他们完全可以通过自己的实际使用获得商标权利。

商标圈占现象在采用注册取得制度的国家均有一定程度的存在，

---

① 〔美〕威廉·M.兰德斯、理查德·A.波斯纳：《知识产权法的经济结构》，金海军译，北京大学出版社 2005 年版，第 232 页。

② 李雨峰、曹世海：《商标权注册取得制度的改造——兼论我国〈商标法〉的第三次修改》，《现代法学》2014 年第 3 期。

这一现象的直接反映是商标闲置。[①] 如日本 1996 年前的一项调查表明，在该国约 130 万件注册商标中，有 31.8% 从来就没有使用过。[②] 在我国，这一现象更为突出。例如，截至 2008 年底，重庆市共有注册商标 34286 件，但闲置商标超过 8000 件，闲置率在 23% 以上。[③] 另据 2012 年的一项媒体统计，四川省剑阁县有注册商标 225 件，而闲置率为 43.1%；无锡市有注册商标 5 万余件，约 1 万件闲置；青岛市有注册商标 26273 件，三成闲置；湖北省有注册商标 8 万余件，至少有 1.6 万件闲置。[④] 商标圈占甚至还造就了一种新的职业——"职业注标人"，一种新的市场——"商标超市"。例如，河南省郑州市的王某从 1998 年开始在近 8 年的时间里圈占商标 70 多个，开办了该省第一家商标超市；所圈占商标中，"老鼠爱大米"标价 3000 万，"我能"标价 1000 万，"老谋子"标价 80 万。[⑤]

商标符号是一种有限的社会资源，商标圈占使商标权变成了符号垄断，圈占者自己不实际使用所圈占的符号，还故意阻碍他人使用，其最终的结果是，侵蚀了知识公地[⑥]（intellectual common），并造成大

[①] 商标闲置的原因多样，既有因商标注册人消亡、因主动放弃使用、因防御性注册而造成的闲置，也有因商标圈占而造成的闲置。以圈占为目的注册的商标量无法从数据上直接得到揭示，但商标闲置量可以为其提供一个参考。

[②] Masaya Suzuki, "The Trademark Registration System in Japan: A Firsthand Review and Exposition," *Marquette Intellectual Property Law Review* 5, 2001, pp. 148-149.

[③] 胡顺涛等：《谁来唤醒 8000 余件闲置商标？》，《重庆日报》2009 年 2 月 26 日。

[④] 刘永等：《"沉睡商标"背后的浪费——话说闲置商标之二》，《中国工商报》2012 年 11 月 29 日。

[⑤] 游晓鹏：《老鼠爱大米被抢注商标，抢注人商标超市价格不菲》，《郑州晚报》2005 年 2 月 6 日。

[⑥] 知识公地是在土地公地（land common）这一概念上发展而来的。土地公地原是英国法上一种制度，只有该地区的居民或者具备了一定社会地位的人才有权利进入该公地；但在知识公地中，任何公众都有平等的进入权。在这个意义上，通过借用土地公地而制造知识公地进而防止商标使用人随意注册的做法存在着理论上的难点。参见 Lynda L. Butler, "The Commons Concept: An Historical Concept with Modern Relevance," *William and Marry Law Review* 23, 1982, p. 835; Jennifer Davis, "European Trademark Law and the Enclosure of the Commons," *Intellectual Property Quarterly* 4, 2002, p. 364.

量的资源闲置与浪费。商标圈占行为所催生的大量"垃圾商标",为正常的商标申请平添了很多障碍,使本已不堪重负的商标审查人员雪上加霜,无谓增加了商标审查的成本,降低了商标审查的效率。耗费大量审查成本的商标圈占非但不创造任何社会效益,反倒变成妨碍商标注册和使用正常的"绊脚石"。① 不仅如此,商标圈占行为还扭曲了商标注册制度的功能,商标注册成为纯粹的符号登记,商标保护也蜕变为"符号保护"。② "符号保护"所能带来的丰厚的非生产性利润,诱使一些市场主体不是致力于商品信誉的培育,而是专注于符号注册上的投机取巧,这对于构建诚实守信、公平竞争的市场秩序无疑是一种不良示范。

(三)未注册商标保护的失衡

通过注册商标取得商标权,未注册商标无法取得商标权,这是注册取得制度的必然逻辑。具体在制度层面上,各国商标立法对于注册一般采取自愿原则或自愿与强制相结合的原则,除极少数的商标必须要注册外,市场主体可以自主决定是否将其所使用的商标申请注册。基于成本、效率、经营策略等多方面原因的考虑,有些市场主体更喜欢使用未注册商标。由此,未注册商标就成为市场主体的一种自由选择,而且成为一种极为普遍的市场现象。以我国为例,截止到 2014 年底,累计商标注册申请量为 1552.67 万件,累计注册量为 1002.75 万件,有效注册量为 839 万件③;而截至 2014 年 12 月底,全国实有各类

---

① David Wilkinson, "Broad Trade Mark Specifications," *E. I. P. R.* 4, 2002, pp. 227-228.
② 李琛:《商标权救济与符号圈地》,《河南社会科学》2006 年第 1 期。
③ 国家工商行政管理总局商标局、商标评审委员会编著:《中国商标战略年度发展报告(2014)》,中国工商出版社 2015 年版,第 5 页。

市场主体 6932.22 万户[①]；累计商标注册量、商标有效注册量与市场主体数量的比例分别为 14.5% 和 12.1%。换言之，85% 以上的市场主体没有注册商标，如果考虑到一个市场主体可以注册多个商标等因素，这个比例还要大。

从历史沿革来看，商标权利的取得最初是以使用为基础的。建立在使用基础上的未注册商标体现的是一种自然理性，并没有因为注册制度的引入而失去其正当性。商标的本质在于联系，而这种联系展示的是商标声誉，体现的是商标权人和消费者的利益。商标使用人借此将自己的商品与他人的商品区分开来，消费者凭它识别并购买到自己中意的商品。"与专利和版权保护不同，商标法的产生不是出于希望刺激特定形式的经济活动，它最初目的就是为了保护大规模生产的社会中的消费者，禁止不择手段的经营者试图在他人的驰名标识或显著符号的旗帜下飞翔。"[②] 也就是说，商标法律制度最终所要保护的是商标的区分功能，以及商标所承载的商誉。然而，商标的声誉来自对其成功的使用，与是否注册并无直接关系。未注册商标经过使用能够发挥区分和识别功能，从而具有减少消费者搜索成本、承载商标使用人商誉等经济效用，具备了联系的本质，也具备了应予保护的实质性要件。不仅如此，联系的建立是未注册商标使用人辛勤付出的结果，凝结了使用人的劳动，蕴含着使用人的利益，从而获得了洛克财产权劳动学说的有力支持，在要求法律提供保护问题也就占据了自然法上的道德优势。反之，假若不予保护，势必会诱发大量抢注、仿冒行为，既危害于未注册商标使用人的利益，也有损于消费者的利益，同时还会给公平竞争的市场秩序造成破坏。

[①] 马哲：《新登记企业增长快，市场竞争秩序平稳，消费维权形势向好》，《中国工商报》2015 年 1 月 23 日。

[②] 〔美〕罗伯特·P. 墨杰斯等：《新技术时代的知识产权法》，齐筠等译，中国政法大学出版社 2003 年版，第 20 页。

然而，我国《商标法》虽然存在对未注册商标予以保护的条款，但强调的仍然是"保护商标专用权"，而未注册商标并未获得独立的法律地位。《中华人民共和国反不正当竞争法》以下简称《反不当竞争法》虽然为未注册商标的保护留出了一定的空间，但其通篇条文中并没有出现"未注册商标"字样，因而对它的保护的作用有限。现行法律的如此设置，对未注册商标保护而言是否公允，备受争议。加之，注册取得原则下商标抢注、商标圈占等行为所暴露的商标与使用相分离，进而带来的商标权寻租现象，也加剧了人们对我国注册取得制度正当性的疑虑。

二、我国商标权取得制度的完善思路

毋庸置疑，我国的商标权注册取得制度存在着固有的制度缺陷。虽然针对这些缺陷历次《商标法》修改都设置过一些具体的改进措施，但并未能从根本上消除相关问题。由此，针对该项制度本身应否坚持，以及坚持后又该如何完善，学界产生了观点分歧：

第一种观点可称为"美国模式派"。其认为在商标权取得中，注册仅为形式要件，实际使用才是实质要件，因此，美国《兰哈姆法》的"使用+注册"的模式才是我国的最佳选择。[1]

第二种观点可称为"德国模式派"。其认为使用也能产生商标权，但单纯的使用取得制度和绝对的注册取得制度均有缺陷，改进我国制度的思路和选择应当是在坚持注册取得原则的前提下，适当引入使用取得原则，因此，"宜采用以德国为代表的在商标法中融合注册原则和使用原则的立法模式"。[2]

---

[1] 邓宏光：《我们凭什么取得商标权——商标权取得模式的中间道路》，《环球法律评论》2009年第5期。类似观点可参见苏喆、秦顺华：《公平与效率何以兼顾》，《天津法学》2012年第2期。

[2] 王莲峰：《我国商标权利取得制度的不足与完善》，《法学》2012年第11期。类似观点可参见彭学龙：《寻求注册与使用在商标确权中的合理平衡》，《法学研究》2010年第3期。

第三种观点可称为"本土改良派"。其认为没有完美无缺的制度，注册取得制度相较使用取得制度在市场经济所追求的安全与效率两个重要的价值目标方面具有比较优势，因此，我国商标法应当继续坚持注册取得制度，并在此前提下通过强化使用在商标保护中的作用等制度设计来克服或限制其消极作用。①

以上观点均存在其合理因素。原因在于，商标权取得制度的选择取决于不同的伦理判断和价值取舍，站在不同的立场和角度可能会得出不同的结论，这是其公共政策属性和"技术设计"特征的正常反映。但从我国的实际出发，"本土改良派"的观点更具有现实意义。

首先，从历史上看，尽管我国商标法选择注册取得制度不是基于民族工商业发展的内生动力，也不是基于法律逻辑结构的内在需要，而是缘于西方列强的武力压迫和易于移植的功利考量②，但中国已采用该原则110余年。其间，虽然历经朝代更替、经济兴衰、法律变迁，但坚持注册取得原则已是法律传统。而事实上，美国之所以坚持使用取得原则与其普通法传统密切相关；德国之所以能够开创性的将使用与注册两种权利取得方式融为一体，也与德国法律传统中对商标法和反不正当竞争法关系的认识密不可分。因而，从法律的稳定性与延续性出发，我国商标法仍有必要坚持注册取得制度。

其次，从现实来看，注册取得制度基本适应我国商标实践的要求。埃尔曼认为，"法律移植是将某些制度和规范从一种文化移至另一种文化"③。但法律移植的效果取决于本土资源对外来制度的兼容性。我国

---

① 张玉敏：《论使用在商标制度构建中的作用》，《知识产权》2011年第9期。

② 日本有学者认为，"日本之所以从一开始就采取'注册原则'，还有另外一个原因，即像现在发展中国家的商标制度一样，作为商标制度基础的理论，当时在日本尚未形成"。参见〔日〕纹谷畅男：《商标法50讲》，魏启学译，法律出版社1987年版，第10页。我国也有学者认为，"注册原则迅速普及的主要原因未必在于法理，但肯定在于其更易于进行法律移植"。参见文学：《商标使用与商标保护研究》，法律出版社2008年版，第177页。

③ 〔美〕H. W. 埃尔曼：《比较法律文化》，贺卫方、高鸿钧译，生活·读书·新知三联书店1990年版，第130页。

的商标实践虽然历史悠久，但"商标"这一名词乃至现代商标制度却都是典型的舶来之物。当我国移植了西方的注册取得原则后，首先面对的也是其与本土文化的结合问题。正所谓"一张白纸好画最美的图画"，我国历史上对商标权的漠视反而为注册取得制度的采用提供了绝佳的契机和扎根的土壤。但注册取得制度真正与我国商标实践相结合还是新中国成立，尤其是 1982 年《商标法》施行之后的事情。[①] 在此过程中，由于该制度暗合了我国注重经济管理的传统，而为历次商标立法、修法所坚持，并不断发展、完善。当然，从现实性来说，该制度是否真正与我国商标实践相适应还要看它对国人商标意识提高以及国民经济发展的影响和作用。据统计，2014 年我国商标注册申请量已突破 200 万件大关，达 228.54 万件，连续 13 年位居世界第一；累计注册申请量、累计注册量、有效注册量分别达 1552.67 万件、1002.75 万件、839 万件；2014 年国内申请人提交马德里商标国际注册申请 2140 件，位居马德里体系第七位，累计达 1.86 万件。[②] 这组数据，从一个侧面反映出注册取得制度已在国人商标意识的培育、提高等方面发挥了重要的作用。另外，研究表明，商标总量与经济总量之间存在着强相关性，地区经济发展水平与平均拥有注册商标量高度相关，GDP 与商标申请量、商标注册量的相关系数分别为 0.9813、0.9209；GDP 变化 0.999 个百分点，商标申请量相应的变化 1 个百分点，二者之间的变动存在高度一致同步性。[③] 商标申请量、注册量虽然不能直接代表国民经济发展水平，但其可间接反映国民经济的发展状况。与经

---

① 据学者统计，从 1904 年清政府颁布《商标注册试办章程》到北洋政府 1923 年颁布《商标法》的近 20 年的时间内，我国只挂号了 2.59 万件商标，且几乎清一色是外国商标。从北洋政府至新中国成立之前，在我国注册的商标总共也只有约 5 万件，绝大部分还是外国商标。参见孟庆法：《六十年：中国商标制度经历戏剧变迁》，《国际商报》2009 年 9 月 10 日。

② 国家工商总局商标局、商标评审委员会编著：《中国商标战略年度发展报告（2014）》，中国工商出版社 2015 年版，第 5 页。

③ 国家工商总局商标局、商标评审委员会编著：《中国商标战略年度发展报告（2014）》，中国工商出版社 2015 年版，第 3 页。

济总量强相关及同步变动的研究结果表明，我国商标申请量、注册量的年度变化暗合了国民经济的发展。正如有学者评价说，商标法在明确宣示商标权为私权的同时，构建注册商标机制，赋予注册商标人以专用权，……推动了 30 年来国民经济的发展、社会的进步创新和消费者福利的增进。① 另外，我国作为世界第一货物贸易大国②，在确定商标权取得制度时必然要考虑国际因素。然而，"在今天的国际保护中，以及在大多数国家的国内商标制度中，'获得注册'是取得商标权的唯一途径"③。抛开重新引进他国模式所必然带来的损益不谈，在我国已经确立了与大多数国家相一致的权利取得制度的情况下，确无必要中途加以改变，因为这是一套既符合中国国情又与国际接轨的商标制度。④

第三，从比较法的角度看，任何一种商标权取得制度都有它自身的优势和缺陷。就以常被用来指责注册取得制度的商标囤积来说，在美国的商标权取得模式中照样存在，只是程度不同。⑤ 而以注册还是使用作为商标权的取得原则，涉及商标法的基础架构，各国或地区都很慎重。以我国台湾地区为例，其一度也对采用注册取得制度产生过怀疑，尤其是在商标纠纷高发、将外国商标在岛内抢先注册时有所闻的情况下，也有人提出改用美国的使用主义。正如学者徐火明所言，使

---

① 黄汇：《商标法的历史功绩和时代局限》，《光明日报》2012 年 11 月 4 日。
② 我国 2013 年进出口总额为 4.16 万亿美元，超过美国约 2500 亿美元，继成为全球第二大经济体、最大外汇储备国和最大出口国之后，又成为世界第一货物贸易大国。详见孙超逸：《中国成为世界第一货物贸易大国》，《北京日报》2014 年 3 月 2 日。
③ 郑成思：《WTO 知识产权协议逐条讲解》，中国方正出版社 2001 年版，第 64 页。
④ 孟庆法：《六十年：中国商标制度经历戏剧变迁》，《国际商报》2009 年 9 月 10 日。
⑤ 根据美国参议院有关 1988 年《兰哈姆法》修正案的报告，规定"意图使用"的目的之一是解决象征性使用问题。而象征性使用的主要原因是为了保留没有真实使用的商标，从一定意义上说这也是一种"囤积"。即使是在美国国会规定"意图使用"时，也有人基于该规定本身会被他人滥用于囤积商标而提出反对意见。参见 Senate Report 100-515, 100th Cong., 2d Sess。另外，美国第二巡回上诉法院认为，美国国会在《兰哈姆法》中规定商标放弃制度的意图之一正是为了防止对商标的囤积。参见 Silverman v. CBS Inc., 870 F. 2d 40 (2d Cir. 1989)。总之，美国的商标权取得模式并非当然能够完全排斥商标囤积现象，只是在该模式下该现象出现的概率较低，加之配合以其他措施，问题已不明显而已。

用主义唯有美国采用,而其首先使用不够明确的缺点,不能轻而易举地克服,因此轻率采用使用主义,非但不能解决商标纷争,反而会产生更多纠纷,很不妥当的。而注册主义具有明确性、公示性,因此他认为,在修正台湾地区商标相关规定时,仍应坚守注册主义,而不宜贸然采取使用主义,以免造成商标相关规定之体系的紊乱。台湾地区商标相关规定最终坚持的仍是注册取得制度。事实上,大多数国家商标法及国际条约采用注册取得制度的实例,正是该制度具有生命力的最为有力的证明。另外,需要指出的是,随着世界经济贸易的发展和人们对商标权认识的进一步深入,各种取得制度之间的互相汲取、借鉴已成为一种自然的选择,现今世界实际上已经难以寻找到某种真正"纯粹"的取得模式。就以对待"使用"的态度为例,注册取得制度下的国家立法对于使用的解释已越来越严格和复杂,而使用取得制度下的国家立法对使用的解释却越来越缓和。[1] 同样,也很难说我国坚持的是纯粹的注册取得制度,其对同日申请时在先使用者的注册优位权、未注册商标的在先使用权、未注册驰名商标的特别保护权等的确认都能说明这一点。这也表明我国商标法在大的原则上对注册取得制度的坚持,并不妨碍其学习、借鉴他国模式的合理因素。

第四,从制度本身来看,注册取得制度具有比较优势,且其消极作用能够在一定程度上得以克服或限制。如本书第二章所述,注册取得制度之所以能为大多数国家所采用,主要得益于其在公平与效率的兼顾上所具有的比较优势。现在不能因为其存在这样或那样的问题,就罔顾制度优势、国情社情、商标实践而予以抛弃。而且,任何取得制度的运行都需要与之相配套的制度,而这些配套制度为弥补取得制度自身的缺陷提供了可能。如从正面强调商标使用、从反面构建不使用撤销制度,以及加强未注册商标保护等都是各国所采取的优化注册

---

[1] 杜颖:《社会进步与商标观念:商标法律制度的过去、现在和未来》,北京大学出版社2012年版,第30页。

取得制度的配套制度。虽然这些举措没能（事实也不可能）从根本上消除相关问题，但无疑都对抑制注册取得制度的缺陷产生了积极作用。就我国的注册取得制度而言，一段时间内恶意抢注横行、商标囤积成灾的原因与我国《商标法》中的优化措施不到位不无关系。有鉴于此，我国《商标法》第三次修改中特意加强或引进了相应的优化措施，如明确界定"商标的使用"、扩大禁止恶抢的主体范围、完善不使用撤销制度、赋予未注册商标在先使用权等等。有理由相信，随着这些配套制度的运行，必将能够进一步扼制恶意抢注、商标囤积等行为，为注册取得制度注入新的生机和活力。尽管如此，我国《商标法》对注册取得制度的规定仍有不到位之处，在吸收、借鉴他国经验的基础上对其予以进一步完善，仍然具有现实性与必要性。

总之，对我国商标权取得制度的完善既要基于我国的商标法传统，又要结合现实的商标实践，在正视问题的同时，既要着力于注册取得制度自身的改造，又要着力于外部补充措施的跟进，而非盲目引进他国制度。其中，处理好注册与使用、注册商标与未注册商标之间的关系仍为问题的关键。

三、我国注册取得制度的完善路径

（一）强制注册之取消

《商标法》第 6 条是我国对少数商品实行商标强制注册的明证。[①]然而，强制注册制度属于典型的计划经济的产物，在苏联解体、东欧

[①] 该条规定的内容为："法律、行政法规规定必须使用注册商标的商品，必须申请商标注册，未经核准注册的，不得在市场销售。"

剧变之后，该制度已基本上消亡。[①] 如本书第一章所述，我国实行强制注册制度可以追溯到 1957 年国务院同意并转发的《中央工商行政管理局关于实行商标全面注册的意见》，1963 年全国人大常委会批准的《商标管理条例》正式以法律的形式确认了该制度。受计划经济体制和注册商标是质量标志思想的影响，1982 年《商标法》在采用自愿注册原则的同时，仍然保留了对少数商品实行商标强制注册的原则。这种所谓的"自愿注册为主、强制注册为辅"的原则事实已经越来越不适应社会主义市场经济体制和商标理念发展的要求，理应加以修改，剔除强制注册制度，但遗憾的是在《商标法》第三次修改中仍然予以了保留。

坚持保留强制注册制度的理由认为，对与人民群众生活关系极为密切且直接涉及他们身体健康的极少数商品实行强制注册制度，有利于加强对商标注册人的监督管理和对特殊商品的严格管理，符合我国经济社会发展情况和商标使用的实际情况。[②] 该观点其实仍然坚持的是注册商标是质量标志，商标法是市场管理工具的思想。然而，"这本身就是一个认识误区，因为商标的审核过程中并不涉及对商品质量的评价和监督"[③]。即使从商标使用的监管来看，商标也很难成为商标行政主管机关控制商品质量的工具。商标虽然具有品质保证功能，可"商品的实际质量与此无关，其只是授予了商标权人控制商品品质的权利"[④]。商标权人使用商标的确具有对外表明贴附其商标的商品之品质大致相同的意图，但这并不意味着商标就是商品具有高质量的保证书。商标使用的监管应重在防止假冒，制止对消费者的欺骗，而非以商标来直

[①] 郭建广：《新商标法确立的基本制度》，《中华商标》2014 年第 1 期。
[②] 聂国春：《违反强制注册制度处罚标准明确》，《中国消费者报》2014 年 8 月 15 日。
[③] 张耕等：《商业标志法》，厦门大学出版社 2006 年版，第 87 页。
[④] J. Thomas McCarthy, *McCarthy on Trademarks and Unfair Competition*, New York: Clark Boardman Callaghan, 2008, §3:10.

接监管商品的质量。实证也表明,《商标法》实施以来,其中的质量监督管理条款从未被使用过。[1]

事实上,我国法律、行政法规要求必须使用注册商标的商品已经很少。在2001年12月之前,仅包括药品(后限定为人用药品)和烟草制品两大类。2001年2月修改、12月施行的《药品管理法》未再要求药品必须使用注册商标,药品事实上已退出了强制注册商品的行列。至此,实行强制注册的商品只有"卷烟、雪茄烟和有包装的烟丝"。人们不禁要问,烟草制品何德何能可以独享如此"殊荣"?难道它与人民群众生活的关系比药品、食品还要密切?比药品、食品更能影响他人健康?恐怕很难得出肯定的结论。那是因为离了注册商标就无法监管吗?答案也非如此。依照《烟草专卖法》第3条的规定,国家实行烟草专卖许可证制度,对烟草制品实行专卖管理。为此,我国已设置了包括从烟叶的种植、收购和调拨,到烟草制品的生产、销售和运输,甚至是滤嘴棒、卷烟纸等的生产和销售在内的全环节的监管制度。这些监管措施的力度不比对药品、食品的监管小,有些还远超过了它们。究其原因,恐怕还是计划经济下管制思想作祟。有趣的是,我国要求烟草制品强制使用注册商标的规定与目前国际上流行的一项新兴的控烟措施——"烟草平装"(plain cigarette packaging)制度却相去甚远。该制度要求烟草制品的包装上必须去除商标等商业标识,仅允许标注有毒成分等法律要求标明的信息。该制度希望通过统一烟草制品的包装和禁止广告与促销行为来降低原来包含商标等商业标识的包装对消费者的吸引力,从而实现控烟的目的。[2] 目前,越来越多的国家考虑采用该制度作为控烟手段。其中,澳大利亚率先于2011年底通过了《烟草平装法案》,欧洲议会环境、公共卫生和食品安全委员会也于2013

---

[1] 邓宏光:《从公法到私法:我国〈商标法〉的应然转向——以我国〈商标法〉第三次修订为背景》,《知识产权》2010年第3期。

[2] 徐升权:《烟草平装制度的商标法审视》,《法学杂志》2014年第1期。

年 7 月投票支持了新修订的要求烟草平装的《欧盟烟草产品指令》。[①]由于篇幅和主题所限，本书无意探讨"烟草平装"制度对商标法基础理论的影响，只想以此表明在烟草制品上强制使用注册商标并不能达到保护公共健康的目的。相反，在采用"烟草平装"制度的国家看来，不使用商标反而更有助于促进公共健康。

商标权是私权，商品经营者注不注册商标，应当由其自愿自主选择，政府不应过多干涉，更不应强制要求。这是目前国际通行的规则。商品质量问题应当由《产品质量法》、《消费者权益保护法》等相关法律来规制，《商标法》对商品质量监督的规定已形同虚设，理应调整。在我国已采用自愿注册原则的情况下，没有必要再单独为烟草制品设置例外规定。总之，强制注册制度在我国早已完成了其历史使命，为了纯化我国的商标注册原则，该制度是该"寿终正寝"了。

（二）使用要求的再强调

1. 在注册时引入"意图使用"

在注册取得制度下，申请商标注册并不要求申请人在提出申请之前对商标有实际的使用。因而，普遍的观念认为，不管商标在申请日前是否已经实际使用，或注册申请人是否具有使用的意图或使用的可能性，都不影响该商标获得注册。这种认识实际上曲解了注册取得制度的本意。事实上，注册取得制度是建立在推定申请人对所申请注册的商标有使用意图基础之上的，只是在效率原则的指引下，才允许商

[①] 澳大利亚的《烟草平装法案》在国内受到了烟草公司的违宪起诉，在 WTO 也受到了乌克兰、多米尼加、古巴等多国的挑战，诉讼主要围绕该法案对香烟产品商标使用上的限制是否合理展开。参见〔美〕杰夫·M. 塞缪尔斯：《美国驰名商标法则、TRIPS 协议与香烟平装立法》，蔡元臻译，《科技与法律》2014 年第 3 期；杨帆：《香烟平装立法——全球控烟背景下的新举措》，《科技与法律》2013 年第 5 期。

标未经使用也可以获得注册,这体现的是对注册申请人的信任。正如英国的雅各布(Jacob)法官所言:"除非你打算使用一个标识,否则,你就不能注册该标识。"[1] 我国《商标法》第 4 条第 1 款明确规定:"自然人、法人或者其他组织在生产经营活动中,对其商品或者服务需要取得商标专用权的,应当向商标局申请商标注册。"从该规定来看,其强调的是在生产经营活动有需要时,才去申请商标注册,而此处的"需要"是有"商品或服务"限定的实际需要,而非来自其他原因的需要。换言之,这种"需要"或者是因为其在经营的商品上已经使用了商标,或者是因为其在经营或将来经营的商品上意图使用商标。我国司法实践中也有因无使用意图而未核准商标注册的实例。如在"香奈儿图形"商标案[2]中,北京市高级人民法院就认为,申请注册商标的需要与目的在于开展正当的生产经营活动,涉案异议商标的注册申请人已被吊销营业执照,且其也未对该商标的相关权益提出诸如转让或许可使用等相应的主张,应当推定其已无意再使用所申请的商标,并综合该商标尚处于注册申请审核阶段、仅是一种期待权而尚未成为法定财产权、社会资源节约等因素考虑,涉案异议商标不应予以核准注册。由此可知,我国对于商标注册的当然要求应是使用或者意图使用,这在一定意义上与美国《兰哈姆法》的规定有相同之处。但必须指出的是,两者仍然存在着本质的区别,即美国的"意图使用"最终要成为"真诚使用"才能获得注册,而我国的"意图使用"可以直接获得注册。那种认为我国也应像《兰哈姆法》那样规定只有实际使用的商标才可以得到注册的观点[3],既抹杀了两种权利取得制度的区别,也会造

---

[1] 800-Flowers Trade Mark (2000) FSR 697.
[2] 北京市高级人民法院(2013)高行终字第 1618 号行政判决书。
[3] 参见郭修申:《建议在〈商标法〉第三次修订中完善商标实际使用制度》,载中国社会科学院知识产权中心、中国知识产权培训中心编:《〈商标法〉修订中的若干问题》,知识产权出版社 2011 年版,第 28 页;郑其斌:《论商标权的本质》,人民法院出版社 2009 年版,第 151 页。

成我国商标法律体系的混乱，是不可取的。

虽然"意图使用"是我国注册取得制度的应有之义，但由于我国法律没有对其明确加之规定，因而常被某些人有意加以歪曲。为了正本清源，有必要在法律条文中明确加以规定。其作用有三：一是明确表明法律的态度，且有宣示意义；二是对商标申请人来说具有提醒作用；三是对恶意抢注和盲目注册的动机具有抑制作用。对此，意大利、韩国和英国的立法提供了很好的借鉴。意大利《商标法》第22条第1款规定："凡在自己的公司或自己控制的公司或自己同意使用商标的公司制造或经销商品或提供服务当中，使用或意图使用商标者，均可以获得商标注册。"韩国《商标法》第3条规定："在韩国国内使用或意图使用商标的人享有注册自己商标的权利。"英国《商标法》第32条第3款规定，商标注册的申请须说明，"该商标由申请人或经申请人同意正在使用于有关的商品或服务上，或该申请人有使用该商标的真实意图"。因此，建议将我国《商标法》第4条修改为："自然人、法人或者其他组织在生产经营活动中，对其商品或者服务需要使用商标或意图使用商标的，可向商标局申请商标注册，以取得商标专用权。"另外，为了增强该规定的实践效果，有学者提出"对注册申请人课以声明意图使用的义务"[①]，这一观点甚为妥当，它对抑制恶意抢注和盲目注册的动机具有一定的作用，还有利于相关制度的制订。为此，建议在《商标法》第2章"商标注册的申请"中增加一条："申请商标注册时，应当提交已实际使用该商标的证据，或者意图真实使用该商标的声明。"与此同时，在商标审查、异议程序中，商标局对"意图使用"的真实性要予以适当审查，对诸如同一申请人申请注册的商标数量远远超过其正当经营需要而又无法做出合理解释的明显缺乏真实性的申请，可直接予以驳回。

[①] 张玉敏：《论使用在商标制度构建中的作用》，《知识产权》2011年第9期。

2. 明确因"意图使用"而获注册的商标在转让前的使用要求

转让作为商标权的重要权能,以及商标资源配置的重要方式,为各国商标立法所肯定。但允许商标转让为商标囤积和恶意注册提供了制度基础。从各国商标立法来看,存在着两种商标转让模式:一种是连同转让,即商标必须与商标的商誉或者说经营者的营业一并转让,其典型代表为美国[1];另一种是自由转让,即商标不要求附带任何资产或商誉,可以单独转让,包括我国在内的大多数国家都采用这种模式。理论上说,不同的模式选择将会产生不同的效果。在连同转让模式下,商标只有经过使用并形成一定商誉后才可转让,商标权人的最大利益体现在对商标持续而真实的使用上。[2] 因而,其商标转让不易引起那种"为了转让而转让"的商标注册。而在完全的自由转让模式下,商标一旦获得注册即可以无条件地转让,商标权人可以通过转让而非使用获取最大利益。这样一来,获取注册自然也就成为首要的选择,商标囤积和恶意注册的易发、高发也就不难理解了。

大多数国家之所以选择自由转让的模式,其中既有商标权作为私权的考虑,也有制度可操作性的衡量,同时也是"顺应经济发展和市场变化的实际需求"的结果。[3] 因此,我国应当继续坚持自由转让的模式,但对商标转让有必要进行有目的的限制。在我国,商标局每年办理的商标转让申请量虽然只占当年累计有效注册商标总量的1.5%左右,但绝对数量每年均以较大幅度增长,2012年突破10万件,相

---

[1] 美国《兰哈姆法》第1060条(a)款(1)项规定:"一件已经注册或已经申请注册的商标可以连同使用该商标的商业商誉,或与该商标的使用相关并由该商标所象征的部分商誉一并转让。"通常认为,该规定表明美国采用的是连同转让。但由于该规定使用的是"可以"一词,有学者也因此认为,该条款实际上属于一种授权性规定,商标既可以连同商誉一起转让,也可以单独转让。详见彭学龙:《商标转让的理论建构与制度设计》,《法律科学》2011年第3期。

[2] 刘燕:《论注册商标转让的限制》,《吉林大学社会科学学报》2013年第5期。

[3] 有关"自由转让模式"合理性的理由,可参见彭学龙:《商标转让的理论建构与制度设计》,《法律科学》2011年第3期;黄汇:《商标权自由转让的合理性——兼谈我国商标法第三次修改》,《电子知识产权》2008年第3期。

当于1998年全年新核准注册商标量（107710件），2014年更是达到13.8万件，相当于当年核准注册商标量的1/10（详见下表）。

表1　我国2009—2014年注册商标数量及办理商标转让申请量统计表

年份	累计有效注册商标总量（万件）	年核准注册商标量（件）	年办理商标转让申请量（件）	年办理转让申请量与年核准注册量的比率(%)
2009	340	837643	66808	8.0
2010	460	1349237	84966	6.3
2011	551	1022698	97039	9.5
2012	640	1004897	101937	10.1
2013	724	996724	114607	11.5
2014	839	1375104	138200	10.1

数据来源：国家工商行政管理总局商标局、商标评审委员会2009—2014年《中国商标战略年度发展报告》。

虽然年办理商标转让申请量并不表明所转让的商标都是因商标囤积或恶意抢注而引起[①]，但至少是其产生的一个原因，因而从这个角度来说对之进行一定的限制具有必要性。自由转让模式也并非禁止监管，事实上，出于消费者利益和公共利益的考量，多数国家都会对自由转让模式进行限制。例如《巴黎公约》、《欧洲共同体商标条例》和俄罗斯《商标法》、意大利《商标法》等有关商标转让不得误导消费者的规定是对转让的实质限制[②]，而法国《知识产权法典》、埃及《知识产

[①] 更能说明问题的本是基于恶意注册或盲目注册而转让的商标量，但遗憾的是没有该类转让的统计数据，事实上也无法做出这样的统计。因而，此处只是基于"我国恶意注册或盲目注册猖獗"的判断做出的推断。

[②] 《巴黎公约》第6条之4第2款事实上规定，在某一商标转让后，如果受让人对商标的使用事实上会误导公众，特别是当这种误导关涉商标所附着商品的原产地、性质或主要品质时，成员国无须承认该转让为有效。《欧洲共同体商标条例》第17条第4款规定："如果转让文件明显表明，共同体商标的转让使公众对于注册的商品或服务的性质、质量或产地引起误导的，协调局对该转让不应予以注册。"俄罗斯《商标法》第25条第2款规定："如果商标让与可能会导致消费者对商品或其生产者产生误认，则该商标不得让与。"意大利《商标法》第15条第4款规定："商标的转让和许可，在任何情况下均不得在商品或服务的基本评判特征方面误导公众。"

权保护法》等有关商标转让应采用订立书面合同或应予登记等规定是对转让的形式限制[①]。我国《商标法》对商标转让既有实质限制也有形式限制。其中，要求转让人与受让人签订转让协议，并共同向商标局提出申请就是形式限制；而规定在同一种商品上注册的近似商标，或者在类似商品上注册的相同或者近似商标应当一并转让，以及对容易导致混淆或者有其他不良影响的转让不予核准就是实质限制。但这些限制对于商标囤积、恶意抢注并不能起到作用。一旦商标被核准转让，这类利用注册取得制度的缺陷获取利益的目的就会实现。因而，有必要巩固这道防线。有鉴于此，建议《商标法》在第42条可增补一款："因'意图使用'而获准注册的商标在注册1年，且经实际使用后才能转让。转让时应当提交实际使用该商标的证据。"在商标转让核准中，商标局可根据该商标获准注册是基于"实际使用"还是"意图使用"而施以不同强度的审查。对前者可因其原在注册时已提交实际使用的证据，而予以豁免；对后者若无证据证实实际使用，则不准许转让。

3. 明确商标异议、无效程序中在先商标的使用要求

如前所述，商标异议、无效制度是注册取得制度中的两项重要的运行机制，旨在及时发现并纠正权利取得中的失误，保护在先权利人或者利害关系人的合法权益和社会公共利益。但该制度也会给不良动机者提供了机会，成为他们滥用该制度阻止他人获得商标权利以非法牟利的工具。

"恶意异议"[②]正是商标囤积者和恶意抢注者利用异议程序牟利的

[①] 法国《知识产权法》第L.714—1条第4款规定："所有权的移转或质押，应当采用书面形式，否则无效。"埃及《知识产权保护法》第89条规定："商标的所有权转让、处分权或抵押，除非按照实施细则的规定在注册簿中进行适当登记并在官方公报上公告，否则对第三方无效。"

[②] 有学者基于行为目的的不同，将恶意异议行为分为三类：第一类是以要挟讹诈钱财为目的；第二类是竞争对手怀有的不正当竞争的目的；第三类是不法分子为掩盖其假冒他人商标行为的目的。参见孙丙旺：《恶意异议无异拦路抢劫》，《中华商标》2005年第9期。本书所涉及的商标囤积

重要方式之一。我国《商标法》在第三次修改时虽然改造了商标异议制度，使其变成了商标局审查商标申请的"内部程序"，但在先权利人的异议权仍得以保留。商标囤积者和恶意抢注者作为"在先权利人"就可以利用该权利故意提出商标异议，阻止被异议人注册，进而要挟被异议人与之谈判，以获取高额的转让或许可使用费用。若当在先注册商标"注而不用"，这时若仅凭在先获得注册这一事实即驳回在后的注册的申请，对在后申请人显然是不公的，也不利于督促商标注册人使用其商标。① 这一问题之所以出现，与注册取得制度不要求商标在注册时已经使用不无关系。有鉴于此，一些国家或地区的商标立法再次力图从强化后续使用的角度限制在先权利人商标异议的权利。例如，《欧洲共同体商标条例》第 43 条第 2 款规定，假如在先的欧共体商标的注册在提出异议之日已超过 5 年，应注册申请人的要求，异议人应当提供证据证明，其在先商标在该人申请注册欧共体商标公告之前 5 年期间，在欧共体范围内于注册的或者所提异议的商品上已真正得以使用，抑或未使用的正当理由。否则，该异议将会被驳回。而且，对审理异议来说，如果该商标仅在注册的部分商品上使用，也就视为仅在该部分商品上注册。英国《商标法》第 6A 条第（3）、（4）款规定，在异议程序中，若在先商标未满足使用条件，注册局长不得以它是在先商标为理由驳回在后申请。所谓使用条件是指，在在后申请公告之日前 5 年内，在先商标在它所注册的商品或服务上由其所有人或经其所有人同意，在英国真实使用，或虽未使用但却出于正当理由。德国《商标法》第 43 条也有类似规定。以上规定事实上与相关国家所规定

（接上页）者和恶意抢注者，从提出异议的时间来看，其已获得了商标权，成了"在先权利人"，其商标异议行为似乎不具有可责难性。但从获取商标权的初衷来看，其目的就是注而不用、待机牟利，现为了实现这一目的而提出商标异议，也可以认为是出自于"恶意"，并大体可归为第一类。

① 罗晓霞：《竞争政策视野下商标法理论研究——关系、协调及制度构建》，中国政法大学出版社 2013 年版，第 245 页。

的注册商标不使用撤销制度是紧密衔接的。既然这些国家已规定注册商标连续5年不使用应当被撤销,那么不允许一个理应被撤销或者说实际上已经死亡的注册商标阻止在后商标的注册,就是该制度的必然逻辑结论。① 不仅如此,以上规定严格执行的结果对抑制商标囤积和恶意抢注必将产生积极效应,因为费尽心机所获得的商标权事实上已经无法阻止他人的善意注册,想凭此牟利的目的已然落空。因而,我国也有必要做出如此规定。具体来说,可在《商标法》第35条中增加一款:"以在先商标权对初步审定公告的商标提出异议,且在先商标注册已满3年的,被异议人可以要求异议人提交其商标在初步审定公告之前3年内真实使用的证据,或者存在不使用正当理由的证据。异议人不能提供相应证据或者所提供的证据不能证明其商标满足使用条件或者具有不使用的正当理由的,其异议申请应予驳回。"

同样,在商标无效制度中也应强调在先商标的使用要求。如德国《商标法》第51条规定,在在后商标的注册公告之日,在先商标的注册本应依据第49条有关连续5年不使用之规定而予注销,因此不能因为存在该在先商标的注册而注销该在后商标的注册。《欧洲共同体商标条例》第56条第2款也有类似规定。这样的规定使无效制度与不使用撤销制度、异议制度保持了逻辑的一致性,也应为我国《商标法》所吸纳。

(三)完善不使用撤销制度

1. 正确认识其"制度旨趣"

注册不使用撤销制度为诸多国家和地区的商标法,以及相关国际

---

① 张玉敏:《论使用在商标制度构建中的作用》,《知识产权》2011年第9期。

条约所规定。① 但对于其制度旨趣却有不同的认识。有学者认为，该制度的立法目的是为了将注册后长期不使用的死亡商标清理出注册簿，以利于后来者注册。② 也有学者认为，其制度目的在于逐出商标囤积者，保护善意经营者，以维护市场竞争秩序。③ 以上观点站在不同角度均阐释了注册不使用撤销制度的正当性，而且都能为其制度旨趣所涵盖，但更为重要的是，对该制度旨趣的理解还应站在弥补注册取得制度所存缺陷的角度来认识和把握。

如前所述，注册取得制度由于在一定程度上割裂了商标权与其价值来源之间的联系，从其被法律所正式采用之日起就带来了"商标抢注""商标圈占"等制度副产品。这些副产品虽然反映出注册取得制度存在着先天的制度缺陷，但是人们同时也认识到没有任何一项制度是完美无缺的。作为一项"技术设计"，注册取得制度在效率、交易安全、可操作性等方面与使用取得制度相比所具有的比较优势，为其提供了安身立命之本。人们真正需要思考的是如何弥补这一先天不足，而借鉴、吸纳使用取得制度的合理因素，从商标权维持的角度凸显"使用"的作用成了一种有益的选择。正如张玉敏教授所言，"三年不使用撤销制度就是克服注册取得制度消极作用的制度之一"④。正是基于此，典型的大陆法系国家的现行商标立法，在采用注册取得制度的同时，为了防止商标"注而不用"，都辅之以注册不使用撤销制度，"以确保他人选择商标的自由和促进产业的发展，弥补商标注册主义的不足"⑤。比如日本，如果特许厅无法在审查商标注册申请时拒绝那些没有

---

① 如日本《商标法》第 50 条、德国《商标法》第 49 条、意大利《商标法》第 42 条、英国《商标法》第 46 条、地区商标相关规定《巴黎公约》第 5 条 C、《TRIPS 协定》第 19 条，等等。
② 张玉敏：《论使用在商标制度构建中的作用》，《知识产权》2011 年第 9 期。
③ 袁博：《"撤三"制度视野下商标的非典型使用》，《人民法院报》2015 年 1 月 21 日。
④ 张玉敏：《注册商标三年不使用撤销制度体系化解读》，《中国法学》2015 年第 1 期。
⑤ 李扬：《注册商标不使用撤销制度中的"商标使用"界定——中国与日本相关立法、司法之比较》，《法学》2009 年第 10 期。

使用意思的商标注册，那么只好事后对已注册但未使用的注册商标采取取消、注销等方法作为补救。因此，日本《商标法》设置了未使用商标的注册取消审判制度，以作为"对注册主义原则的补充"。[①]

"公平与效率在商标权的取得制度上曾经形成尖锐冲突，强调了公平，则降低了申请注册程序上的效率，注重了效率，便在权利取得的结果上偏废了公平，这两者在相当长的时期内没能得到有效的兼顾。"[②]寻求公平与效率的平衡已成为注册取得模式和使用取得模式共同的优化目标，对这一目标的追求也促使两种模式呈现出趋同化的发展态势。注册不使用撤销制度对注册取得模式的优化正是从公平的角度出发的。其制度价值主要体现在以下方面：一是补强注册取得制度的正当性。注册取得制度在商标权取得上体现了效率，但在一定意义上有损于公平。"从法律的固有价值——公正出发，注册商标的保护需要从商标的使用中获得正当性证明。"[③]在商标获准注册后，商标权人必须承担起使用的义务，成为注册取得制度弥补其缺陷的重要路径选择。其通过权利维持程序的设计，宣告商标权并非"一经取得，永远享有"，从而督促商标权人对商标加以真实使用，回归"商标的生命在于使用"的基本价值观念。另外，其在一定程度上可以抑制"商标抢注""商标圈占"的不良冲动，有利于维护良好的商标注册秩序。二是捍卫诚实信用的基本原则。古罗马法谚称，"欺诈毁灭一切"。作为一切民事活动均应遵循的基本道德准则，诚实信用原则自然也应适用于商标申请与使用行为中。注册取得制度是建立在推定申请人对所申请注册的商标有使用意图基础之上的，在效率原则的指引下，允许商标未经使用也可以获得注册，体现的是对注册申请人的信任。注册后使用本是该

---

① 〔日〕田村善之：《日本知识产权法》，周超等译，张玉敏审校，知识产权出版社 2011 年版，第 105、159 页。
② 苏喆、秦顺华：《公平与效率何以兼顾》，《天津法学》2012 年第 2 期。
③ 王春燕：《商标保护法律框架的比较研究》，《法商研究》2001 年第 4 期。

原则的应有之义，注册后无正当理由故意不用实际上是对诚实信用原则的违反。但令人遗憾的是，注册取得制度的这种信任容易被动机不良者所利用，反而成了制度缺陷，且这一缺陷靠其自身无法得到修补。通过对使用的后续监督，注册不使用撤销制度在一定意义上捍卫了诚实信用的基本原则。三是提高商业标识的资源利用效率。商标是经营者与消费者之间信息互通的桥梁。商标法对商标权的保护体现的是赋予商标权人在某些商品上垄断使用某些商业标识的权利，而这些商业标识原本是一种公共资源，只是因为具有区分商品来源的功能，能够降低消费者的检索成本，构建合理、稳定的市场秩序，法律才在利益权衡的基础上允许对其垄断性使用。但是这些标识资源并非取之不尽、用之不竭，法律在赋予某人垄断使用权的同时也要求其承担起使用的义务，以使这些有限资源能够"物尽其用"。"如果说保持一个标识脱离公共领域而成为商标的唯一理由是，它是用来区分产品或服务的来源的，那么理论上的一致性要求就是，它在商业中的使用停止之时，其上的权利也应终止。"[1] 此时该标识应当回归于社会，给别人提供使用的机会。这也是为什么根据美国《兰哈姆法》和普通法的规定，商标不再使用将被视为放弃，退回到公共领域的原因，即"该法案不认为商标的保护仅仅在于防止其被别人使用"[2]。另外，注册取得制度试图通过提供统一、权威的商标信息来源，避免商标使用中的冲突，促进商标资源的合理配置，提高资源的利用效率。然而，为了实现这种意图，必须确保商标注册机制能够全面、准确地反映出正在发挥识别作用的注册商标的信息。由于注册取得制度在核准商标注册时不对商标使用情况予以审查，如果再缺乏对后续使用的监督，就极可能造成大量的"死亡商标"留存于注册簿，这样既浪费标识资源，也背离其制度初

---

[1] Stephen L. Carter, "The Trouble with Trademark," *Yale Law Journal* 79, 1990, pp. 759-785.
[2] Exxon Corp. v. Humble Exploration Co., 695 F. 2d 96, 101 (5th Cir. 1983).

衷。通过程序设置，注册不使用撤销制度发挥了监督功能，能够在一定程度上及时清除那些"死亡商标"，从而提高资源的利用效率。

2. 严格界定"商标使用"

关于"商标使用"，我国《商标法》第48条做出了明确的界定。[①]但对该界定能否作为不使用撤销制度中商标使用的认定标准，存在着不同的认识：一种观点认为我国《商标法》所界定的"商标使用"的含义统摄全局，是所有可能涉及的商标使用的认定依据。另外，从其在《商标法》中所处的位置来看，紧邻的第49条第2款所规定的就是不使用撤销制度，其必然也是该制度的认定标准。另一种观点主张应将不使用撤销制度中的商标使用与其他环节的商标使用区分开来，不使用撤销制度中的商标使用应突出强调是真实的、能够发挥商标识别作用的使用。

上述观点，一个从法律的实然规定出发，另一个从法律的应然追求着眼，都有各自的道理。但何者更为可取，还是应当从商标使用的区分和不使用撤销制度的立法目的角度来理解和把握。根据制度价值的不同，商标使用可以分为权利取得中的使用、权利维持中的使用与侵权判定中的使用。由于承担的制度功能不同，各自对商标使用的要求也存在差异。其中，商标权维持中的使用面向权利人，着眼于商标权的继续保有，以实际建立了商誉为前提。故而，此种使用应为真实使用，即以商标已经发挥出识别功能为要件，在认定上也应更为严格。也正是基于此，意大利《商标法》第42条、德国《商标法》第26条、《欧洲共同体商标条例》第50条等对此的用语都是"真正使用"。

与上述国家和地区相比，我国《商标法》所构建的不使用撤销

[①] 该条的具体内容为："本法所称商标的使用，是指将商标用于商品、商品包装或者容器以及商品交易文书上，或者将商标用于广告宣传、展览以及其他商业活动中，用于识别商品来源的行为。"

制度对商标使用的规定过于宽松。主要表现在：一是在规范该制度的《商标法》第49条第2款中甚至没有出现"真实使用"的字样。二是《商标法》第48条对商标使用界定中的亮点是强调"用于识别商品来源"，该规定与原来相比虽然是一种进步，但却仍然不以有实际的商品存在为要件，尤其是将广告宣传等商业活动中对商标的使用也包含在内，很容易被理解为仅是一种对行为目的的要求。为了正确理解和执行不使用撤销制度，有必要学习他国经验，对该制度中的商标使用予以严格限定，将相关条文修改为"连续3年未在核定的商品或服务上真实使用的"，并将该处的"真实使用"理解为"将商标贴附于商品、商品容器、商品包装，且该贴附商标的商品已进入流通领域的使用"。①

另外，在判断是否构成"真实使用"时，还需要排除下列使用形式：

（1）象征性使用

"象征性使用"（token use）是指尽管有使用的表象，但仅是为了使该注册商标的有效性得以维持而进行的偶发的、零星的使用。从主观上看，这种使用的目的主要是为了规避不使用撤销制度，防止注册商标被撤销，因而绝非出于"真诚"；从客观上看，这种使用只是偶尔发生，也无法在消费者中建立起商标与商品之间的联系，因而根本无法发挥商标的识别作用。

采用注册取得制度的国家对待象征性使用的总体态度比较一致，认为象征性使用不构成真实使用。如欧洲法院在著名的"Ansul BV v. Ajax Brandbeveiliging BV"系列案中通过界定"真正使用"，排除了象征性使用的效力。该判决指出，"真正使用"必须符合商标的基本功能，即要向消费者或者最终用户保证商品的来源，使其在没有任何混淆可能性的情况下从其他商品中识别出该商品。这种使用不能是仅

---

① 罗晓霞：《竞争政策视野下商标法理论研究——关系、协调及制度构建》，中国政法大学出版社2013年版，第244页。

仅为了维持注册所赋予之权利的象征性使用。如果未将商标所保护的商品使用于市场中，而仅仅在所涉企业内部使用，并不构成"真正使用"。① 英国上诉法院在"Electrolux Ltd. v. Electrix Ltd."案中也认为，"真正使用"的"真正"不是虚构的、似是而非的使用，而是完全真实的、具有一定规模的使用。②

广告宣传是对外公开展示商标的最为便捷、有效的方式，因而有些国家的法律直接认可广告宣传构成商标使用。③ 如日本《商标法》第2条规定，在商品或服务相关的广告上贴附标志后，将其展示或散发的行为，构成对标志的"使用"。我国2002年8月3日公布的《中华人民共和国商标法实施条例》（以下简称《商标法实施条例》）第3条也规定，将商标用于广告宣传属于商标法所称"商标的使用"。④《商标审理标准》的相关规定，也将在电视、广播等媒体上使用商标以及以广告牌、邮寄广告等方式对商标予以宣传的行为认可为"商标使用在指定商品上的具体表现形式"。但是，以上规定很容易造成对"真实使用"的规避，使撤销制度形同虚设。对此，很多国家的判例认为仅有广告宣传而无实际商品不构成商标的使用。如日本东京高等法院在"VUITTON"商标案中就认为，商标权人虽然在报纸上刊登了商品销售广告，但事实上并未实施广告所涉商标之商品的销售，其行为单纯是为了避免注册取消审判，而仅在名目上使用商标，因此此种行为不

---

① Ansul BV v. Ajax Brandbeveiliging BV (C-40/01) (2005) Ch 97, (2004) 3 WLR 1048, (2003) RPC 40 (ECJ).
② Electrolux Ltd. v. Electrix Ltd. (1954) 71 RPC 23.
③ 也有国家的法律并不认可广告宣传等直接构成商标使用，如依照俄罗斯《商标法》第22条的规定，在广告、印刷品、公文用纸、招牌、在俄罗斯联邦境内举行的展览会和交易会展示的展览品上使用商标，若要构成商标的使用必须确有不在商品和（或）其包装上使用该商标的正当理由。
④ 该条例已于2014年4月29日经国务院第651号令修订，该条规定被删除。现行《商标法》第48条直接规定了"商标的使用"，其强调将商标用于广告宣传以识别商品来源的行为才构成该使用。

能说是"使用"了商标。① 大阪地方法院在"BOSS"商标案中也认为，单纯在广告品上使用注册商标的行为，因未能发挥识别作用，不能视为商标"使用"。② 同样，法、德、英等国的判例也都认为，如果仅是在广播电视、报纸杂志等媒体上投放广告而并无实际商品销售的，这种行为一般不属于"使用"。③ 我国的有关判例对此也表明了态度。如北京市高级人民法院在"大桥DAQIAO及图"商标案中就认为，仅有一次广告投放行为及一次性的销售行为（1800元），不是出于真实商业目的使用。④

单纯将商标作为交易的标的转让或许可他人使用且受让人或被许可人也没有对该商标进行任何实际使用的情形，通常也被认为是象征性使用。这种所谓的"使用"虽然也处于商业过程中，但其着眼点在于权利的移转，而非商标基本功能的发挥，严格地说并非商标法意义上的使用，更难谈得上真实，自然也无法产生维持商标权的效力。对此，北京市高级人民法院在"GNC"商标案就明确认为，涉案许可、转让行为"不具有面向消费者昭示商标的标识功能"，不属于商标的使用。⑤

（2）意图使用

"意图使用"虽是美国《兰哈姆法》注册制度中的概念，但在我国不使用撤销案件中也常被当事人作为维护注册效力的抗辩理由。对其能否成立，存在不同的认识。第一种观点认为，"意图使用"也可以归

---

① 东京高判平成5.11.30知裁集25卷3号601页。转引自〔日〕田村善之：《日本知识产权法》，周超等译，张玉敏审校，知识产权出版社2011年版，第161页。

② 大阪地方裁判所1986年（民事诉讼案件）第7518号判决书。转引自李扬：《注册商标不使用撤销制度中的"商标使用"界定——中国与日本相关立法、司法之比较》，《法学》2009年第10期。

③ 王迁：《知识产权法教程》，中国人民大学出版社2009年版，第452页。

④ 北京市高级人民法院（2010）高行终字第294号行政判决书。

⑤ 北京市高级人民法院（2006）高行终字第78号行政判决书。

入维持注册效力的"使用"范畴。[①]第二种观点认为，对"使用"的认定要把握好两个方面：一是要有使用的真实意图；二是要有实际的使用行为。[②]

由于制度基础不同，美国《兰哈姆法》对"意图使用"的引进并不能成为注册取得制度下"意图使用"构成维护注册效力抗辩的理据。一方面，"意图使用"在使用取得制度下只是对注册制度的适度放松，而且根据《兰哈姆法》的规定，要想获得最终的注册，申请人之后的使用从理论上来说也应当达到真正使用的要求。另一方面，在注册取得制度下，不使用撤销制度被赋予了弥补其正当性不足的特殊意义。我们不能在批评注册取得制度不重视商标真实使用的同时，又试图通过"意图使用"的嫁接为未真实使用的行为创造脱责的空间。正如论者所言，在我国注册商标泛滥、商标抢注之风盛行的情形下，更应"乱世用重典"，以维护撤销制度中"使用"的纯正性、真实性。[③]

事实上，美国《兰哈姆法》第 1127 条关于商标放弃的规定是建立在已有"真诚使用"的前提上的，因而其从反面规定"没有恢复使用的意图"才视为"放弃"。而是否具有恢复使用的意图要根据客观情况来推断，而非仅依据商标权人的主观愿望。在 Silverman v. CBS Inc. 一案中，美国第二巡回法院就认为，当一件商标持续不使用，并且在合理的可预期的将来也没有恢复使用的意图时，该商标就应被视为"放弃"。商标权人可以提出停止使用的合理辩解，而不能仅仅声称将来

[①] 黄汇：《商标撤销制度中"使用"界定基本范畴研究——运用比较研究、逻辑推理和实证分析的方法》，《知识产权》2013 年第 6 期。类似观点，还可参见朱凡、刘书琼、张今：《商标撤销制度中"商标使用"的认定》，《中华商标》2010 年第 12 期；陈明涛：《商标连续不使用撤销制度中的"商标使用"分析》，《法商研究》2013 年第 1 期。

[②] 孔祥俊：《商标与不正当竞争法：原理和判例》，法律出版社 2009 年版，第 88 页。类似观点，还可参见李凯亮：《商标连续不使用撤销制度中的商标使用问题》，《南昌师范学院学报（社会科学版）》2014 年第 5 期。

[③] 黄汇：《商标撤销制度中"使用"界定基本范畴研究——运用比较研究、逻辑推理和实证分析的方法》，《知识产权》2013 年第 6 期。

要恢复使用。[1]而在注册取得制度下，很多注册商标在获得注册前是没有真正使用的，之所以准许注册是因为推定注册申请人有使用的意图，而这种意图必须要在 3 年之内得到实现。否则，就要面临撤销的危险。在此期间，如果仍然允许商标权人以"意图使用"来抗辩，无疑会使这项制度形同虚设。因而，采用注册取得制度的国家更强调从正面规定何为"商标使用"，或者要求商标权人承担证明实际使用的义务。

值得注意的是，支持"意图使用"构成真实使用的论者也强调"使用的真意"，并主张从客观推定来探测权利人的主观意图。而第二种观点所强调的真实意图也需要"办理生产使用该商标的商品的审批手续""做投产前期的准备活动"等具体的行为来证实，因而从这个角度上说两者具有共通性。但有的持第一种观点的论者同时认为："使用意图可以独立存在于使用形式之外，成为判断商标使用的充分必要条件。"[2]暂且不论该观点是否存在逻辑上的瑕疵，单从结论来看也存在讨论的余地。在诸如英国、日本等采用注册取得制度的国家，对商标使用的形式有着大体明确的规定，只有符合具体的使用形式才能构成商标的真正使用。虽然有使用的意图，但从来没有符合形式的使用，很难说构成商标使用。同样，符合使用形式也非商标使用的充分条件，如前述的广告宣传，其仍然需要接受使用意图是否真实的评判。

（3）被动使用

商标权本为私权，按照"个人得依其意思形成其私法上权利义务关系"[3]的私法自治原则，商标使用本应出自商标权人主动、积极之行为。但基于"消费者保护"的考量，理论界出现了有关商标的被动使用是否属于商标使用的讨论，而问题的核心集中于被动使用的标志能

---

[1] Silverman v. CBS Inc., 870 F. 2d 40 (2d Cir. 1989).
[2] 陈明涛：《商标连续不使用撤销制度中的"商标使用"分析》，《法商研究》2013 年第 1 期。
[3] 王泽鉴：《民法总则》，中国政法大学出版社 2001 年版，第 245 页。

否成就"在先使用权"。①其所讨论的"被动使用"主要是指社会公众的使用,而涉及维持注册效力的"被动使用"不仅包括社会公众,也包括其他不是出自于商标权人或者不由其控制的使用。鉴于篇幅和主题,本书不对"在先使用权"语境下的"被动使用"展开探讨,重点讨论维持注册效力中的"被动使用"问题。

有关"被动使用"是否具有维持注册效力的典型案例,莫过于澳大利亚法院审理的"E. & J. Gallo Winery v. Lion Nathan Australia Pty Ltd."案。在该案中一、二审法院判决均认为,在不由商标权人控制入境的商品上对其商标的使用,不能视为商标权人的商标使用行为。但澳大利亚最高法院判决则认为,商标权人使用义务的满足不以其对使用的实际知晓或授权为前提,如果这一商标的使用已经实际存在于本国的商业流通过程中,即使商标权人对使用行为并不知情,依然构成商标的使用,该商标也不能被撤销。②

然而,该终审判决的观点并没有充分的理论依据,却的确涉嫌"对商标法的实质修改"。③

首先,意思要素是商标权维持行为中不可或缺的要件。意思表示作为民事法律行为的构成要件,是指企图发生一定私法上效果的意思,表示于外部的行为。一般认为,意思表示由内心的效果意思和外部的表示行为两个要素构成。表意者内心意欲发生法律上效果的意思,为内心的效果意思,即指所谓"真意";以书面或口头等形式将意思外

---

① 对该问题的争论可参见邓宏光:《为商标被动使用行为正名》,《知识产权》2011 年第 7 期;李琛:《对"商标俗称"恶意注册案的程序法思考》,《知识产权》2010 年第 5 期;鲁维佳:《商标"被动使用"的法律困境》,《中华商标》2013 年第 2 期;黄汇、谢申文:《驳商标被动使用保护论》,《知识产权》2012 年第 7 期。

② 转引自董慧娟:《澳大利亚 Barefoot 案对商标"使用"含义的突破及引发的思考》,《电子知识产权》2011 年第 5 期。

③ 信息广角:《澳最高法院就商标使用义务的判决有利于商标权人》,《电子知识产权》2010 年第 6 期。

部化的行为，为外部的表示行为。[①] 商标权维持行为是商标权人以意思表示为要素，并希望依照意思表示内容发生法律效果的一种法律行为。其中，内心的效果意思是希望商标权得以维持，外部的表示行为即为商标使用，而为了实现商标权人预期的法律效果，该商标使用必须出自商标权人的自由意志和内心真意。表示行为虽有明示和默示之分，但默示也要求行为人具有一定的行为，并且能从该行为间接推知行为人的意思表示。就商标权维持中的使用而言，其首先应当理解为具有商品销售的明示行为，最起码也应当是能够推知商标权人使用"真意"的行为。对于由他人使用，而商标权人未积极作为的所谓"被动使用"而言，商标权人实为"沉默"。"沉默云者，指单纯不作为而言，即当事人既未明示其意思，亦不能借他项事实，推知其意思。"[②] 沉默原则上不具有意思表示的价值，但当事人的约定或者法律的明确规定除外。倘若存在当事人的约定，那么应当理解为属于商标权人控制或同意的行为，如许可他人使用，当不属于"被动使用"。至于说法律的明确规定，遍观各国商标立法，尚无实例。相反，各国都积极强调意思要素在商标权维持使用中的意义，强调商标使用的主体是商标权人（许可使用除外），并且要有真实使用商标的意图。例如，德国《商标法》第26条就规定，注册的维持取决于商标的使用，商标必须被其所有人真正使用于注册的商品上；经所有人同意的对该商标的使用，应视为构成所有人的使用。意大利《商标法》第42条也规定，商标权维持中的使用应当是商标所有权人或经其同意许可使用人在商标注册的商品或服务上的真正使用。俄罗斯《商标法》第22条也将"商标的使用"界定为，权利人或者根据许可合同享有商标使用权的人在指定使用的商品和（或）其包装上使用商标，而且商标使用的证据由权利人提供。

---

① 梁慧星：《民法总论》，法律出版社2011年版，第173页。
② 王泽鉴：《民法总则》，北京大学出版社2009年版，第269页。

就澳大利亚《商标法》而言，依据其第 59 条的规定，若商标申请人没有使用商标的意向，包括在澳使用或许可使用，以及转让给某团体在澳使用，则构成对注册提出异议的理由。第 7 条和第 8 条规定，在商标所有人的控制之下，许可使用人对商标的使用可视为商标所有人的使用。第 92 条规定，在注册后的 3 年内，商标所有人有义务在澳善意地将商标使用于申请所及的商品上。否则，他人可以申请将其注销。从以上规定可以看出，该法也贯穿了商标的使用应当体现商标权人的意思要素，非由商标权人控制的使用不构成商标使用的理念。而在前述澳大利亚法院审理的"Barefoot"商标案中，一、二审法院均坚持了这一理念，但最高法院却采取了抛弃商标权人意思要素，只看重消费者的认知和商标使用的客观事实的立场。[①] 而这种忽视商标权人意思要素的立场无疑是不符合法律规定和民法理论的。

其次，"消费者保护"并不能证成商标权维持中"被动使用"的正当性。赞成"被动使用"的观点认为，商标的一切均围绕社会公众展开，社会公众对商标的使用在商标使用体系中处于核心地位，而社会公众又以消费者为代表。[②] 该观点坚持"消费者保护"的立场，认为承认"被动使用"就承认了消费者在商标法中的重要地位。而从其对消费者作用的强调来看，又是以消费者对商标形成了正确的认知为前提的，也即消费者明了商标、商品、商标权人之间的关系；如果没有正确的认知，消费者也就不可能去充当"商标的决定者、评判者和缔造者"。但在商标权维持的"被动使用"中，由于商标权人没有主动使用商标，消费者或者没有对该商标形成认知，或者所形成的是一种错误的认知。以第三人未经商标权人同意的被动使用为例，消费者将第三人的商品认定为出自商标权人，此认知属于"张冠李戴"。该第三人的

[①] 董慧娟：《澳大利亚 Barefoot 案对商标"使用"含义的突破及引发的思考》，《电子知识产权》2011 年第 5 期。

[②] 邓宏光：《为商标被动使用行为正名》，《知识产权》2011 年第 7 期。

使用虽涉嫌侵权使用，但商标权人自己长期未使用已是事实，若仅因侵权人的使用而赋予其维持注册的效力，无疑是在鼓励不劳而获，甚至可以说是以一种"恶害"来成就另一种"恶害"，这在逻辑上是不能成立的。不仅如此，由于消费者的认知发生了指向错误，其就无法建立起商标与商标权人之间的正确联系，针对该商标的合理预期利益也就无法得到保障。因而，承认该种"被动使用"也就无法实现"消费者保护"的目的。针对该种使用在维持注册中的效力问题，美国第五巡回法院在"Exxon Corp. v. Humble Exploration Co."案中曾有过结论性的意见，"受争议的侵权使用不是商标使用行为，间断的非商业性质的商标使用许可也难以作为商标的充分使用而对抗商标放弃制度"[①]。同样，北京市第一中级人民法院在"庄吉"商标案中也认为，查处其他人实施的商标侵权行为，并不涉及商标权人自己对商标的使用。[②] 前述的"Barefoot"商标案属于另外一种情形，即在不由商标权人控制入境的商品上对商标的使用，能否视为商标权人的使用。即使不考虑商标权的地域性、商标权人的意思要素，单从消费者的角度来看，澳大利亚最高法院认可这种"被动使用"的裁决也很难说有利于消费者利益保护。因为既然商标权人对该商标的使用无法进行控制，他也就无法保证商品的质量，尤其是在国外商品与本国商品之间存在"实质性"差别的情况下，消费者的利益将会受到实质性影响。另外，对于仅由社会公众进行的被动使用而言，由于既没有商标权人也没有其他经营者实际使用该商标，在消费者中根本就没有真正建立商标与商品之间的联系，因而也就不存在诸如使消费者混淆等所谓应受商标法保护的

---

① Exxon Corp. v. Humble Exploration Co., 695 F. 2d 96 (5th Cir. 1983).
② 北京市第一中级人民法院（2008）一中行初字第1034号行政判决书。虽然一审判决维持了商标评审委员会做出的撤销"庄吉GEORGE及图"商标的决定，但由于在二审中商标权人新提交的证据可以证明其在涉案3年期间内使用了被申请撤销的商标，故该被申请撤销的商标最终得以维持。参见北京市高级人民法院（2009）高行终字第444号行政判决书。

利益问题。此种情形下,"消费者保护"只是商标权人意欲维持其商标的"幌子"而已。

再者,赋予"被动使用"维持注册的效力将会鼓励"商标圈占",有违制度初衷。在实践中,商标"注而不用"的原因有二:一是受客观原因所阻碍,无法投入使用;二是本来就不具有自己使用的意图,注册之始就是为了囤积居奇,转卖牟利。对于前者,法律为其考虑了免责的途径;对于后者,法律设置不使用撤销制度予以扼制。赋予"被动使用"以维持注册的效力无疑会为"商标圈占"提供可乘之机,商标注册人大可予以利用,或者"守株待兔",静候他人使用,或者"虚与委蛇",诱导社会公众使用,从而坐收渔利。这无疑会给商标权的维持增添随意性,也有违促进商标使用的制度目的,应为注册取得制度所剔除。

3. 合理构建阻却事由

不使用撤销制度虽然对于清理闲置商标、防止滥用注册取得制度具有积极的作用,但其最终目的毕竟不是为了惩罚商标注册人。而且,商标权终究是一种私权,关系着商标权人的具体利益。尤其是那种曾经在市场上发挥过识别作用的商标,虽因某种客观原因而停止使用,但这并不代表着它已被商标权人彻底抛弃,更不代表着其承载的商誉尽失,已毫无价值。有些未曾使用过的商标,尽管尚未实际发挥识别功能,但该商标的创作、拣选过程却倾注着注册人的付出和辛劳。在类似情况下,维护商标权的稳定性也是商标法需要应对的问题。如前所述,商标"注而不用"的原因呈现多样性,有些可以归咎于注册人,有些并不由注册人自身控制。如果不客观分析造成商标长期不用的原因,一律根据连续不用的时间撤销注册定然有失公允。正如博登海默所说:"许多法律制度在处理有关以衡平方式纠正刚性法律的问题方面,都发展起了各自的机制。"①商标法也是如此。基于公平与效率的平衡需要,法、德、意、日、俄等多数国家都力图通过构建不使用撤销的阻却事由,设立"正当理由抗辩"制度作为解决该问题的机制。

对何为"正当理由",《巴黎公约》允许成员国的法律进一步做出规定,但从相关国家《商标法》的规定来看都不明确、具体。《TRIPS协定》第19条对之虽有列举,但也不详尽,其提出"如果因不依赖商标所有人意愿的情况构成使用商标的障碍,诸如进口限制或政府对该商标所标示的商品或服务的其他要求,则应承认其为'不使用'的有效理由"。我国香港特别行政区的《商标条例》第52条第2款(a)项也有与之相类似的表述。总之,对"正当理由"的认定均需具体情由具体分析。如欧洲法院就在其审理的"Haupl v. Lidl"案中阐释了"正当理由"的判断原则:一是妨碍使用的事项并非出自于注册人的意愿而独自发生。诸如资源缺乏、资金困难、技术难题等均属于注册人可控事项,不构成正当理由。二是妨碍事项与未使用之间存在充分直接的联系。诸如经济下滑、汇率变动等事项属于经营风险事项,也不构成正当理由。三是缺少迫使注册人进行使用行为的可能性及合理性。对此要结合妨碍事项持续的时间、可供选择的替代方案、许可他人使用的可能性等因素进行综合判断。②在日本,实践中所要求的"正当理由"不能只停留在未使用人一方单纯的理由之上。一般所理解的正当理由应该是:已经提出生产许可申请,但还未得到许可的未使用的医药品商标;因国家经济不景气,商家决定在全国范围停止制造、销售注册商标所指定的商品(这种情况任何人都不能在指定商品上使用该

---

① 〔美〕E.博登海默:《法理学:法律哲学与法律方法》,邓正来译,中国政法大学出版社2004年版,第482页。

② Haupl v. Lidl, (C-246/05) (2007) ETMR (61) 997 (ECJ).转引自刘洋:《注册商标连续三年停止使用撤销制度探析》,清华大学法律硕士论文,2010年6月,第33页。

商标）；等等。① 从以上所掌握的原则来看，各国都要审查商标注册人的意志情况，强调妨碍事项的发生不能归咎于注册人，但标准的宽严存在着差异，在日本还明显存在着经济政策的考量。相对而言，我国的规定更为明确、详细。我国《商标法》虽然也未界定"正当理由"，但《商标法实施条例》、国家工商总局《商标审查及审理标准》和最高人民法院《关于审理商标授权确权行政案件若干问题的意见》都对之进行了列举。其中，《商标法实施条例》第67条所列举的"正当理由"具体包括：不可抗力、政府政策性限制、破产清算、其他不可归责于商标注册人的正当事由。虽然该规定具有一定的先进性，但具体内容仍有可斟酌之处。例如对于"破产清算"的情形，有观点就认为不能作为不使用撤销的阻却事由，理由是不使用撤销制度旨在促使注册商标能在实际的营业中发挥识别功能，以促进产业进步，而商标权人处于破产清算状态的事实表明，该注册商标上原承载的信用已丧失殆尽，已无法实现促进产业进步之目的，更无足够理由再维持其商标专用权。② 该观点虽然具有一定的道理，但也不能一概而论。商标权人进入破产清算状态的原因千差万别，有的是因为决策失误、经营不当，有的是因为政策调整、资金困难，有的是因为用人失策、管理落后，还有的是因为信用丧失、商誉尽毁，等等。尽管商标的基本功能是用来区分商品来源，但在消费者眼中，商标权人姓甚名谁往往并不重要，重要的是此商标所指引的商品与彼商标所指引的商品在品质、价格、售后服务等方面所存在的区别。这就意味着，商标与商标权人在很多情况下是可以分离的，商标权人因破产而"死亡"并不必然昭示着其

---

① 〔日〕田村善之：《日本知识产权法》，周超等译，张玉敏审校，知识产权出版社2011年版，第160页。

② 王莲峰：《论我国商标法使用条款之完善——以iPad商标纠纷案为视角》，《知识产权》2012年第4期；李扬：《注册商标不使用撤销制度中的"商标使用"界定——中国与日本相关立法、司法之比较》，《法学》2009年第10期。

商标已信用全无。相反，有些商标仍因承转着良好的商誉而具有重大市场价值，并应纳入破产财产。另外，在破产清算状态下，造成商标权人对其注册商标未按法律要求连续使用之事实的原因各异，有的出自于权利人自我放弃或怠于行使相关权利，有的出自于不可归责于权利人和破产管理人的原因，如债权人会议行使职权失误等。不使用撤销的阻却事由只能出自于商标权人所不能控制的客观原因，对于前者，予以撤销方能体现制度初衷；对于后者，纳入"正当理由"的范围才不失公正。鉴于"破产清算"的情形需要细分，从规范的角度出发可将该种情形排除在法律明定的撤销阻却事由之外，而在具体案件中根据不使用的具体原因来判断其是否符合"其他不可归责于商标注册人的正当事由"。另外，"政府政策性限制"的表述中，"政策性"一词不够严谨，建议修改为"政府禁令或者其他行政限制"。

4. 设置"不侵权责任"

我国《商标法》第 64 条第 1 款增设了注册商标 3 年不使用抗辩制度。[①] 按照该制度规定，即使被控侵权人提出的 3 年不使用抗辩成功，其也只能基于没给商标权人造成损失这一根本原因而不承担赔偿责任，但仍然要承担停止侵权的责任。[②] 显然，这里并未对商标权人连续 3 年不使用的情形予以区分。在商标权人连续 3 年不使用又无正当理由的

---

① 该款的具体内容为："注册商标专用权人请求赔偿，被控侵权人以注册商标专用权人未使用注册商标提出抗辩的，人民法院可以要求注册商标专用权人提供此前三年内实际使用该注册商标的证据。注册商标专用权人不能证明此前三年内实际使用过该注册商标，也不能证明因侵权行为受到其他损失的，被控侵权人不承担赔偿责任。"

② 有学者对此存在不同的认识，认为从立法意图上考察，《商标法》此条规定已肯定了被控侵权人使用可撤销注册商标的行为，如还承担停止侵权的责任，是与立法意图相违背的。参见刘春林：《商标三年不使用抗辩制度研究》，《中华商标》2014 年 10 期。但从立法意图上看并不能得出这样的结论。另外，司法实践坚持的主张是："请求保护的注册商标未实际投入商业使用的，确定民事责任时可将禁令停止侵权行为作为主要方式，……注册商标已构成商标法规定的连续三年停止使用情形的，可以不支持其损害赔偿请求。"参见《最高人民法院关于当前经济形势下知识产权审判服务大局若干问题的意见》[法发〔2009〕23 号]。

情形下，其商标事实上已成为了"死亡商标"，为何还要责令被控侵权人停止所谓的商标侵权行为？更令人诧异的是，如果被控侵权人没有转而寻求启动撤销程序，原商标权人的商标不仅不"死"，还可以因为汲取到他人商誉的营养开始使用，而更好地"活着"。[1] 这在法理上既不能自圆其说，也与不使用撤销制度不相协调。

从比较法的角度，其他国家或地区的立法为我们提供了借鉴。例如，欧共体商标如果连续5年不使用，不仅要面对可能会被撤销的法律风险，其所有人也无法凭借此商标提出异议、无效乃至诉讼。[2] 德国《商标法》第25条第1款规定，如果商标注册后5年内未在所注册的商品上真正使用，其所有权人无权基于该法第14、18和19条的规定对第三方提出任何相应的请求。该条也被称为"由于不使用对请求权的排除"，其中第14条规定的是商标所有人的专用权、禁令救济和损害赔偿金，第18条规定的是销毁请求权，第19条规定的是告知请求权。这就意味着，商标权人得不到包括停止侵权在内的任何法律救济。虽然我国的商标保护模式是司法与行政保护双轨制，商标的撤销权只能由商标行政机关行使，但既然《商标法》已经赋予了法院对3年不使用的事实以查明的权利，就没有必要再等待被控侵权人启动撤销程序由商标行政机关撤销该注册商标后再寻求法院解决停止侵权的问题，因为那样既无效率也不公正。[3] 因此，可以直接借鉴德国等国的立法经验，设置"不侵权责任"。

当然，对德国的做法，也不能完全采取"拿来主义"的态度。有

---

[1] 曹世海：《注册商标不使用撤销制度及其再完善——兼评〈关于修改《中华人民共和国商标法》的决定〉》，《法律适用》2013年第10期。

[2] 李明德等：《欧盟知识产权法》，法律出版社2010年版，第483页。

[3] 在现行法律规定下，被控侵权人要想获得不侵权的判决，可以设想的方式有两种：一种是在诉讼中启动撤销程序，法院先中止审理等待商标行政机关的最终处理结果后，再做出判决；另一种是在法院判决停止侵权后，启动撤销程序将该商标撤销，然后再申请再审撤销原来的判决。无论何种方式，对被控侵权人来说都是一个费时费力的过程。

学者认为，德国之所以如此规定是因为其制度理念认为，注册商标长期未使用就已失效，法律不应再给予保护。[1] 情况如果真的如此，我国在借鉴时也应做出更为细致地考虑。如前所述，各国均规定了阻却事由对商标数年不使用的责任予以豁免，在有正当理由的情况下，商标不使用并非当然失效。如果只因连续3年或5年未使用而一律排除权利，并不妥当。在有正当理由的情况下，为了兼顾各方利益并与其他制度相协调，立法可以做出两种安排：一种是被控侵权人不构成侵权，其商标可以与商标权人的商标共存使用；另一种是尊重商标权人的商标权，被控侵权人停止使用该商标。由于我国商标共存制度并不完善，可以考虑选择后一种安排。据此，可将《商标法》第64条第1款做如下修改："商标侵权诉讼中，被控侵权人以注册商标专用权人未使用注册商标提出抗辩的，人民法院可以要求注册商标专用权人提供此前3年内实际使用该注册商标的证据，或者存在不使用正当理由的证据。注册商标专用权人不能证明此前3年内实际使用过该注册商标，也不能证明存在不使用正当理由的，被控侵权人不承担侵权责任。注册商标专用权人能够证明存在不使用的正当理由，但不能证明因侵权行为受到其他损失的，被控侵权人不承担赔偿责任。"

5. 厘清时间计算中的相关问题

关于时间计算问题，主要涉及两方面：一是如何计算"连续3年"；二是注册商标专用权终止的时间。对于第一个时间，依据《商标法实施条例》第66条第1款的规定[2]，撤销申请日是关键的时间节点，"连续3年"应当从该日向前推算3年。该规定同时还意味着，从撤销申请日向

---

[1] 张玉敏：《注册商标三年不使用撤销制度体系化解读》，《中国法学》2015年第1期。

[2] 该款的具体内容为："商标局受理后应当通知商标注册人，限其自收到通知之日起2个月内提交该商标在撤销申请提出前使用的证据材料或者说明不使用的正当理由；期满未提供使用的证据材料或者证据材料无效并没有正当理由的，由商标局撤销其注册商标。"

前推算的 3 年期限内，倘若注册商标确已恢复使用，就不得再援用曾经发生过 3 年连续不使用的事实而撤销该商标的注册。一般认为，不使用撤销制度要求商标核准注册后 3 年内必须使用。有些撤销申请人也因此以商标核准注册的日期向后推算 3 年来评价商标权人是否开始使用该商标，并以之为根据提出撤销申请，但常常却得不到商标行政机关的支持。之所以出现这种状况，其原因还是时间计算问题。商标在申请注册过程中，有的在初审公告后直接获得注册，有的却在经历了异议程序才获得注册。从理论上说，在该两种情形下，初审公告 3 个月期满之日均为取得商标专用权的时间。[1] 但在"连续 3 年"的认定中却具有不同的意义。对于前者，从取得权利之日起 3 年内如果没有开始使用就将面临被撤销的风险。对于后者，虽然其取得商标专用权的时间从初审公告 3 个月期满之日起计算，但中间却经历了短则数月长则一年以上的异议审查过程。这个过程显然构成使用的阻却事由，否则，难谓公平。正因为如此，商标行政机关在实践中对后者"连续 3 年"的认定采用的原则为，异议程序终结至撤销申请日届满 3 年。[2] 商标行政机关所掌握的原则固然是妥当的，但由于没有明确的规定，加之一般人不易得知异议审查终结的日期，不利于人们在撤销申请提出之前做出判断。为了减少盲目申请，有必要在《商标审理标准》中加以明确，并以适当的形式公告异议终结的时间。

为了贯彻诚实信用原则，多数国家还规定，如果商标权人在知悉他人欲提出撤销申请的情况下，在申请提出前 3 个月内才开始使用或恢复使用的，该使用不具有阻止商标被撤销的效果。[3] 有学者认为，该

---

[1] 依据《商标法》第 33 条的规定，对初步审定公告的商标，公告期满（自公告之日起 3 个月内）无异议的，予以核准注册，发给商标注册证，并予公告。第 36 条第 2 款规定，经审查异议不成立而准予注册的商标，商标注册申请人取得商标专用权的时间自初审公告 3 个月期满之日起计算。

[2] 汪正：《注册商标三年不使用撤销申请的起算时间》，《中华商标》2013 年第 2 期。

[3] 参见《欧洲共同体商标条例》第 50 条第 1 款第（a）项、法国《知识产权法典》第 L.714—5 条、德国《商标法》第 49 条第 1 款、英国《商标法》第 46 条第 3 款、意大利《商标法》第 42 条第 3 款、日本《商标法》第 50 条第 3 款、我国台湾地区商标相关规定第 63 条第 3 款。

规定中 3 个月的期限并非是一个科学的、不可改变的规则，而且对是否知悉举证不易、认定困难、难以操作，因而主张我国不必照搬此种规定。① 该观点所分析的问题一定程度上固然存在，但不应成为我国借鉴上述立法经验的障碍。该规定的立法目的主要在于防止商标权人在知晓他人将要提起撤销申请后，意图通过临时的突击性使用来规避不使用撤销制度，以达到维持商标权的目的。正如有学者所指出的那样，撤销申请人常常是长期实际使用该商标的竞争者，如果承认商标权人在得知他人提出撤销请求后突击使用而使其注册商标免遭撤销的后果，撤销请求人的使用行为则将构成侵权。如此一来，商标权人就可以轻而易举地将撤销申请人在商标上积聚的信用和无形财产据为己有。这不仅对商标的实际使用者不公平，也不符合创设商标专用权的初衷。② 另外，商标权维持中的使用本应是具有更为严格要求的真实使用，而商标权人此时出于规避目的的突击使用或者象征性使用也很难说达到了这一"复活注册商标效力"的核心要求。概言之，对于这种行为进行法律规制具有其合理性。至于时间界定为"撤销申请提出前 3 个月"是否科学的问题，就像不使用撤销制度中"连续使用"是 3 年或是 5 年一样，均是立法者综合衡量的结果，而相应国家都选择 3 个月的"巧合"，也能够间接证明其具有一定的合理性。有关"是否知悉"认定困难的问题，更多涉及的是撤销申请人的举证能力，也不应过多地影响对制度本身合理性的判断。当然，在制度构建时也不能唯"3 个月"和"是否知悉"论。如果商标权人虽在撤销申请提出前 3 个月有"知悉"，但如果之前已明确做出了使用的准备，也不能因之而否认其使用的事实。对此，日本《商标法》第 50 条第 3 款有关"被请求人证明对该注册商标的使用存在正当理由时，不在此限"的规定具有借鉴意义。

---

① 张玉敏：《注册商标三年不使用撤销制度体系化解读》，《中国法学》2015 年第 1 期。
② 李扬：《注册商标不使用撤销制度中的"商标使用"界定——中国与日本相关立法、司法之比较》，《法学》2009 年第 10 期。

在第二个时间即注册商标专用权终止的时间上主要存在着三种选择：一种是撤销裁决具有追溯效力，注册商标专用权消灭的时间可以追溯至撤销事由发生之日；另一种是追溯至撤销申请提出之日；再一种是撤销裁决没有追溯效力，注册商标专用权于撤销做出或裁决公告之日终止。我国现行《商标法》第55条第2款规定，被撤销的注册商标的专用权自商标局裁决公告之日起终止。该规定显示，因连续3年不使用而被撤销的注册商标，其真正的"死亡"日期为撤销决定公告之日，撤销申请人从该时点开始才能使用此商标，其之前的使用行为事实上已构成了侵权。正如有学者所说，"这一规定实际上是对撤销决定做出之日前违法使用行为的认可，同时也是对保护申请人正当使用商标行为的否定，这与商标法保护正当使用商标行为的立法目的是相背离的"[①]。因此，有必要对我国的相关规定予以修改、完善。对此，德国和我国香港的经验可供参考。在德国，商标权一旦因连续5年未使用被撤销，该商标权的效力自撤销申请之日起终止。但如果撤销申请人能够证明撤销事由在撤销申请日之前就已经发生，其可以请求将被撤销商标效力终止日提前至该日之前。[②] 香港《商标条例》第52（7）条规定："凡任何商标的注册在某范围内遭撤销，则有关拥有人的权利须当作已自以下日期起在该范围内终止：(a) 撤销注册的申请日期；或 (b) 如处长或法院信纳撤销的理由在某较早的日期已存在，则为该较早的日期。"另外，对于该问题的探索，我国的司法实践也已走在了前面。例如，江苏省高级人民法院在"名爵MINGJUE及图"商标案[③]中就认

[①] 张德芬：《香港与内地注册商标撤销制度比较研究》，《公民与法》2010年第5期。

[②] 汪泽：《中德商标法国际研讨会综述》，《中华商标》2009年第12期。

[③] 该案判决认为："如果注册商标在有效期内未实际使用，且因连续三年未使用已经被撤销，该权利在有效期内并未在核定使用的商品上体现出其商业价值，亦即没有可保护的实质性利益存在，对于此类已被撤销的商标专用权，无需再给予追溯性的司法保护。"参见江苏省高级人民法院（2012）苏知民终字第183号民事判决书。该案被最高人民法院评选为"2012年中国法院知识产权司法保护十大创新性案件"。参见《人民法院报》2013年4月24日。

为，对于因停止使用而被撤销的注册商标的专用权，司法无必要再予以追溯性保护。如果从未侵害商标注册人"实质性利益"的角度看，该判决似乎已将撤销裁决的时间效力延伸至该商标无正当理由未使用发生之日。这比德国、我国香港所采用的"撤销事由发生之日"走得更远，对商标实际使用人的利益保护也最为彻底。然而，从作为法定时间的"连续3年"之中仍存在着商标权人的可期待利益、撤销裁决溯及时间的可操作性等角度看，德国和我国香港的做法似乎更具合理性。

6. 加强对3年使用情况的监管

依据《商标法实施条例》第66条的规定，对于连续3年不使用且无正当理由的注册商标，任何人均有申请撤销的权利。在实践中，商标局很少会主动审查注册商标是否已实际使用，更别说去主动撤销一件长期未使用的商标；单位或个人除非涉及其自身利益，也缺乏申请撤销的积极性。因此，这项制度的实施效果并不尽如人意。有鉴于此，有学者建议可以学习美国的经验，要求注册人在商标注册一定年限后，提供商业性使用的证据，不能提供者，除非能够提供正当理由者外，注销其注册。[①] 但也有人担心这会增添商标局的负担，使他们本已不堪重负的注册审查工作雪上加霜。客观地说，要求注册人提供使用证据的建议具有一定的合理性，但可以考虑与前述的"意图使用"相配合。具体来说，对因"意图使用"获得注册的商标，可以规定在注册满3年后的1个月内必须主动提供实际使用的证据，商标局对之进行实质性审查；对因实际使用获得注册的商标，可以保留原来的做法。之所以如此，是因为后者原本就是基于实际使用而得以注册的，这足以证明其在注册后3年内有使用的事实。至于3年的时点过后，其间有无3年连续不使用的事实，可交由利害关系人通过申请撤销的方式解决。

---

① 杨延超：《从商标的价值看〈商标法〉的修改》，载中国社会科学院知识产权中心、中国知识产权培训中心编：《〈商标法〉修订中的若干问题》，知识产权出版社2011年版，第148页。

这样既不会增添商标局的负担，也表明了对私权的尊重。而前者注册时本就无实际使用的事实，商标局基于信任才授予了其商标权，其就有义务证实注册后确实进行了商业使用。否则，商标局有权力也有责任撤销其商标注册。另外，认为因此会增添商标局负担的担心也是多余的。因为任何制度都不能被孤立地看待，随着"意图使用"在商标注册、商标转让、商标异议等多领域发挥作用，有理由相信商标囤积现象将大为减少，注册审查工作量也将会随之降低。更为重要的是，对因"意图使用"而获得注册的商标主动进行使用情况审查，有利于不使用撤销制度的功能得以更大发挥，最终有助于促进商标从注册到使用的良性循环。

再者，如前所述，我国法律虽为不使用撤销行为设置了阻却事由，但对阻却事由消失后注册商标在多长时间内必须使用，以及针对该使用的监督措施等问题均无明确的规定。而事实上，如果符合阻却事由，争议的商标肯定不会被撤销，但这距离该商标的真实使用还有一大段路程。这无疑是立法的一个漏洞。对此，也应通过强化商标权人提供使用证据的义务，以及商标局的监管职责这一方式加以解决。具体来说可规定，商标权人在商标局做出不予撤销的裁决后的每个年度内均有义务提供其使用的证据，或者阻却事由仍在延续的证据。否则，商标局应当在主动审查后予以撤销。

（四）构建商标共存制度

1. 商标共存的制度价值

商标共存（trademark coexistence）是指"不同企业使用相同或近似商标销售产品或服务，而不损害他人的营业"[①]。关于商标共存的由

[①] IP and Businesses, *Trademark Coexistence*, http://www.wipo.int/wipo_magazine/en/2006/06/article_0007.html，2015 年 8 月 11 日最后访问。

来，一说它是英国普通法上的古老原则[①]，一说是出于美国 1916 年和 1918 年的两个著名判例[②]。可以明确的是，英国的商标共存制度源于解决不同主体善意地同时使用同一商标的冲突困境问题，而美国通过判例所总结出的适用于商标共存的"蒂罗斯—莱格特纳斯规则"（Tea Rose-Rectanus Doctrine）仅是用来解决主观上出于善意、客观上处于远方地区（remote territory）的在后使用商标与在先商标的冲突问题。虽然前者所包含的共存情形要比后者多样，但两者都强调了主观善意在成立共存中的作用。普通法上的商标共存制度后为一些国家商标法所借鉴，其中在先使用商标与在后注册商标的共存问题实际上已由在先使用权制度来解决，本部分探讨中将不再涉及。

在注册取得制度下，在后善意使用的商标能否与在先注册的商标共存是一个颇具争议的问题。有学者就认为，商标共存不宜广为运用，而应以极为审慎之态度处理，"盖商标制度，最忌二以上之人同时使用相同或近似之商标于同一或同类物品之上"[③]。其理由实质上在于，在注册取得制度下，商标一经注册既获得全国性的效力，登记注册本身更被赋予了"推定通知"的功能，在后使用已难说出自于善意，因而均非合法使用。然而，社会实践是复杂多样的，这种绝对性的理解会造成实质性的不公平。由于市场的区域分割、消息的滞后性，以及历史的原因等，在全国市场上，不同的主体使用相同或近似的商标各自独立经营，并形成了各自的销售区域、消费群体、商标声誉，彼此之间互不知情或者互不借用对方商誉和平共生的情形是客观存在的。此时，如果一方以先注册为由禁止在后使用人的使用，对在后使用人而言无

[①] 刘维：《论商标善意共存原则》，《政治与法律》2012 年第 10 期。

[②] 具体指 1916 年的"Hanover Star Milling Co. v. Metcalf"案和 1918 年的"United Drug Co. v. Theodore Rectanus Co."案。参见李雨峰、倪朱亮：《寻求公平与秩序：商标法上的共存制度研究》，《知识产权》2012 年第 6 期。

[③] 曾陈明汝：《商标法原理》，中国人民大学出版社 2003 年版，第 296 页。

疑是不公平的。既然如此，商标共存不失为一种理智地选择，而该制度实际上是注册商标专用权的例外，彰显了维护善意使用人商誉的公平性价值。① 也正是基于公平原则的考虑，我国最高人民法院还提出了"包容性发展"的理念。②

另外，商标权是一种私权，除非涉及重大公共利益，商标权人可依其自由意志对权利予以处分。作为一项独立的权利，商标权人依照法律的规定可以通过转让、许可等方式实现权利资产化。同样，在不影响公众利益的前提下，法律也应当允许商标权人对本属于自己的垄断性权利做出一定的让渡。从实践来看，这种权利让渡多是以共存协议的方式来实现的。共存协议实际上是商标权人基于经营的需求和自身利益的考虑对商标权利冲突所做出的一种妥协，这种妥协通常也是实现协议双方利益最大化的最佳选择。基于对私权的尊重，很多采用注册取得制度的国家商标法准许以协议的方式实现商标的共存注册。例如，依据英国《商标法》第5条的规定，相同或近似商标的注册本是驳回的相对理由，可一旦获得在先商标所有人同意，即便存在混淆之虞，在后申请仍然可以获得注册。其第7条规定，如果申请人向注册局长出示证据，使其满意地认为申请注册的商标已被诚实地同时使用过，则注册局长不应以在先商标驳回该商标的申请，除非在先商标

---

① 李雨峰、曹世海：《商标权注册取得制度的改造——兼论我国〈商标法〉的第三次修改》，《现代法学》2014年第3期。

② 最高人民法院在《关于充分发挥知识产权审判职能作用推动社会主义文化大发展大繁荣和促进经济自主协调发展若干问题的意见》中指出："要妥善处理最大限度划清商业标识之间的边界与特殊情况下允许构成要素近似商标之间适当共存的关系。相关商标均具有较高知名度，或者相关商标的共存是特殊条件下形成时，认定商标近似还应根据两者的实际使用状况、使用历史、相关公众的认知状态、使用者的主观状态等因素综合判定，注意尊重已经客观形成的市场格局，防止简单地把商标构成要素近似等同于商标近似，实现经营者之间的包容性发展。"虽然该意见基于原《商标法》有关侵权认定标准的规定，从商标构成要素近似与商标近似（混淆性近似）相区别的角度强调尊重商标共存，实现包容性发展，而现行《商标法》已明确将"容易导致混淆"写入了法条，但两者所反映出的对善意使用人利益予以保护的公平思想与商标共存的制度理念仍是一致的。

所有人在异议程序中提出反对。与之相类似，德国《商标法》第 10 条第 2 款规定，如果申请人得到了驰名商标所有人的授权，其在后申请也可以获得注册。俄罗斯《商标法》第 7 条第 1 款规定，经权利人同意，与他人申请注册的或者享有在先优先权的商标、同类商品上驰名的商标导致混淆的相似的标识，也可以在同类商品上作为商标注册。我国台湾地区商标相关规定第 30 条第 1 款第 10 项也规定，相同或近似商标的注册申请即使有致消费者混淆之虞，若经注册商标或申请在先之商标所有人同意，且并非存在明显的不当，也可准予注册。

再者，采用注册取得制度的国家，商标注册实行的均是审查制度。当审查员发现所申请的商标与他人在先注册的商标相冲突时，一般都会基于驳回的相对事由，不予核准注册。[①] 因而，从理论上讲，不会出现冲突商标均被核准注册的情形。但是，囿于审查员的工作失误或者检索能力的限制，实践中常常会出现差错，加之在先注册的商标权人疏于注意或者由于其他原因没有及时提出异议或申请宣告无效，使得相同或类似的注册商标在市场上实际共存。有鉴于此，各国大都规定了类似于物权上的时效取得制度，即在先注册商标权人默认在后注册商标连续 5 年使用而未提请宣告无效的，其就无权禁止该在后注册商标在注册范围内使用。[②] 此时，商标共存制度也就具有了维护商标注册秩序稳定及保护善意第三人利益的价值。

总之，商标共存制度作为注册取得制度的补充，能够一定程度上克服该制度的僵硬情势，有效调节、平衡商标使用人之间以及商标使用人与商标权人之间的利益格局，在一个体系下实现与商标注册取得

[①] 这种情况也有例外；例如英国知识产权局即于 2007 年 10 月 1 日起取消了主动对相对理由进行审查的制度，审查将不再以"可能存在冲突的在先商标"为理由而主动驳回在后的商标注册申请。参见张俊琴：《英国商标审查制度改革追踪》，《中华商标》2007 年第 10 期。

[②] 如法国《知识产权法典》第 L.714—3 条、德国《商标法》第 21 条、日本《商标法》第 47 条、我国台湾地区商标法相关规定第 58 条。

制度的融合。[1] 因而，有必要为完善我国注册取得制度所援用。

2. 商标共存与消费者混淆

无论何种商标权利取得制度，商标保护的立足点都在于制止混淆。[2] 然而，商标共存与消费者混淆似乎成了一对不可调和的矛盾。反对商标共存者就认为，相同或近似商标的共存有致消费者混淆之虞，不应该承认其存在。也正是基于这种思维进路，很多学者眼中的商标共存是建立在没有混淆或混淆之虞基础之上的。[3] 进而，有学者认为，混淆理论是商标共存的理论前提。既然他人对相同或近似符号的使用不会造成混淆，这种使用不属于商标性使用，当然不会构成侵权。这表明"商标共存"是个伪概念，没有独立的价值。[4]

的确，商标共存与消费者混淆之间的关系复杂。从商标共存产生的历史原因来看，无论是英国还是美国都是站在公平的立场上保护善意使用人的利益，消费者是否混淆仿佛不在考虑之列。但"远方区域"又是美国商标共存制度中与主观善意并列的最为重要的两个要素之一，其无疑也可以用于证明不会造成消费者混淆。有趣的是，在1918年的"United Drug Co. v. Theodore Rectanus Co."案中，原告的"REX"商标已经进入到在后使用人的地区，但美国最高法院仍认为，原告并不能禁止被告在其善意使用地使用该标志，因为就该地而言，原告才是在后使用人。[5] 此时，消费者是否混淆与善意使用人的利益相比似乎显

---

[1] 李雨峰、曹世海：《商标权注册取得制度的改造——兼论我国〈商标法〉的第三次修改》，《现代法学》2014年第3期。

[2] 吴汉东等：《知识产权法基本问题研究（分论）》，中国人民大学出版社2009年版，第444页。

[3] 如有学者将商标共存定义为："不同的市场主体在符合法律规定的情况下，对相同或近似商标进行使用而不存在混淆可能性的情形。"参见梅术文、王超政：《商标共存理论探析》，《重庆理工大学学报（社会科学）》2010年第3期。

[4] 蔡中华、王欢：《"商标共存"制度之法律质疑》，《法学杂志》2015年第4期。

[5] United Drug Co. v. Theodore Rectanus Co., 248 U. S. 90 (1918).

得已不是那么重要。英国也曾在判例中将是否造成消费者混淆作为判断商标共存的考量因素之一，但在后来的判例中又指出，准许善意共存就表明要容忍一定程度之混淆，单纯可能导致混淆的事实，尚不足以支持确需颁发禁止使用之禁令。①

诚然，是否造成消费者混淆作为商标保护中的核心问题，检验并制约着商标共存的适用，但商标共存作为一种排他性商标权的例外，更强调的是对善意使用人利益的保护和对商标权的尊重。正因为如此，在澳大利亚、英国、我国香港地区的实践中，法官一般认为，商标共存即意味着一定程度市场混淆之容忍。② 我国最高人民法院在"Crocodile+鳄鱼图形"商标侵权案中事实上也秉持类似的观点。③ 另外，从有关国家的现行商标共存立法来看，多数也不是以是否造成消费者混淆作为标准来构建的。比如，在协定共存的情况下，即使存在混淆的可能性，英国《商标法》、俄罗斯《商标法》、我国台湾地区商标相关规定仍然准许在后商标注册；在因商标审查未检索到相同或近似商标的商标共存中，消费者混淆更是无法避免；如果将在先使用权也视为一种商标共存的话，正是因为担忧先前的混淆在后续使用中继续存在，法律才要求附加区别标识。如此看来，商标共存与消费者混淆之间关系问题的重点不在于或主要不在于允许共存之时是否会造成混淆或具有混淆可能性，而在于允许共存后如何避免消费者后续的混淆。

---

① New South Wales Dairy Corporation v. Murray Goulburn Co-Operative Company Ltd. (1990) 171 CLR 363.

② 刘维：《论商标善意共存原则》，《政治与法律》2012年第10期。

③ 最高人民法院（2009）民三终字第3号民事判决书。该判决认为："在侵犯注册商标专用权的具体判断中，将是否足以产生市场混淆作为认定商标近似的重要考量因素，主要是要求相关标识具有不产生市场混淆的较大可能性，并不要求达到任何人在任何情况下均绝对不会误认的程度，认定因复杂的历史渊源和现实状态而具有一定近似因素的相关商业标识是否近似时更应如此。"

3. 商标共存的类型

（1）法定共存

在注册取得制度下，注册商标若要实现共存均应具有法律依据。因而，从该意义上说，商标共存都属法定共存。但此处所称的法定共存仅指我国《商标法》第45条中所规定的自商标注册之日起5年内，在先商标权利人未请求宣告该商标无效而造成的两个注册商标事实上的共存。这是该法所规定的唯一的商标共存形式，但仍需完善。依照该规定，既可能出现相同商标的共存，也可能出现相似商标的共存，那么混淆问题在所难免。法律为这种商标共存所带来的混淆留下了空白。有鉴于此，为了维护消费者利益和市场秩序，可以借鉴在先使用权制度中的相关规定，赋予在先商标权利人要求后者附加适当区别标识的权利，商标主管机关也有权要求某一方附加适当区别标识。

（2）判定共存

判定共存，是指由司法机关终审裁决所确立的商标共存注册或共存使用的情形。判定共存对于商标共存理论的发展起到了重要的作用。美国最早关于商标共存的理论就是从前述两个判例开始的，其所确立的规则后为1946年的《兰哈姆法》所吸收。在商标共存的判定中，主观意图的认定是重点。早期判决一般将在后使用人的"不知"解释为主观善意，但这与《兰哈姆法》所确立的注册"推定通知"功能明显不符。为了协调这一矛盾，判定共存所确立的规则继续影响着商标共存制度。在1959年的"Dawn Donut Co. v. Hart's Food Stores, Inc."案中，法院认为，虽然原告的商标获得了注册，但近30年内没在被告所在区域内开展任何商业活动，这一事实可以证明被告出于善意。[①] 后来法院就以在后使用人是否存在利用在先使用人的市场声誉以及造成消费者混淆的意图为判定主观善意的标准。如在"GTE Corp. v.

---

① Dawn Donut Co. v. Hart's Food Stores, Inc., 267 F. 2d 358, 360 (2d Cir. 1959).

Williams"案中，法院就认为，在后使用人的"知道"本身并不妨碍进一步探究使用意图，而问题的关键在于在后使用人是否试图从在先使用人的商誉中获得好处。① 判定共存在其他国家或地区也大量存在。如欧盟法院虽然对待商标共存的态度相对保守，但也不乏判定共存的案例。例如其在"Budweiser"商标确权案中就认为，即使在相同商品上使用相同商标，如果并存使用的历史、使用商标的善意以及目前的市场格局等特殊因素证明不会减损商标的来源识别功能，也不能宣告在后的商标无效或构成侵权。② 一些国家或地区的商标法还直接赋予了法院裁决商标共存的权利。如我国香港地区《商标条例》第13条就规定，当法院确信申请商标与在先商标具有善意共存使用的情形时，该条例相关拒绝注册的相对事由不能阻止商标注册。但其注册应当受到法院认为适合施加的限制或条件的约束。

在我国商标实践中，最早引起人们关注的商标共存恰恰就是判定共存，并且已形成了一种被称为"商标善意共存"或"历史、公平和现状"的固定裁判模式。③ 其中，最有名的案例莫过于"Crocodile+鳄鱼图形"商标侵权案。在该案中，法国拉科斯特公司的鳄鱼商标与新加坡鳄鱼国际公司的鳄鱼商标使用在相同商品上，且在商标构成要素上具有极高的相似度。法院面对此种使用，通常都会判定容易造成消费者混淆误认。但该案特殊之处在于，两公司在主观上均出自于善意，各自商标在我国市场已共存使用多年，双方也已形成各自的市场格局。最终，最高人民法院在综合考量新加坡公司的主观意图、商标共存使用的历史及现状、相关市场实际等因素后，维持了驳回法国公司诉讼

---

① GTE Corp. v. Williams, 904 F. 2d 536 (10th Cir. 1990).
② Budějovick Budvar, národní podnik v. Anheuser-Busch Inc. Case C 482/09. 转引自刘维：《论商标善意共存原则》，《政治与法律》2012年第10期。
③ 黄武双、刘维等著译：《商标共存：原理与判例》，法律出版社2013年版，第25页。

请求的判决。[①]该案判决产生了良好的社会效果,并推动了学界对商标共存的认识。但是受到商标授权确权体制的限制,我国法院尚不能直接判决商标共存注册,而只能通过撤销商标行政机关的裁决间接发挥作用。另外,我国法院对共存使用的判定落脚点仍在于不会造成混淆或误认。可以设想一下,如果上述商标侵权案中有调查报告显示,大量的消费者确实发生了混淆或误认,此时法院是否还会以主观善意、使用历史、市场格局等因素判定共存?对此,采取更为谨慎的态度应当说是妥当的。商标共存容忍一定的市场混淆也是具有限度的,判定共存只能适用于特殊的个案,且在判定时应当遵循严格条件,尤其不能仅以在后使用已形成的市场格局为由侵蚀在先取得的商标权。再者,如前所述,商标共存与消费者混淆关系的重点应在于允许共存后避免消费者的后续混淆。因此,很多国家规定法院在判定共存时可以施加其认为合适的条件和限制。我国法院也意识到了这一点,如在上述商标侵权案的判决中就要求,被告在使用被诉标识时,应尽可能避让原告的注册商标,在相关使用环境和状态中保持与其有明显区分。但这一要求既未明确使用的具体方式,更未明确违反的责任承担,象征意义大于实际意义,存在进一步改进之必要。

(3)协定共存

2009年世界知识产权组织的相关机构曾就协议书(letter of consent)问题向67个国家和1个国际组织(比荷卢知识产权组织)做过问卷调查。对于协议书在驳回、异议和无效(或撤销)程序中能否克服注册障碍的问题,分别有68%、60%和51%的国家做出了肯定的回答。其中,英国、美国、澳大利亚等25国一律持肯定态度,日本、韩国、哥伦比亚和菲律宾等4国则一律持否定态度,我国在异议和无效程序中持肯定态度,在驳回程序中未表明态度。对于是否接受在相

[①] 最高人民法院(2009)民三终字第3号民事判决书。

同商品上注册相同商标的共存协议，43.3% 的国家表示接受，49.2% 的国家表示不接受，我国明确表示不接受。[①] 该统计表明，对待协定共存国际社会的认识并不统一。其中的原因，主要还是在于担忧协定共存会造成消费者混淆。

依据我国《商标法》第 30 条规定，对相同或者近似商标的注册申请，只能予以驳回。该规定本身没有给协定共存留下可以适用的空间，但商标实践却做法不一，似乎也印证了上述统计中我国在驳回程序中未置可否的态度。否定的观点主要基于职权主义的认识，认为商标的可注册性应当由商标局依职权审查，而非由申请人约定。其背后的逻辑基础在于商标权关乎公众利益，共存协议无法消除消费者的混淆。如在"GARRAUD PARIS"商标申请驳回复审案中，北京市第一中级人民法院就认为，《商标法》第 28 条（现为第 30 条）的规定既是对在先商标权人利益的保护，也是对公众利益的保护。协议所涉及的商标之间构成近似商标的事实不因双方存在协议而改变，即使根据共存协议在先商标权人无异议，也不能因此而消除申请商标核准注册后可能带来的使消费者产生混淆、误认的不良社会效果。[②] 支持的观点主要基于私权自治的认识，认为应当尊重商标权人的处分权，共存协议可以作为判断混淆可能性的重要考量因素，在没有证据证明必然混淆的前提下，共存的请求应予支持。其背后的逻辑基础在于契约自由原则，且商标共存并非必然损害公众利益。如在"STELUX"商标申请驳回复审案中，北京市高级人民法院就认为，共存协议是由在先商标权人出具，（而其与之存在直接利益关系，）对两个近似商标的共存使

[①] "Summary of Replies to the Questionnaire on Letters of Consent," http://www.wipo.int/edocs/mdocs/sct/en/sct_22/sct_22_5.pdf, 2015 年 8 月 14 日最后访问。

[②] 北京市第一中级人民法院（2009）一中知行初字第 2757 号行政判决书。类似判决还可参见北京市第一中级人民法院（2009）一中知行初字第 1813 号行政判决书、（2012）一中知行初字第 1174 号行政判决书。

用是否会造成消费者混淆的判断会更贴近市场实际。如果没有其他的明显因素作为反证，共存协议通常可作为证明不会造成混淆的有力证据；作为一项民事财产权利，只要不涉及重大公共利益，商标权人完全可以依据意思自治的原则对之做出处分和安排；如果没有充分证据证实侵害了消费者的利益，对于在先商标权人以共存协议方式对其权利做出的处分就不应加以否定。①

由于支持协定共存的观点更符合商标法的理念，目前在司法实践中已占据了优势。但遗憾的是，这种观点在我国《商标法》中并不能找到明确的依据。因而，有必要借鉴英、德、俄等国家或地区的做法，在《商标法》中明确将协定共存作为驳回程序的例外。但在具体构建中也必须考虑本国的实际。如本书第二章所述，商标权的权利内涵既涉及私益又涉及公益，这也决定了关涉商标权的制度设计既要站在权利人中心主义的立场上致力于保护商标权人的利益，又要站在消费者中心主义的立场上致力于保护公众利益。如此一来，是否造成混淆是制度构建中必须考量的因素。于相同商品上使用完全相同的商标必然会造成消费者混淆，如果允许其协定共存，则必定将损害公众利益。因而，在我国对附加区别标识的监督还很不完善的情况下，不必学习他国的做法，而应直接将其排除在商标共存制度之外。需要讨论的是近似商标的协定共存问题。在我国的司法实践中，主流观点认为，共存协议并不必然排除混淆可能性，但可以作为判断混淆可能性的重要考量因素，在具体案件的判定中还需结合商品的类似程度、商标的近似程度、商标与商品的关联程度，以及共存协议签署原因等因素综合予以考虑。② 要求排除混淆可能性的立场，无疑是正确的。但实践中更多是从应否驳回注册申请的角

---

① 北京市高级人民法院（2013）高行终字第958号行政判决书。类似判决还可参见北京市高级人民法院（2009）高行终字第141号行政判决书、（2012）高行终字第1043号行政判决书。

② 戴怡婷：《商标共存协议效力的考量》，《中国知识产权报》2014年8月1日。案例可参见北京市第一中级人民法院（2009）一中知行初字第2273号行政判决书、（2010）一中知行初字第1196号行政判决书。

度来考虑问题，而非着眼于未来商标的实际使用。对于消费者来说，未来的使用才是问题的关键。尽管使用前的排除也能解决部分问题，但就共存协议而言，其本身对混淆可能性的判断帮助不大。商标混淆是一个事实问题。在注册申请审查环节，混淆可能性的判断固然仅是商标行政机关从相关公众的视角做出的一种推定，但该推定是有客观依据支撑和具体规则可循的。在近似商标具有混淆可能性的情况下，除非共存协议商定了以后避免混淆的使用方式，否则，共存协议只能表明在先商标权人容忍在后申请商标在以后使用中所带来的混淆，而不能丝毫改变这种混淆。如此一来，共存协议在混淆可能性判断中就失去了意义。以"UGG"商标申请驳回复审案为例，一审法院就认为，申请商标"UGG"与引证商标"UCG"之间只存在一个字母的差别，而"C"与"G"两字母在外观上又很近似，非常容易导致消费者的混淆，一般消费者也无法分辨两者在含义上存在的差别，两者读音的差别也不足以避免消费者的误认，商标权利人对两者共存的同意并不能排除消费者对两商标混淆误认的可能性。[①] 这一评判无疑是中肯的，但这个明显会造成混淆的商标最终还是因为存在共存协议而为终审判决所支持。[②] 然而，在一审所指出的造成混淆可能性的因素仍然存在的情况下，终审判决认为共存协议是排除混淆可能性的有力证据的理由无疑是苍白的。尽管如此，终审判决出于对私权的尊重，最终做出了支持了协定共存的结论，这个判决还是可以令人接受的。在此情况下，与其枉顾造成混淆可能性的事实，还不如直接像英、德、俄《商标法》，以及我国台湾地区商标相关规定那样直面该问题，明确规定近似商标注册申请，若经商标权人同意，可以准予并存注册。这种建议也非凭空臆想，最高人民法院在《关于审理商标授权确权行政案件若干问题的规定（公

---

① 北京市第一中级人民法院（2012）一中知行初字第450号行政判决书。
② 北京市高级人民法院（2012）高行终字第1043号行政判决书。

开征求意见稿）》中也表达了相同的认识。[①]当然，为了防止后续使用中的混淆，还有必要借鉴美国《兰哈姆法》第1052条（d）款的经验，规定"在准予并存注册时，可以规定各商标所有人使用其商标的方式、地域或商品的条件和限制"。

总之，商标共存制度不仅涉及商标使用人的利益，还涉及竞争者和消费者的利益。各方利益如何平衡，各自的权利义务如何设置，职权部门如何监管，都需要精心设计。鉴于篇幅有限，在此就不再详加讨论。

（五）加强未注册商标保护

1. 未注册商标保护的模式选择

（1）保护范围

只要注册主义原则的目的是促进具体信誉的形成，那就应该对已经蓄积了相当程度信誉的未注册商标给予必要保护。[②]构建未注册商标保护制度也就成为完善注册取得制度的一个重要外部补充措施。在先使用的未注册商标按照知名度的大小可分为：未注册驰名商标、未注册知名商标（有一定影响的未注册商标）和未注册普通商标。对未注册驰名商标，国际社会已经达成共识，各国均为其提供商标法保护。对未注册知名商标大多数国家认为其已建立起了商誉，应当提供保护，区别只是在于提供保护的具体模式不同。但对于未注册普通商标却存

[①] 详见最高人民法院《关于审理商标授权确权行政案件若干问题的规定（公开征求意见稿）》第20条："商标评审委员会以与在先引证商标冲突为由决定驳回商标注册申请、不予核准注册或者裁定宣告注册商标无效的，如果在诉讼阶段，引证商标权利人与诉争商标权利人达成协议，同意在后商标注册的，人民法院可以准许。"该征求意见稿已于2014年10月14日在最高人民法院官网和中国法院网同步进行公布，面向社会公开征求意见和建议。

[②] 〔日〕田村善之：《日本知识产权法》，周超等译，张玉敏审校，知识产权出版社2011年版，第105页。

在着截然相反的认识。

保护论者的逻辑基础在于,使用对于商标权的获取具有重要意义,即使在注册取得原则下也不例外。法律既然准许使用未注册商标,也就应当为这种使用提供保护。[①] 而且,知名度只能反映商誉的价值大小,不能作为决定保护与否的依据。法律对权益的保护应当展现平等性,不能说某项财产价值大就保护,价值小就不保护。未注册普通商标通过在先使用人的使用,发挥出了商标区分功能,形成了在先使用人的利益,虽然可能比知名度大的未注册商标价值小,但也应当予以保护。再者,知名度的大小是动态变化的,即使在某一具体时刻也不易量化,以"有一定影响"为例,"一定"的量如何确定,"影响"的度如何衡量,这些都无法给出明确的标准。这也说明以知名度为标准不具有可操作性。该观点也有具体的立法例。例如,采用使用取得制度的美国对未注册商标就予以一体保护,而没有以知名度进行划分。采用注册取得制度的英国,其《商标法》第11条第3款也规定,在他人注册或使用商标之前,在特定地区内的商业活动中连续使用的未注册商标或别的标志,不构成对注册商标的侵权。意大利《商标法》第9条也规定,"如果他人已在使用某一并非公众熟知或仅具地方知名度的未注册商标,那么,尽管商标后来被注册,该他人仍有权在同一地域继续使用该商标,并有权将其用于广告"。我国《商标法》同样存在着对未注册普通商标予以保护的规定,如第15条所规定的"恶意注册的禁止"[②],就没有区分未注册商标的具体类型;第31条规定的同日申请的先使用主义,也没有区分商标的知名度。

不保护论者的逻辑基础在于,商标权保护是一种"技术设计",在确定保护对象时,既要考虑到公平也要考虑到效率。对未注册普通商

---

① 唐荣娜:《对在先使用的普通未注册商标的司法保护》,《人民司法》2012年第3期。
② 具体包括"禁止代理人或者代表人抢注或使用"和"禁止其他关系人抢注"两种类型,参见我国《商标法》第15条。

标不予保护的理由有：一是权利是对利益的确认，未注册普通商标的利益大小具有不确定性，证实使用的在先性困难大，且成本高昂，"当权利所确证的现实利益不足以抵消权利的维护成本时，获得权利的法定资格是高成本的，并不可取"[①]。二是商标保护的目的是为了避免消费者混淆，之所以对未注册商标提供保护，其原因即在于这些商标已通过使用在相关地域产生了一定影响，在相关消费者与经营者之间已形成固定的识别体系，具有保护的价值。未注册普通商标不具有这样的保护价值，不予法律保护正是其在注册制度下应承担的必要风险。[②] 三是商标法保护的商标，不是基于"标志物"，而是商标所承载的信息。如果对未被消费者所认知的未注册商标予以无条件保护，这就意味着对商标权注册取得制度的彻底颠覆。[③] 该观点也有具体的立法例。例如，德国《商标法》虽然也认可使用取得原则，但其第 4 条明确规定，若想获得与注册同样的效力，未注册商标需通过使用"在相关商业圈内获得作为商标的第二含义"。日本《商标法》第 32 条有关"因在先使用取得使用商标的权利"的规定中也要求，未注册商标要获得使用的权利既要出自"非基于不正当竞争的目的"，又要在该商标申请注册之际"已被消费者广泛认为是表彰其所经营之商品或服务的商标"。韩国《商标法》第 57 条之 3 的规定也与之相类似。

从以上观点来看，保护论者更多是站在公正的立场上看待注册商标与未注册商标，但"知识产权法以平衡价值来构建规范体系，不可避免要兼顾个人利益与公共政策之间的平衡，过犹不及"[④]。商标法作为一项制度设计，必然要考虑具体规定的效率价值、实践价值。就未注

[①] 谢晓尧：《竞争秩序的道德解读：反不正当竞争法研究》，法律出版社 2005 年版，第 101 页。
[②] 罗晓霞：《竞争政策视野下商标法理论研究——关系、协调及制度构建》，中国政法大学出版社 2013 年版，第 249 页。
[③] 黄保勇：《论商标法对普通未注册商标的间接保护》，《知识产权》2013 年第 2 期。
[④] 付继存：《商标法的价值构造研究：以商标权的价值与形式为中心》，中国政法大学出版社 2012 年版，第 256 页。

册商标的保护而言，其制度价值在于为注册取得制度提供正当性的补充，不可能以该制度来颠覆注册取得制度。虽然"无条件地保护未注册商标在逻辑上无法与商标权的注册取得原则共存"[1]，但寻求两者之间的再次平衡既是必需的，也是可行的。从实践来看，大多数国家都未真正对未注册商标提供一体保护。以英国为例，其《商标法》第11条虽然没有区分未注册商标的类型，但强调了未注册商标的连续使用。另外，从其普通法对商标的保护来看，对商誉的要求实际上也体现了其对未注册商标类型的区分。我国《商标法》第15条有关"恶意注册的禁止"的规定旨在扼制恶意抢注行为，以维持诚实信用原则，明显带有制度设计的痕迹。而真正反映未注册商标保护范围的规定应当是《商标法》的第32条和第59条第3款，其所涉及的也仅为在先使用并"有一定影响"的商标，那种主张我国《商标法》应对未注册商标一体保护的观点并不可取。

（2）立法模式

未注册商标保护的立法模式，根据是否有成文的法律规定，可以区分为制定法模式和普通法模式，前者主要运用于大陆法系国家，后者的典型代表是英国。根据是否在商标法中一体规定，它又可以分为单轨制和双轨制。在单轨制中，未注册商标被完全纳入到了商标法所确立的保护体系内，典型的代表为德国；在双轨制中，一是通过商标法赋予未注册商标一定的权利，二是通过竞争法等专门的单行立法再提供实体上的保护，典型的代表为日本。单从商标法的规定来看，由于很多国家都是《巴黎公约》和《TRIPS 协定》的成员国，它们对未注册驰名商标都提供了类似甚至超出普通注册商标的保护，但对未注册非驰名商标而言，各国在保护的权利内容上区别很大。具体来说存在以下权利内容模式：一是以巴西、葡萄牙为代表的注册优位权模式，

---

[1] 黄保勇：《论商标法对普通未注册商标的间接保护》，《知识产权》2013年第2期。

即在先使用人可以凭借其在他人注册申请日前的一定时间内的在先使用对抗在先申请，获得注册相同或类似商标的优先权。二是以德国为代表的商标专用权模式，即赋予未注册商标以专用权，对注册商标与未注册商标予以平等保护。三是多数国家所采用的在先使用权[①]模式，即除了赋予符合条件的未注册商标在先使用人一般意义上的拒绝注册权、无效宣告权外，还赋予其继续使用权、不侵权抗辩权等权利内容。

从以上立法模式来看，各国商标法对未注册商标的保护强度有别。其中，注册优位权只是一种程序上的优先权，期间一旦经过，则得不到任何保护。商标专用权是最为全面的保护模式，但它是建立在承认使用取得原则的前提基础上的，这不符合多数国家的商标法传统与理念。而且，这种模式本身也存在着未注册商标使用时间的确定、效力范围的判定、与注册商标权利冲突的解决等诸多理论与实践问题。在先使用权模式力求在不与注册取得原则相冲突的前提下，为未注册商标提供适度的保护，具有一定的逻辑自洽性，但也存在着自身的缺陷。一是由于商标法为未注册商标提供的保护有限，多数国家还要借助于反不正当竞争法或普通法，而两者在立法宗旨、基本理念、保护方式等方面均存在着差异，两者关系的协调并非完全顺畅。二是对未注册商标保护的规定非常零散，远未达到体系化。受制度功能、立法目的的限制，相关国家虽然突出了未注册商标的在先使用权利，但并对未注册商标的构成要素、使用方式、使用管理、争议解决像注册商标那样予以体系化安排，有些规定甚至还存在着相互矛盾之处。三是在先使用制度本身还存在着一些实践性难题。比如"一定影响"或"知

[①] "在先使用权"，在学界又有"先使用权""先用权"等不同的提法，且主要是在"在先使用抗辩"的意义上使用。正如有学者所说："事实上，先使用权是保护商标在先使用人权益的其中一种形式，在先使用人除了享有《商标法》第 59 条第 3 款的先使用权外，在特定情况下，还可能享有注册优先权、异议权、撤销权等权利。"参见杜颖：《商标先使用权解读——〈商标法〉第 59 条第 3 款的理解与适用》，《中外法学》2014 年第 5 期。

名"的判定问题、"在先"的证据标准与时间标准问题、地域范围(尤其是在网络环境下)的确定问题、承继限制问题等等。我国《商标法》在第三次修改中规定了在先使用人的继续使用权,该规定使在先使用人的权利保护更为完善,也标志着我国真正采用了在先使用权的模式。值得注意的是,我国《商标法》并没有赋予未注册商标在先使用权损害的赔偿问题,最高人民法院在《关于审理商标民事纠纷案件适用法律若干问题的解释》第2条中也只规定了侵犯未注册驰名商标应当承担停止侵害的民事法律责任,但从理论上说符合条件的在先使用权人可以选择《反不正当竞争法》有关"知名商品特有的名称、包装、装潢"的规定请求损害赔偿。因而,从这个角度上看,我国与日本等国一样采用的是双轨制。毋庸置疑的是,我国的现行模式选择也存在着前述的问题与弊端,鉴于篇幅有限,本书将不展开讨论,而只针对现行法律框架下的相关问题提出完善建议。

2. 完善在先使用权制度

我国《商标法》经过第三次修改后,在第59条第3款[①]正式确立了在先使用权制度,这对于优化我国的注册取得制度具有重要的意义。但由于该制度设立的时间尚短,法条规定得比较抽象,还有进一步完善之必要。

(1)在先使用权的性质

对于在先使用权的性质,学界存在分歧。多数观点认为,在先使用权是在先使用人对抗商标注册人侵权指控的消极权利,即抗辩权。[②]

[①] 该款的具体内容为:"商标注册人申请商标注册前,他人已经在同一种商品或者类似商品上先于商标注册人使用与注册商标相同或者近似并有一定影响的商标的,注册商标专用权人无权禁止该使用人在原使用范围内继续使用该商标,但可以要求其附加适当区别标识。"

[②] 曹新明:《商标先用权研究——兼论我国〈商标法〉第三修正案》,《法治研究》2014年第9期。持类似观点的还有日本的有关学者,参见杜颖:《商标先使用权解读——〈商标法〉第59条第3款的理解与适用》,《中外法学》2014年第5期。

也有观点认为，在先使用权是一项单独存在的权利。① 至于是何种单独的权利又存在着分歧：一种观点认为是一种市场先行利益②，另一种观点认为是一种民事权利③，第三种观点认为在先使用权的性质就是商标权④。

通说认为，民事权利由"特定利益"和"法律上之力"两个因素构成。"特定利益"是指生活利益，包括财产利益和非财产利益，这是权利的内容，具体可分为人格权、身份权、物权、知识产权、债权等。"法律上之力"是指权利的作用，可分为支配权、请求权、抗辩权、形成权。对于以上观点而言，认为在先使用权是抗辩权还是单独存在的权利的分歧，事实上是仅从某一因素出发对其进行的分类。但不同的分类也隐含了不同的观点持有者对在先使用权的不同认识。持抗辩权观点的人大多认为在先使用权只具有消极权能，不具有积极权能。言下之意是，这不是一项"实体权利"。持单独权利观点的人试图强调在先使用权对在先使用人而言具有特定的利益，具有积极的权能，是一种"实体权利"。事实上，如果仅强调在先使用权是一种抗辩权，并没能真实反映出在先使用权制度的设立目的。之所以为了保护具有一定影响的未注册商标而设立在先使用权，是因为这些在先使用的商标已享有声誉，具有财产利益，如果仅仅因为未取得注册而使善意使用该商标的人丧失已取得的利益，有失公平。⑤ 从这一点上看，对未注册商标予以保护的原因与注册商标相比没有实质性的差异。而抗辩权只是一种对抗他人请求权或权利主张的权利，并以相对的请求权

---

① 杨金琪主编：《最新知识产权案例精粹与处理指南》，法律出版社1996年版，第187页；商志超：《为先用权正名》，《河北法学》2014年第10期。
② 李扬：《商标法中在先权利的知识产权法解释》，《法律科学》2006年第5期。
③ 张峣：《商标先用权保护探讨》，《知识产权》2014年第2期。
④ 杜蓓蕾、安中业：《论建立商标在先使用权制度》，《安庆师范学院学报（社会科学版）》2006年第5期。
⑤ 吴汉东等：《知识产权基本问题研究（分论）》，中国人民大学出版社2009年版，第408页。

或权利主张的存在为前提,而非独立存在之权利。承认在先使用权只是一种抗辩权,对未注册商标而言还是不够的。事实上,在先使用权除了有对抗注册商标权人请求禁止的消极权能,即所谓的"不侵权抗辩权"外,在先使用人还有"继续使用该商标"的积极权能,即所谓的"继续使用权"。[①]承认这一点,对于尊重在先使用人的财产利益,协调与注册商标权的关系具有一定意义。一如有的学者所言,在先使用权是积极权利,对于平衡利益具有积极作用。[②]主张在先使用权仅具有消极权能的一个重要原因在于,在先使用权在商标法语境下不涉及禁止权和损害赔偿权。但这一事实在某种意义只是法律体系的有意安排。在现行法律框架下,《反不正当竞争法》第5条第2项的规定实际上已为具有一定影响的未注册商标的在先使用人提供了请求禁止使用和损害赔偿的空间。虽然在先使用权与注册商标专用权相比不属于同一重量级的权利的事实毋庸置疑,但这并不影响法律将其作为"实体权利"来构建。例如,日本《商标法》就将在先使用权规定在权利规定部分,而非在权利的限制或例外部分。其第32条第1款明确规定,在先使用权是一种"因在先使用取得使用商标的权利"。韩国《商标法》与之类似。这无疑都是从"特定利益"的角度来构建的。

虽然在先使用权是一种有关商标的"特定利益",但在我国《商标法》中并没有"商标权"这一概念,商标权常是和注册商标联系在一起的,通常就是指"商标专用权"。[③]有学者还非常明确地指出:"对于未注册商标,只要不是禁止用作商标的标志,也允许使用,但使用

---

① 刘明江:《商标权效力及其限制研究》,知识产权出版社2010年版,第211页。
② 吴汉东等:《知识产权基本问题研究(分论)》,中国人民大学出版社2009年版,第408页。
③ 对于商标权与商标专用权的关系,学者们存在着不同的看法。一种观点认为商标权由"商标专用权"和"禁止权"共同构成。参见王迁:《知识产权法教程》,中国人民大学出版社2009年版,第446页。另一种观点则认为,商标权与商标专用权本来就是一回事。参见孔祥俊:《商标与不正当竞争法:原理和判例》,法律出版社2009年版,第33页。

者不享有商标权。"① 因而，在我国《商标法》的语境下，不宜将在先使用权归入商标权之中。民事权益包括民事权利和没能上升为权利但也应受到法律保护的民事利益。"将一切形式的利益不加区别地冠之以权利进行保护，既模糊了利益调整的种类，阻碍了人们对于权利本质和功能的认识，也损害了法律上的自由。"② 在先使用权虽然不宜直接被界定为是一种民事权利，但其中的确包含了未注册商标使用人的利益，将其作为民事利益看待还是比较恰当的。

（2）在先使用人的主观要件

在先使用权制度虽然是为克服注册取得制度的缺陷而设定的，但其理论基础仍在于公平、公正的理念，即认为未注册商标因在先使用而承载了商誉，而该商誉是在先使用人辛勤劳动的结果，如果允许他人抢注将有失公平。反之，如果在先使用本身是来自于"不洁净之手"，那么也就失去了保护它的正当性前提。在先使用权的构成要件之一是先使用人主观上出于善意，这已成为学者们的共识。另外，国外的立法也为我们提供了借鉴。例如，日本《商标法》将其主观上限定于"非基于不正当竞争为目的"，南非《商标法》也要求主观上出于"善意"。在先使用权制度在我国最早规定于《专利法》，最高人民法院相关司法解释对先用权人的主观要件也予以了限定。③ 但遗憾的是，我国《商标法》第 59 条第 3 款并没有对在先使用权人的主观状态做出要求。因而，有必要在法条中对在先使用人的主观方面做出"善意"的明示，这样既可体现立法的严谨性，又有利于为实践提供明确的依据。

（3）"连续使用"的要求

《商标法》第 59 条第 3 款对在先用权人的"使用"状态是仅需

---

① 张序九主编：《商标法教程》，法律出版社 1997 年版，第 47 页。
② 李岩：《法益：权利之外的新视域》，《光明日报》2008 年 10 月 7 日。
③ 参见最高人民法院《关于审理侵犯专利权纠纷案件应用法律若干问题的解释》第 15 条第 1 款："被诉侵权人以非法获得的技术或者设计主张先用权抗辩的，人民法院不予支持。"

要有使用行为这一事实，还是需要连续不断的使用，没有予以限定。学者们大多认为，如果在先使用人虽曾有在先使用的事实，但无正当理由而中断使用的，不得成就在先使用权。理由在于：一是在先使用权仅是注册取得原则的例外，对注册商标尚且存在因连续不使用而应被撤销的要求，对在先使用商标而言更应严格。保护在先使用商标的主要原因正在于该商标的在先使用。如果使用行为已较长时间中断，在先使用人对该商标很难说还享有什么利益，对之提供保护已无必要。二是在先使用权制度对注册取得制度虽然具有优化作用，但注册取得原则仍是第一位的。如果在先使用人仅基于曾经的使用事实，在他人商标注册后仍可以重新恢复使用已中断不用的商标，即使不问其主观上是否出于善意，该情形也会因为侵蚀注册商标权人的合法权益而造成新的不公，这将会从根本上动摇商标注册取得制度。正因为如此，英、日等国都要求此处的使用为连续使用。有人可能会认为，我国《商标法》已规定在先使用的商标应当具有"一定影响"，而这正是在先使用人连续使用的结果，所以再予规定已无必要。其实不然。因为实践中存在大量曾经具有"一定影响"而后来弃之不用的未注册商标甚至注册商标，"一定影响"之规定并不能成为不设立连续使用要件的理由。事实上，后来的《商标法实施条例》对"连续使用"已有所涉及，但仍不能解决全部问题。[①] 因而，应当在《商标法》有关在先使用权制度的法条中明确规

---

① 《商标法实施条例》第 92 条规定："连续使用至 1993 年 7 月 1 日的服务商标，与他人在相同或者类似的服务上已注册的服务商标相同或者近似的，可以继续使用；但是，1993 年 7 月 1 日后中断使用 3 年以上的，不得继续使用。已连续使用至商标局首次受理新放开商品或者服务项目之日的商标，与他人在新放开商品或者服务项目相同或者类似的商品或者服务上已注册的商标相同或者近似的，可以继续使用；但是，首次受理之日后中断使用 3 年以上的，不得继续使用。"该规定针对的仅是服务商标及商标局新放开商品或服务项目的商标，其目的是为了解决《商标法》分别于 1993 年 2 月第一次修正、2013 年 8 月第三次修正时这两类商标的在先使用与在后注册的关系协调问题。由于该规定具有明确的针对性，并不能以此就推定《商标法》对在先使用人都提出了"连续使用"的要求。

定"连续使用"的要件。当然，该"连续使用"也可基于正当理由而中断。但对中断使用的情形是否也要像注册商标一样给予 3 年的时间，值得斟酌。

(4) 权利的范围限制

依据《商标法》第 59 条第 3 款的规定，在先使用权要受到"原使用范围"的限制。该规定具有较大的弹性，可能涵盖的原使用范围包括原商品范围、原商标范围、原地域范围、原经营规模范围等。对于在先使用权的限制应当包括原商品范围和原商标范围未闻歧见，均认为在先使用人继续使用的权利不得扩大到类似的商品上，也不得扩展到类似的标识上。但对于是否包括后两者却存在着不同的认识。有观点认为，比照《专利法》对先用权的限制，也应限定在先商标使用人的生产规模和销售区域，其只能在原来范围内使用，而不得进一步拓展。[①] 另有观点认为，商标和专利的权利性质不同，商标在先使用权限制中的原使用范围应该是指地域范围，而不包括商品提供原有能力范围。[②] 也有观点认为，扩大生产规模、扩大销售地域是在先权利人潜在的既得利益，《商标法》既然承认在先权利，也就应当准许权利人扩大经营。[③] 从其他国家或地区的立法来看，对此的规定也不一致。例如，英国《商标法》第 11 条第 3 款强调在"某一特定地点"，意大利《商标法》第 9 条也要求在"同一地域"，但日本《商标法》第 32 条仅限定"于该商品或服务上使用"[④]，韩国《商标法》第 57 条之 3 只规定"在其使用的商品上继续使用"，我国台湾地区商标相关规定第 36 条第

---

① 王莲峰：《商标先用权规则的法律适用——兼评新〈商标法〉第 59 条第 3 款》，《法治研究》2014 年第 3 期。

② 杜颖：《商标先使用权解读——〈商标法〉第 59 条第 3 款的理解与适用》，《中外法学》2014 年第 5 期。

③ 李扬：《商标法中在先权利的知识产权法解释》，《法律科学》2006 年第 5 期。

④ 日本也有学者及判例认为，在先使用权受到原有地域范围的限制。参见杜颖：《商标先使用权解读——〈商标法〉第 59 条第 3 款的理解与适用》，《中外法学》2014 年第 5 期。

1款第3项也只要求"以原使用之商品或服务为限"。总体来看，多数国家或地区对在先使用权的行使限定了地域范围，只有少数国家或地区没有限定，但未见有限制经营规模的立法例。

在先使用权的范围限制，涉及的是注册商标权人与未注册商标在先使用人利益的平衡问题。对在先使用权予以地域范围、经营规模限制，必然会对在先使用人不利，但不给予相应限制又必然会冲击注册商标专用权。如果认为在先使用权制度的设立仅是为了保护在先使用人的"既存状态"，那么既有限制地域范围，也有限制经营规模的必要。但如果认为该制度的设立是为了限制注册商标权人，在先使用人具有生存、发展的权利，那么对于地域范围、经营规模是否限制，以及如何限制都另需权衡。客观地说，限制地域范围的观点更符合注册取得制度的一般观念。因为在注册取得制度下，使用不是商标权产生的方式，在先使用权制度也只是注册取得制度的一项优化措施，如果承认此种商标有权超出原来的地域范围继续使用，会给人以使用也可以获得全国性权利的表象，一定程度上会冲击注册取得制度。而事实上，即使在采用使用取得制度的美国，使用所取得的权利也是有地域限制的。另外，法律虽然规定，为了避免造成消费者混淆，注册商标权人可以要求在先使用人附加适当区别标识，但这种区别标识大多在在先使用商标影响力所及的地域范围内才能真正起到识别作用。从全国范围来看，除非在先使用人和注册商标权人均进行了深入、广泛地市场宣传从而使消费者对各自的商标（尤其是区别之处）广为知晓，否则很难达到防止混淆的目的。因而，从理论上说，对在先使用权进行地域范围限制还是必要的。

对在先使用权予以限制并不表示要求在先使用人只能保持其"既存状态"，即只能在原地域范围内按原来的规模大小经营。如果真是这样，将会造成更为严重的不公。在在先使用商标影响力所及的地域，该商标标识上所承载的商誉本是在先使用人劳动创造的结果，注册商标权人的进入在某种意义上说是搭了在先使用人的"便车",攫取了本应属于在先使用人的市场。法律之所以允许出现这种现象,仅是出于注册取得原则的制度设计,而非基于公平与公正的价值判断。在允许注册商标权人进入的同时,如果还要在该地域限制在先使用人的经营规模,不仅是对在先使用人的严重不公,还会影响到消费者扩大选择该商品的自由,破坏正常的市场秩序。支持限制经营规模范围的理由之一是我国专利法对在先权人的生产规模也进行了限制。在我国,在先使用权虽然最早是在专利法中得到规定,但商标与专利毕竟存在着差异。专利产品对消费者的吸引力主要在于其所使用的新技术,而非产品的生产经营者。从理论上说,如果不同的生产经营者所提供的产品使用的技术相同,那么对消费者而言这些产品之间就具有了替代性,在先权人扩大生产规模就会直接影响到专利权人的市场份额。因而,对在先权人的生产规模进行限制是必要的。商标与专利不同,其功能主要在于区别商品来源。如果商标的在先使用人没有突破其商标原影响力所及的地域,并且正确地附加了区别标识,那么即使在先使用人和注册商标权人使用的商标相同或类似,消费者也能够将不同经营者提供的商品区别开来。此时,对消费者的吸引力起决定作用的将是商品的质量、性能、价格等因素,而不再是商标自身。这样一来,双方处于相对公平的竞争环境中,在先使用人即使扩大了经营规模,也不会直接影响到注册商标权人的市场份额。此时,也就没有必要再对在先使用人的经营规模进行限制。

以上分析主要是从理论出发的。事实上,如何界定在先使用商标影响力所及的地域范围本身就是一个难题。另外,随着全国统一市场的形成,以及以网上购物为代表的电子商务的飞速发展,地域限制遇到了更大的挑战。对服务商标而言,跨区域限制还相对容易控制,但对商品商标而言,除了能够限制商品产地外,已很难对销售的区域加以控制。在此情况下,是否还需要对在先使用权的地域范围予以限制是个值得思考的问题。

3. 改造《反不正当竞争法》的相关规定[①]

采用商标注册取得制度的国家对于未注册商标尽管原则上不赋予"权利",但一般会在注册环节通过诚实信用原则来规制恶意抢注,在使用环节则通过《反不正当竞争法》来禁止对具有较高知名度之商标的仿冒。[②] 虽然我国现行《反不正当竞争法》的条文中甚至未出现过"未注册商标"字样,但类推适用其第 5 条第 2 项[③]的结果表明,我国也属于这一模式。依据该项的规定,对他人知名商品特有的名称、装潢、包装擅自加以仿冒的行为构成不正当竞争,依法应当承担停止侵害、赔偿损失的责任。如果未注册商标为文字商标或图形商标,其就可能成为商品的名称,抑或作为商品的装潢,一旦该商品成为知名商品,对之予以仿冒的行为就有了规制的依据。因而,有学者认为,《反不正当竞争法》第 5 条第 2 项实质上是对未注册商标所提供的一种保护,知名商品特有的名称、包装和装潢因而也就构成了一种在先权利,其可以对抗在后的商标注册。[④]

如前所述,在我国能够获得法律保护的未注册商标限于"驰名"和"有一定影响"两类,但这两类未注册商标并非都属于知名商品特有的名称、包装和装潢,两者无论是从内涵还是外延上看都不具有等同关系。根据《TRIPS 协定》第 15 条的规定,任何能够区分

---

① 《反不正当竞争法》已于 2017 年 11 月 4 日由第十二届全国人民代表大会常务委员会第三十次会议修订,本书提及的有些问题在新法中已有"改造"。但为了保持原文状态,此处未做调整。

② 冯术杰:《未注册商标的权利产生机制与保护模式》,《法学》2013 年第 7 期。

③ 该项的具体内容为,"擅自使用知名商品特有的名称、包装、装潢,或者使用与知名商品近似的名称、包装、装潢,造成和他人的知名商品相混淆,使购买者误认为是该知名商品"的行为构成不正当竞争。新法在第 6 条中将上述内容修改为:"经营者不得实施下列混淆行为,引人误认为是他人商品或者与他人存在特定联系:(一)擅自使用与他人有一定影响的商品名称、包装、装潢等相同或者近似的标识……(四)其他足以引人误认为是他人商品或者与他人存在特定联系的混淆行为。"

④ 黄晖:《反不正当竞争法对未注册商标的保护》,《中华商标》2007 年第 4 期。

商品来源的标记或标记组合，均能够构成商标，其中当然包括未注册商标。WTO 在 1996 年发布的《关于反不正当竞争保护的示范规定》中指出："依不正当竞争法提供的保护应对注册商标和未注册商标一视同仁。"德国《商标法》所保护的未注册商标包括文字、图样、字母、数字、声音标志、三维图形（包括商品或其包装的形状）以及其他包装（包括色彩或色彩的组合）。日本《反不正当竞争法》所保护的标记不仅包括商标、商品的包装或容器，还包括商号、姓名、徽章等能够表示他人商品或经营的其他标志。从以上规定来看，它们在未注册商标所涉及的对象上都比我国所限定的"特有名称""包装"和"装潢"要广泛得多。即使从与我国《商标法》相协调的角度来看，《反不正当竞争法》所限定的对象也过于狭窄。我国《商标法》第 8 条规定，任何能够将自己商品与他人商品相区别的标志，均可作为商标申请注册。合理的推论是，这些标志如果不违反法律的禁止性规定也都可以作为未注册商标使用。然而，可以成为未注册商标的口号标志、声音标志、气味标志，以及其他无法或者没有附着于商品之上的标志等等，即使通过使用取得了一定的影响，也都无法被纳入知名商品特有的名称、包装、装潢的范畴之中。我国学界虽然对《商标法》与《反不正当竞争法》之间的关系存在着"补充说""一般法与特别法关系说"和"并列说"的争论[1]，但对于以《反不正当竞争法》对具有一定影响的未注册商标予以补充保护的观点未见大的分歧。如此一来，大量有一定影响的未注册商标由于不能被认定为属于知名商品特有的名称、包装、装潢，因而无法援引第 5 条第 2 项保护，而只能"向一般条款逃逸"。[2]

---

[1] 郑友德、万志前：《论商标法和反不正当竞争法对商标权益的平行保护》，《法商研究》2009 年第 6 期。
[2] 孙山：《未注册商标法律保护的逻辑基础与规范设计》，《甘肃政法学院学报》2015 年第 2 期。

另外，有一定影响的未注册商标与知名商品特有的名称、包装、装潢在内涵上也存在着一定的差异。对于"有一定影响"和"知名商品"的含义，法律均没有明确界定，而主要从实践中去把握。国家工商总局《商标审理标准》将"有一定影响"的商标界定为"在中国已经使用并为一定地域范围内相关公众所知晓的未注册商标"。在"诚联及图形"商标行政纠纷申请再审案中，最高人民法院指出，通常"有一定影响"的商标是指已使用一定时间，在一定范围的相关公众中因为一定的销量、广告宣传等而享有一定知名度的未注册商业标志。[①] 至于"知名商品"，最高人民法院在《关于审理不正当竞争民事案件应用法律若干问题的解释》中将其界定为："在中国境内具有一定的市场知名度，为相关公众所知悉的商品。"由此，两者在知名度的地域范围上就出现了表述上的差异。另外，《反不正当竞争法》对知名商品的名称、包装、装潢还有"特有"的限定。尽管司法实践中所掌握的原则是，在一定市场范围为相关公众所知悉，即可满足"知名"的要件，而不必达到在全国范围内知名[②]，以使"有一定影响的商标"可以与《反不正当竞争法》所规定的知名商品的标识做同样的理解和掌握[③]，但立法上的不严谨性至少也曾经造成了理解上的混乱。另外，《反不正当竞争法》第5条第2项使用的是"和他人的知名商品相混淆"这一表述，由此也带来了其所保护的是知名商品还是知名商标的争论。有观点认为，两者不存在冲突，因为商业标识只是区分商品的一种标志，是商品的一种化身或者表征，对前者的误认必然导致对其所标识的商品的误认；就仿冒者而言，致人对商业标识的误认是手段，致人

---

① 最高人民法院（2006）行监字第118—1号驳回再审申请通知书。
② 曹建明：《全面加强知识产权审判工作为建设创新型国家和构建和谐社会提供强有力的司法保障》，《科技与法律》2007年第2期。
③ 孔祥俊：《商标与不正当竞争法：原理和判例》，法律出版社2009年版，第109页。

对其所标识的商品的误认才是要达到的目的。[①] 该观点虽不无道理，但《反不正当竞争法》禁止仿冒行为的重要目的在于防止故意制造来源混淆的"搭便车"行为，而商业标识才是来源区分功能的承担者，商品本身却不是。因而，从规范意义上讲，此处表述为商品混淆并不妥当。再者，只要与他人未注册商标相同或近似，有致消费者混淆之虞，就已构成不正当竞争，"使购买者误认为是该知名商品"实为赘语。

总之，《反不正当竞争法》对未注册商标的保护无论从客体还是构成要件上都有许多需要完善之处。因而，建议《反不正当竞争法》可将具有一定影响的未注册商标直接设置为保护客体，并在这一框架下对未注册商标的构成要件以及表现形式，做出统一、协调的安排，以真正发挥其在优化注册取得制度中的作用。

[①] 孔祥俊：《反不正当竞争法原理》，知识产权出版社2005年版，第174页。

结　语

德国著名社会学家马克斯·韦伯（Max Weber）曾说："我们要推进的社会科学是一种现实的科学。我们要理解我们被置入其中的生活那包围着我们的现实的特征——一方面是在其现今表现形式中的个别现象的联系和文化意义，另一方面是它在历史上成其为这样而不是那样的原因。"[1] 商标权注册取得制度所呈现的正是这样的一种社会科学。其一方面是历史的选择，充满了制度理性的光芒；另一方面又面临现实的挑战，需要不断自我完善。历史的演进表明，注册取得的制度理性是与使用取得制度相比较而存在的，但后者又为前者提供了参考系，尤其是在自我完善中，后者的优点更是为前者提供了方向。而事实上，两种权利取得制度之间的学习与借鉴在一百多年的历史中从来没有停歇过，以至于在现实中已不存在某种纯粹的，或者说单纯的商标权取得制度，因为双方在发展中都已打上了对方的烙印。

尽管如此，商标权注册取得制度的个性尚存，而且会因制度优势、历史传承、国际化发展等因素的共同作用而得以强化。这也决定了立法实践中不能随意将其抛弃，而应着力予以完善。在此过程中，努力挖掘其正当性基础，使之更具制度自信；积极弥补其制度缺陷，使之

---

[1]〔德〕马克斯·韦伯：《社会科学方法论》，李秋零、田薇译，中国人民大学出版社1999年版，第15页。

更契合社会实践;认真梳理其制度体系,使之更为逻辑自洽,实为理论研究之使命。

毋庸讳言,商标权注册取得制度之缺陷是明显的,有些甚至无法根除。其之所以能够被多数国家及相关国际条约所接纳,与其说是缘于完美的社会科学制度并不存在之无奈,不如说是因为商标权自身在性质上所展示的复杂性,以及为应对这种复杂性而做出的功利主义选择。然而,我们必须重视该制度的缺陷,并尽力加以弥补或抑制。此时,使用取得制度所崇尚的财产权劳动理论再次为调适该制度提供了价值参考,而在"注册"中嵌入"使用"的内容,对未注册商标予以适度保护等措施也就成为各国优化该制度的配套"技术设计"。

我国对商标权注册取得制度的真正实践历史尚短,具体设计中有诸多尚待完善之处,所反映出的问题也更为突出。但我国采用该制度,既非盲目模仿他国经验,也非原计划经济体制的遗留,而是有其深刻的历史背景和现实需求。时至今日,坚持该项制度,仍不失为一种理性的选择。对此,我国《商标法》第三次修改已经给出了明确的结论,并针对其缺陷着力予以了改造,但仍存在不到位之处。事实上,对于这样一种现实的社会科学而言,也只有在社会实践中不断地进行自我改造、完善,它才能更为鲜活。在本书看来,割掉强制注册的尾巴,对使用要求予以再强调,完善不使用撤销制度,构建商标共存制度,完善在先使用权制度及《反不正当竞争法》的相关规定……,均能发挥这样的功能。

参考文献

一、中文类参考文献

（一）著作类

1. 陈培爱：《中外广告史》，北京：中国物价出版社，2001年。

2. 邓宏光：《商标法的理论基础——以商标显著性为中心》，北京：法律出版社，2009年。

3. 杜颖：《社会进步与商标观念：商标法律制度的过去、现在和未来》，北京：北京大学出版社，2012年。

4. 范长军：《德国商标法：德国商标与其他标记保护法》，北京：知识产权出版社，2013年。

5. 冯晓青：《知识产权法哲学》，北京：中国人民公安大学出版社，2003年。

6. 付继存：《商标法的价值构造研究》，北京：中国政法大学出版社，2012年。

7. 韩忠谟：《法学绪论》，北京：中国政法大学出版社，2000年。

8. 黄海峰：《知识产权的话语与现实：版权、专利和商标史》，武汉：华中科技大学出版社，2011年。

9. 黄晖：《驰名商标和著名商标的法律保护》，北京：法律出版社，

2001年。

10. 黄晖：《商标法》，北京：法律出版社，2004年。

11. 黄武双、刘维等著译：《商标共存：原理与判例》，北京：法律出版社，2013年。

12. 姜明安：《行政法与行政诉讼法》，北京：北京大学出版社、高等教育出版社，2005年。

13. 孔祥俊：《反不正当竞争法原理》，北京：知识产权出版社，2005年。

14. 孔祥俊：《商标与不正当竞争法：原理和判例》，北京：法律出版社，2009年。

15. 孔祥俊：《商标法适用的基本问题》，北京：中国法制出版社，2012年。

16. 李明德：《美国知识产权法》，北京：法律出版社，2014年。

17. 李明德等：《欧盟知识产权法》，北京：法律出版社，2010年。

18. 李雨峰：《枪口下的法律：中国版权史研究》，北京：知识产权出版社，2006年。

19. 梁慧星：《民法总论》，北京：法律出版社，2011年。

20. 刘春田：《知识产权法》，北京：北京大学出版社，2003年。

21. 刘茂堂：《商标新论》，台北：元照出版社，2006年。

22. 陆普舜主编：《各国商标法律与实务》，北京：中国工商出版社，2006年。

23. 罗豪才、湛中乐：《行政法学》，北京：北京大学出版社，2012年。

24. 罗晓霞：《竞争政策视野下商标法理论研究——关系、协调及制度构建》，北京：中国政法大学出版社，2013年。

25. 马怀德：《行政法与行政诉讼法》，北京：中国法制出版社，2010年。

26. 彭欢燕：《商标国际私法研究——国际商标法之重构》，北京：北京大学出版社，2007年。

27. 彭学龙：《商标法的符号学分析》，北京：法律出版社，2007年。

28. 齐爱民：《知识产权法总论》，北京：北京大学出版社，2010年。

29. 汤宗舜：《知识产权的国际保护》，北京：人民法院出版社，1999年。

30. 万鄂湘主编：《国际知识产权法》，武汉：湖北人民出版社，2001年。

31. 王利明：《民法总则研究》，北京：中国人民大学出版社，2003年。

32. 王莲峰：《商标法》，北京：法律出版社，2003年。

33. 王迁：《知识产权法教程》，北京：中国人民大学出版社，2009年。

34. 王泽鉴：《民法总则》，北京：北京大学出版社，2009年。

35. 文学：《商标使用与商标保护研究》，北京：法律出版社，2008年。

36. 吴汉东等：《知识产权基本问题研究（分论）》，北京：中国人民大学出版社，2009年。

37. 吴汉东：《知识产权法学》，北京：北京大学出版社，2011年。

38. 谢冬伟：《中国商标法的效率与公平》，上海：立信会计出版社，2012年。

39. 谢在全：《物权法》，北京：中国政法大学出版社，2011年。

40. 谢振民编著：《中华民国立法史（上册）》，北京：中国政法大学出版社，2000年。

41. 许明月等：《财产登记法律制度研究》，北京：中国社会科学出版社，2002年。

42. 易健雄：《技术发展与版权扩张》，北京：法律出版社，2009年。

43. 余俊：《商标法律进化论》，武汉：华中科技大学出版社，2011年。

44. 张耕：《商业标志法》，福建：厦门大学出版社，2006 年。

45. 张玉敏主编：《知识产权理论与实务》，北京：法律出版社，2003 年。

46. 张玉敏：《知识产权法学》，北京：法律出版社，2011 年。

47. 曾陈明汝：《商标法原理》，北京：中国人民大学出版社，2003 年。

48. 郑成思：《知识产权法》，北京：法律出版社，1997 年。

49. 郑成思：《知识产权论》，北京：法律出版社，2003 年。

50. 郑其斌：《论商标权的本质》，北京：人民法院出版社，2009 年。

51. 郑友德：《知识产权与公平竞争的博弈：以多维创新为坐标》，北京：法律出版社，2011 年。

52. 朱谢群：《创新性智力成果与知识产权》，北京：法律出版社，2004 年。

53. 左旭初：《中国商标法律史（近现代部分）》，北京：知识产权出版社，2005 年。

54. 〔奥〕维特根斯坦：《哲学研究》，李步楼译，北京：商务印书馆，1996 年。

55. 〔澳〕彼得·德霍斯：《知识财产法哲学》，周林译，北京：商务印书馆，2008 年。

56. 〔澳〕布拉德·谢尔曼、〔英〕莱昂内尔·本特利：《现代知识产权法的演进：英国的历程（1760—1911）》，金海军译，北京：北京大学出版社，2006 年。

57. 〔澳〕彭道顿、李雪菁：《普通法视角下的知识产权》，谢琳译，北京：法律出版社，2010 年。

58. 〔德〕恩斯特·卡西尔：《人论》，甘阳译，上海：上海译文出版社，1985 年。

59. 〔荷〕格劳秀斯：《战争与和平法》，何勤华等译，上海：上海人民出版社，2005 年。

60. 〔美〕阿瑟·奥肯:《平等与效率——重大的抉择》,王奔洲译,北京:华夏出版社,1987年。

61. 〔美〕伯纳德·施瓦茨:《美国法律史》,王军等译,北京:中国政法大学出版社,1989年。

62. 〔美〕查尔斯·R.麦克马尼斯:《不公平贸易行为概论》,陈宗胜等译,北京:中国社会科学出版社,1997年。

63. 〔美〕道格拉斯·诺斯、罗伯特·托马斯:《西方世界的兴起》,厉以平、蔡磊译,北京:华夏出版社,1999年。

64. 〔美〕E.博登海默:《法理学:法律哲学与法律方法》,邓正来译,北京:中国政法大学出版社,2004年。

65. 〔美〕理查德·斯皮尔洛:《铁笼,还是乌托邦——网络空间的道德与法律》,李伦等译,北京:北京大学出版社,2007年。

66. 〔美〕罗伯特·P.墨杰斯等:《新技术时代的知识产权法》,齐筠等译,北京:中国政法大学出版社,2003年。

67. 〔美〕诺齐克:《无政府、国家与乌托邦》,何怀宏等译,北京:中国社会科学出版社,1991年。

68. 〔美〕乔纳森·休斯、路易斯·凯恩:《美国经济史》,杨宇光等译,上海:格致出版社、上海人民出版社,2013年。

69. 〔美〕梯利:《西方哲学史》(下册),葛力译,北京:商务印书馆,1975年。

70. 〔美〕威廉·M.兰德斯、理查德·A.波斯纳:《知识产权法的经济结构》,金海军译,北京:北京大学出版社,2005年。

71. 〔美〕小奥利弗·温德尔·霍姆斯:《普通法》,冉昊、姚中秋译,北京:中国政法大学出版社,2006年。

72. 〔美〕约翰·E.克里贝特等:《财产法:案例与材料》(第7版),齐东祥、陈刚译,北京:中国政法大学出版社,2003年。

73. 〔日〕田村善之:《日本知识产权法》,周超等译,张玉敏审校,北京:知识产权出版社,2011年。

74.〔英〕安东尼·吉登斯:《民族—国家与暴力》,胡宗泽等译,北京:生活·读书·新知三联书店,1998年。

75.〔英〕边沁:《政府片论》,沈叔平等译,北京:商务印书馆,1995年。

76.〔英〕边沁:《道德与立法原理导论》,时殷弘译,北京:商务印书馆,2000年。

77.〔英〕洛克:《政府论(下篇)》,叶启芳、瞿菊农译,北京:商务印书馆,1964年。

78.〔英〕梅特兰:《普通法的诉讼形式》,王云霞等译,北京:商务印书馆,2010年。

79.〔英〕韦恩·莫里森:《法理学——从古希腊到后现代》,李桂林等译,武汉:武汉大学出版社,2003年。

80.《十二国商标法》,北京:清华大学出版社,2013年。

(二) 论文类

81. 蔡中华、王欢:《"商标共存"制度之法律质疑》,《法学杂志》2015年第4期。

82. 曹博:《商标注册无效制度的体系化研究》,《知识产权》2015年第4期。

83. 曹世海:《注册商标不使用撤销制度及其再完善——兼评〈关于修改《中华人民共和国商标法》的决定〉》,《法律适用》2013年第10期。

84. 曹新明:《商标抢注之正当性研究——以"樊记"商标抢注为例》,《法治研究》2011年第9期。

85. 曹新明:《商标先用权研究——兼论我国〈商标法〉第三修正

案》,《法治研究》2014 年第 9 期。

86. 陈贤凯:《商标通用性的数字证成》,《知识产权》2013 年第 7 期。

87. 戴彬:《论商标权的取得与消灭》,华东政法大学 2013 年博士学位论文。

88. 邓宏光:《我们凭什么取得商标权——商标权取得模式的中间道路》,《环球法律评论》2009 年第 5 期。

89. 邓宏光:《从公法到私法:我国〈商标法〉的应然转向——以我国〈商标法〉第三次修订为背景》,《知识产权》2010 年第 3 期。

90. 邓宏光:《为商标被动使用行为正名》,《知识产权》2011 年第 7 期。

91. 杜颖:《通用名称的商标权问题研究》,《法学家》2007 年第 3 期。

92. 杜颖、王国立:《知识产权行政授权及确权行为的性质解析》,《法学》2011 年第 8 期。

93. 杜颖:《商标先使用权解读——〈商标法〉第 59 条第 3 款的理解与适用》,《中外法学》2014 年第 5 期。

94. 冯术杰:《论注册商标的权利产生机制》,《知识产权》2013 年第 5 期。

95. 冯术杰:《未注册商标的权利产生机制与保护模式》,《法学》2013 年第 7 期。

96. 冯晓青:《独占主义抑或工具主义——〈知识产权哲学〉探微》,《河南科技大学学报(社会科学版)》2003 年第 4 期。

97. 冯晓青:《知识产权法的利益平衡原则:法理学考察》,《南都学坛(人文社会科学学报)》2008 年第 2 期。

98. 龚璇:《德国知识产权法的历史演进》,华中科技大学 2001 年硕士学位论文。

99. 郭建广:《新商标法确立的基本制度》,《中华商标》2014 年第 1 期。

100. 和育东：《从权利到功利：知识产权扩张的逻辑转换》，《知识产权》2014 年第 5 期。

101. 贺寿天、张伟博、曹静：《基于战略视角的商标价值评估方法研究》，《知识产权》2014 年第 9 期。

102. 黄保勇：《论商标法对普通未注册商标的间接保护》，《知识产权》2013 年第 2 期。

103. 黄晖：《反不正当竞争法对未注册商标的保护》，《中华商标》2007 年第 4 期。

104. 黄汇：《商标撤销制度中"使用"界定基本范畴研究》，《知识产权》2013 年第 6 期。

105. 黄汇：《商标权正当性自然法维度的解读——兼对中国〈商标法〉传统理论的澄清与反思》，《政法论坛》2014 年第 5 期。

106. 金武卫：《〈商标法〉第三次修改回顾与总结》，《知识产权》2013 年第 10 期。

107. 孔祥俊：《商标的标识性与商标权保护的关系——兼及最高法院有关司法政策和判例的实证分析》，《人民司法·应用》2009 年第 15 期。

108. 孔祥俊、夏君丽、周云川：《〈关于审理商标授权确权行政案件若干问题的意见〉的理解与适用》，《人民司法·应用》2010 年第 11 期。

109. 孔祥俊：《论商标法的体系性适用——在〈商标法〉第 8 条基础上的展开》，《知识产权》2015 年第 6 期。

110. 李琛：《法的第二性原理与知识产权概念》，《中国人民大学学报》2004 年第 1 期。

111. 李琛：《商标权救济与符号圈地》，《河南社会科学》2006 年第 1 期。

112. 李琛：《对"商标俗称"恶意注册案的程序法思考》，《知识产权》2010 年第 5 期。

113. 李明德：《中日驰名商标保护比较研究》，《环球法律评论》2007 年第 5 期。

114. 李明德：《商标注册在商标保护中的地位与作用》，《知识产权》2014 年第 5 期。

115. 李士林：《重新审视商标法的哲学基础》，《云南大学学报（法学版）》2013 年第 1 期。

116. 李艳：《论英国商标法与反不正当竞争法的关系》，《知识产权》2011 年第 1 期。

117. 李扬：《商标法中在先权利的知识产权法解释》，《法律科学》2006 年第 5 期。

118. 李扬：《注册商标不使用撤销制度中的"商标使用"界定——中国与日本相关立法、司法之比较》，《法学》2009 年第 10 期。

119. 李扬：《我国商标抢注法律界限之重新划定》，《法商研究》2012 年第 3 期。

120. 李雨峰：《重塑商标侵权的认定标准——兼论我国〈商标法〉的第三次修改》，《现代法学》2010 年第 6 期。

121. 李雨峰、倪朱亮：《寻求公平与秩序：商标法上的共存制度研究》，《知识产权》2012 年第 6 期。

122. 李雨峰、曹世海：《商标权注册取得制度的改造——兼论我国〈商标法〉的第三次修改》，《现代法学》2014 年第 3 期。

123. 刘崇生：《智慧财产法院制度之国际比较研究》，台湾世新大学 2006 年硕士学位论文。

124. 刘春田：《商标法律的现代化》，《中华商标》2001 年第 12 期。

125. 刘春田：《民法原则与商标立法》，《知识产权》2010 年第 1 期。

126. 刘春田：《知识产权作为第一财产权利是民法学上的一个发现》，《知识产权》2015 年第 10 期。

127. 刘维:《论商标善意共存原则》,《政治与法律》2012 年第 10 期。

128. 刘文远:《从"移植"到"内生"的演变:近代中国商标权取得原则的确定及调整》,《知识产权》2015 年第 4 期。

129. 刘燕:《论注册商标转让的限制》,《吉林大学社会科学学报》2013 年第 5 期。

130. 罗晓霞:《论商标法的多元价值与核心价值——从商标权的"行"与"禁"谈起》,《知识产权》2010 年第 2 期。

131. 彭学龙:《寻求注册与使用在商标确权中的合理平衡》,《法学研究》2010 年第 3 期。

132. 彭学龙:《商标转让的理论建构与制度设计》,《法律科学》2011 年第 3 期。

133. 彭学龙:《信息经济学视角下的商标制度》,《知识产权》2012 年第 8 期。

134. 强世功:《法理学视野中的公平与效率》,《中国法学》1994 年第 4 期。

135. 饶亚东、蒋利玮:《对〈商标法〉中"其他不良影响"的理解和适用》,《中华商标》2010 年第 11 期。

136. 沈伯平、沈卫平:《制度建设:中国经济增长的新源泉》,《江苏社会科学》2014 年第 6 期。

137. 孙海龙、董倚铭:《知识产权公权化理论的解读与反思》,《法律科学》2007 年第 5 期。

138. 孙敏洁:《商标授权的经济学分析》,《中华商标》2012 年第 4 期。

139. 孙山:《未注册商标法律保护的逻辑基础与规范设计》,《甘肃政法学院学报》2015 年第 2 期。

140. 孙英伟:《商标权保护正当性的历史分析——基于第三次商标法修改》,《河北大学学报(哲学社会科学版)》2011 年第 5 期。

141. 孙曰瑶、刘华军:《选择与选择成本——品牌降低选择成本的机制分析》,《财经论丛》2008 年第 1 期。

142. 唐艳、王烈琦:《对知识产权行政授权行为性质的再探讨》,《知识产权》2015 年第 1 期。

143. 汪泽:《中德商标法国际研讨会综述》,《中华商标》2009 年第 12 期。

144. 汪泽、徐琳:《商标异议制度比较研究》,《中华商标》2011 年第 2 期。

145. 汪正:《注册商标三年不使用撤销申请的起算时间》,《中华商标》2013 年第 2 期。

146. 王春燕:《商标保护法律框架的比较研究》,《法商研究》2001 年第 4 期。

147. 王莲峰:《论我国商标法使用条款之完善——以 iPad 商标纠纷案为视角》,《知识产权》2012 年第 4 期。

148. 王莲峰:《我国商标权利取得制度的不足与完善》,《法学》2012 年第 11 期。

149. 王莲峰:《商标先用权规则的法律适用——兼评新〈商标法〉第 59 条第 3 款》,《法治研究》2014 年第 3 期。

150. 王鹏:《商标法律制度的经济学分析》,《知识产权》2013 年第 9 期。

151. 王太平:《论商标注册申请及其拒绝——兼评"微信"商标纠纷案》,《知识产权》2015 年第 4 期。

152. 王天华:《日本的"公法上的当事人诉讼"——脱离传统行政诉讼模式的一个路径》,《比较法研究》2008 年第 3 期。

153. 文学:《革命还是改良:商标法相对理由审查制度的改革》,《中华商标》2008 年第 5 期。

154. 吴汉东:《关于知识产权本体、主体与客体的重新认识》,《法学评论》2000 年第 5 期。

155. 吴汉东：《知识产权立法体例与民法典编纂》，《中国法学》2003 年第 1 期。

156. 吴汉东：《关于知识产权私权属性的再认识——兼评"知识产权公权化"理论》，《社会科学》2005 年第 10 期。

157. 吴汉东：《知识产权的多元属性及研究范式》，《中国社会科学》2011 年第 5 期。

158. 谢晓尧：《论商誉》，《武汉大学学报（社会科学版）》2001 年第 5 期。

159. 熊文聪：《商标合理使用：一个概念的检讨与澄清——以美国法的变迁为线索》，《法学家》2013 年第 5 期。

160. 徐聪颖：《论商誉与商标的法律关系——兼论商标权的自由转让问题》，《政法学刊》2010 年第 1 期。

161. 徐国栋：《边沁的法典编纂思想与实践——以其〈民法典原理〉为中心》，《浙江社会科学》2009 年第 1 期。

162. 徐升权：《烟草平装制度的商标法审视》，《法学杂志》2014 年第 1 期。

163. 姚秀兰、张洪林：《近代中国商标立法论》，《法治论丛》2006 年第 2 期。

164. 易继明：《评财产权劳动学说》，《法学研究》2000 年第 3 期。

165. 余俊：《商标注册制度功能的体系化思考》，《知识产权》2011 年第 8 期。

166. 张德芬：《香港与内地注册商标撤销制度比较研究》，《公民与法》2010 年第 5 期。

167. 张德芬：《商标使用界定标准的重构》，《知识产权》2012 年第 3 期。

168. 张耕：《试论"第二含义"商标》，《现代法学》1997 年第 6 期。

169. 张耕：《试论商业标志的智力成果属性》，《贵州工业大学学报

（社会科学版）》2003 年第 4 期。

170. 张惠彬：《商标财产化研究》，西南政法大学 2014 年博士学位论文。

171. 张捷：《注册商标公示的法定性探讨——兼论商标注册证的证明力》，《人民司法·应用》2014 年第 21 期。

172. 张韬略、张伟君：《〈商标法〉维护公共利益的路径选择——兼谈禁止"具有不良影响"标志注册条款的使用》，《知识产权》2015 年第 4 期。

173. 张维迎：《法律制度的信誉基础》，《经济研究》2001 年第 1 期。

174. 张峣：《商标先用权保护探讨》，《知识产权》2014 年第 2 期。

175. 张玉敏：《知识产权的概念和法律特征》，《现代法学》2001 年第 5 期。

176. 张玉敏：《论使用在商标制度构建中的作用》，《知识产权》2011 年第 9 期。

177. 张玉敏：《注册商标三年不使用撤销制度体系化解读》，《中国法学》2015 年第 1 期。

178. 赵建蕊：《商标注册所依赖的商标使用研究》，《比较法研究》2014 年第 2 期。

179. 郑友德、万志前：《论商标法和反不正当竞争法对商标权益的平行保护》，《法商研究》2009 年第 6 期。

180. 郑友德：《德国知识产权法的演进》，《电子知识产权》2010 年第 10 期。

181. 郑中人：《商标法的历史》，《智慧财产权月刊》2001 年第 25 期。

182. 朱凡、刘书琼、张今：《商标撤销制度中"商标使用"的认定》，《中华商标》2010 年第 12 期。

183.〔法〕安德罗·布瑞：《法国新商标法要点概述》，郑志红等译,《知识产权》1993 年第 2 期。

184.〔法〕南希·伊·明奇英格:《法国工业和知识产权保护法》,马守仁译,《法学译丛》1991 年第 1 期。

185.〔美〕肯尼斯·万德威尔德:《十九世纪的新财产:现代财产概念的发展》,王战强译,《经济社会体制比较》1995 年第 1 期。

186.〔美〕罗纳德·高斯:《生产的制度结构》,银温泉译,《经济社会体制比较》1992 年第 3 期。

187.〔日〕吉田庆子:《中日反不正当竞争法比较研究》,西南政法大学 2006 年博士学位论文。

(三)案例类

188. 北京市第一中级人民法院(2003)一中民初字第 1004 号民事判决书。

189. 北京市第一中级人民法院(2008)一中行初字第 1034 号行政判决书。

190. 北京市第一中级人民法院(2009)一中知行初字第 1813 号行政判决书。

191. 北京市第一中级人民法院(2009)一中知行初字第 2757 号行政判决书。

192. 北京市第一中级人民法院(2011)一中知行初字第 1043 号行政判决书。

193. 北京市第一中级人民法院(2011)一中知行初字第 2272 号行政判决书。

194. 北京市第一中级人民法院(2011)一中知行初字第 3223 号行政判决书。

195. 北京市第一中级人民法院（2012）一中知行初字第 450 号行政判决书。

196. 北京市第一中级人民法院（2012）一中知行初字第 1174 号行政判决书。

197. 北京市第一中级人民法院（2012）一中知行初字第 1384 号行政判决书。

198. 北京知识产权法院（2014）京知行初字第 67 号行政判决书。
199. 北京市高级人民法院（2005）高行终字第 42 号行政判决书。
200. 北京市高级人民法院（2006）高行终字第 78 号行政判决书。
201. 北京市高级人民法院（2007）高行终字第 16 号行政判决书。
202. 北京市高级人民法院（2009）高行终字第 141 号行政判决书。
203. 北京市高级人民法院（2009）高行终字第 444 号行政判决书。
204. 北京市高级人民法院（2010）高行终字第 294 号行政判决书。
205. 北京市高级人民法院（2010）高行终字第 766 号行政判决书。
206. 北京市高级人民法院（2011）高行终字第 168 号行政判决书。
207. 北京市高级人民法院（2011）高行终字第 374 号行政判决书。
208. 北京市高级人民法院（2011）高行终字第 463 号行政判决书。
209. 北京市高级人民法院（2012）高行终字第 1043 号行政判决书。
210. 北京市高级人民法院（2012）高行终字第 1085 号行政判决书。
211. 北京市高级人民法院（2013）高行终字第 958 号行政判决书。
212. 北京市高级人民法院（2013）高行终字第 1618 号行政判决书。

213. 北京市高级人民法院（2015）高行（知）终字第 1037 号行政判决书。

214. 江苏省高级人民法院（2012）苏知民终字第 183 号民事判决书。

215. 最高人民法院（2006）行监字第 118－1 号驳回再审申请通知书。

216. 最高人民法院（2009）民三终字第 3 号民事判决书。

217. 最高人民法院（2012）知行字第 11 号行政裁定书。

二、英文类参考文献

（一）著作类

218. Arthur R. Miller & Michael H. Davis, *Intellectual Property: Patents, Trademarks and Copyright,* St. Paul Minn.: West Publishing Company, 1990.

219. Christopher Wadlow, *The Law of Passing-off: Unfair Competition by Misrepresentation,* London: Sweet & Maxwell, 2004.

220. David Kitchin et al., *Kerly's Law of Trade Marks and Trade Names,* London: Sweet & Maxwell, 2005.

221. Frank I. Schechter, *The Historical Foundations of the Law Relating to Trade-Mark,* Columbia: Columbia University Press, 1925.

222. J. H. Baker, *An Introduction to English Legal History,* London: Butterworths, 1979.

223. J. Thomas McCarthy, *McCarthy on Trademarks and Unfair Competition,* New York: Clark Boardman Callaghan, 2008.

224. John G. Sprankling, *Understanding Property Law,* London: Lexis Publishing, 2013.

225. Jonathan Fendy, *Piracy and the Public: Forgery, Theft, and Exploitation,* London: Frederick Muller Limited, 1983.

226. Lionel Bently & Brad Sherman, *Intellectual Property Law,* London: Oxford University Press, 2001.

227. Peter Mayer & Alan Pemberton, *A Short History of Land*

Registration in England and Wales, London: HM Land Registry, 2000.

228. Stuart Banner, *American Property: A History of How, Why, and What We Own*, Cambridge: Harvard University Press, 2011.

229. W. R. Cornish, *Intellectual Property: Patents, Copyright, Trade Marks and Allied Rights*, London: Sweet & Maxwell, 1996.

(二) 论文类

230. Abraham S. Greenberg, "The Ancient Lineage of Trade-marks," *Journal of the Patent Office Society* 33, 1951.

231. Barton Beebe, "The Semiotic Analysis of Trademark Law," *UCLA Law Review* 51, 2004.

232. Benjamin G. Paster, "Trademark-Their Early History," *Trademark Rep* 59, 1969.

233. Benjamin Klein & Keith B. Leffler, "The Role of Market Forces in Assuring Contractual Performance," *Journal of Political Economy*, vol. 89, No. 4, 1981.

234. David Wilkinson, "Broad Trade Mark Specifications," *E. I. P. R.* 4, 2002.

235. Duncan Kennedy, "The Structure of Blackstone's Commentaries," *Buffalo Law Review* 28, 1979.

236. Edward S. Rogers, "Comments on the Modern Law of Unfair Trade," *ILL. L. Rev.* 3, 1909.

237. G. B. Dinwoodie, "Trademarks and Territory: Detaching Trademark Law from the Nation-State," *Houston Law Review* 41, 2004.

238. George A. Akerlof, "The Market for 'Lemons': Quality Uncertainty and the Market Mechanism," *The Quarterly Journal of*

Economics, vol. 84, No. 3, 1970.

239. Gerald Ruston, "On the Origin of Trademark," *Trademark Rep* 45, 1955.

240. Glynn S. Lunney, Jr., "Trademark Monopolies," *Emory Law Journal* 48, 1999.

241. J. Dratler, "Trademark Protection for Industrial Designs," *University of Illinois Law Review* 35, 1988.

242. Justin Hughes, "Locke's 1694 Memorandum and More Incomplete Copyright Historiographies," *Cardozo Arts & Entertaiment Law Journal* 27, 2009.

243. Justin Hughes, "The Philosophy of Intellectual Property," *Georgetown Law Journal* 77 1988.

244. Leon E. Daniels, "The History of the Trade-Mark," *TM Bulletin* 7, 1911.

245. Lionel Bently, "From Communication to Thing: Historical Aspects of the Conceptualisation of Trade Marks as Property," in Graeme B. Dinwoodie and Mark D. Janis (eds.), *Trademark Law and Theory: A Handbook of Contemporary Research*, Cheltenham: Edward Elgar Publishing Ltd, 2008.

246. Michael H. Davis, "Death of a Salesman's Doctrine: A Critical Look at Trademark Use," *Georgia Law Review* 19, 1985.

247. R.Tushnet, "Trademark Law as Commercial Speech Regulation," *South Carolina Law Review* 58, 2007.

248. Robert W. Sacoff, "Trademark Law in the Technology-Driven Global Marketplace," *Yale Journal of Law & Technology* 3, 2001.

249. Sidney A. Diamond, "The Historical Development of Trademarks," *Trademark Rep* 73, 1983.

250. Stacey L. Dogan & Mark A. Lemley, "What the Right of Publicity Can Learn from Trademark Law," *Stanford Law Review* 58, 2006.

251. Stephen L. Carter, "The Trouble with Trademark," *Yale Law Journal* 79, 1990.

252. William M. Landes & Richard A. Posner, "Trademark Law: An E conomic Perspective," *Journal Law and Economics* 30, 1987.

（三）案例类

253. 800-Flowers Trade Mark (2000) FSR 697.

254. Ansul BV v. Ajax Brandbeveiliging BV (C-40/01) (2005) Ch 97, (2004) 3 WLR 1048, (2003) RPC 40 (ECJ).

255. Artype, Inc. v. Zappulla, 228 F. 2d 695, 696-697 (2d Cir. 1956).

256. Bonito Boats, Inc. v. Thunder Craft Boats, Inc., 489 U. S. 141, 157 (1989).

257. Cadbury Schweppes Pty Ltd. v. Pub Squash Co Pty Ltd. (1981) RPC 429.

258. Cartier v. Carlile (1862). 31. Beav, 292.

259. Collins Co. v. Brown, (1857) 3 K & J 423.

260. Dawn Donut Co. v. Hart's Food Stores, Inc., 267 F. 2d 358, 360 (2d Cir. 1959).

261. Defiance Button Machine Co. v. C & C Metal Products Corp., 759 F. 2d 1053 (2d Cir. 1985).

262. Donaldson v. Becket (1774) 4 Burr. 2408, 2 Bro. P. C. 129.

263. Electrolux Ltd. v. Electrix Ltd. (1954) 71 RPC 23.

264. Exxon Corp. v. Humble Exploration Co., 695 F. 2d 96 (5th Cir. 1983).

265. Feist Publications, Inc. v. Rural Telephone Service Co., 499 U. S. 340 (1991).

266. GTE Corp. v. Williams, 904 F. 2d 536 (10th Cir. 1990).

267. Hall v. Barrows (1863) 4 De G. J. & S. 150.

268. Hanover Star Milling Co. v. Metcalf, 240 U. S. 90 (1916).

269. Inter Lotto (UK) Ltd. v. Camelot Group Plc. (2003) EWCA Civ 1132.

270. International News Service v. Associated Press, 248 U. S. 215 (1918).

271. Koninklijke Philips Electronics NV v. Remington Consumer Products Ltd. (Case C-299/99) (2003) 2 W. L. R. 294.

272. La Societe Anonyme des Parfums le Galion v. Jean Patou, Inc., 495 F. 2d 1265, 1269, 1272 (2d Cir. 1974).

273. Libertel Groep BV v. Benelux Merkenbureau (Case C-104/01) (2004) FSR 4, 65.

274. Millar v. Taylor (1769) 4 Burr. 2303.

275. Millington v. Fox (1838) 40 ER. 956.

276. Mishawaka Rubber & Woolen Mfg. Co. v. S. S. Kresge Co., 316 U. S. 203, 205 (1942).

277. New South Wales Dairy Corporation v. Murray Goulburn Co-Operative Company Ltd. [1990] 171 CLR 363.

278. New York Trust Co. v. Eisner, 256 U. S. 345, 349 (1921).

279. Park' N Fly, Inc. v. Dollar Park and Fly, Inc., 469 U.S. 189, 198 (1985).

280. Prestonettes, Inc. v. Coty, 264 U.S. 359, 368 (1924).

281. Procter & Gamble Company v. Johnson & Johnson Inc., 485 F. Supp. 1185, 1207 (S.D.N.Y. 1980).

282. Qualitex Co. v. Jacobson Products Co., 514 U. S. 159 (1995).

283. Reckitt & Colman Products Ltd. v. Borden Inc. (1990) RPC 341.

284. SA CNL-SUCAL NV v. HAG GF AG ("Hag II"), Case C-10/89, (1990) ECR I-3711.

285. Silverman v. CBS Inc., 870 F. 2d 40 (2d Cir. 1989).

286. Sterling Brewers, Inc. v. Schenley Industries, Inc., 441 F.2d 675, 679 (CCPA 1971).

287. The Sunrider Corporation v. OHIM (C-416/04 P) (2006) E.C.R.I-04237 (ECJ).

288. Towne v. Eisner, 245 U. S. 418, 425 (1918).

289. United Drug Co. v. Theodore Rectanus Co., 248 U. S. 90 (1918).

290. United States v. Steffens (Trade-Mark Cases), 100 U. S. 82, 25 L. Ed. 550 (1879).

291. Wheaton v. Peters, 33 U. S. (8 Pet.) 591 (1834).

后　记

年逾不惑，仍在苦读，只是为圆年少时的一个梦想！随着论文的"杀青"，驻足回首，发现这一梦想的实现并非顺畅、圆满，甚至有些坎坷、支离……。尽管如此，总算是对自己有了一个交代。

富兰克林说过一句名言："推动你的事业，不要让你的事业推动你。"与知识产权的结缘，似乎也包含着这种理想与冲动。但究竟是主动还是被动使然，已经难以说清。尽管过程充满艰辛，所学也依然浅薄，这段经历仍将是我受用一生的财富。

感谢导师李雨峰教授一路所给予的殷切关怀、悉心指导，使我终能将梦想化为现实。

感谢张玉敏教授、张耕教授、孙海龙教授、邓宏光教授、廖志刚教授、黄汇教授、易健雄副教授等在做人、为学方面给予的示范与教诲。

感谢张惠彬师兄，赵克师弟，贾科、蒋佩佚、曾进等同仁对我完成学业的关心与帮助。感谢我所在单位的领导、所在部门的同事给予的理解与支持。

最后，感谢我的家人，你们的支持与鼓励永远是我前进的动力。